夕焼雲の彼方に

木下惠介とクィアな感性

久保 豊

OVER THE SUNSET:
KEISUKE KINOSHITA
AND QUEER SENSIBILITY

YUTAKA KUBO

ナカニシヤ出版

はじめに

子供の頃から空を見ることが好きで、特に昼間の空は見ていると気が遠くなるほど好きだった。何も青空に限ったことはなく、雨の日の空でも、嵐の空でも、いま考えれば、何故あんなに幼い僕がひきつけられたのかと、不思議に思うほどに好きだった。その中でも一番好きだった夕焼雲のきれいな西の空――。（木下 1987a: 208）

本書はクィア映画批評、すなわち映画作品に対するクィア批評（クィア・リーディング）を試みる。クィア批評とは、異性愛中心主義的な物語や表象およびそれらの歴史に対して肌理に逆らって読むことで、（視覚的・聴覚的かつ）物語的な快楽への欲望を積極的な「誤読」を通じて見出す実践である。少なくとも筆者にとってのクィア批評はそういうものである。本書の執筆過程において、その実践は自分自身がこれまで一人の観客として、また一人の人間として生きるために必要なものであったことに改めて気づかされた。

「はじめに」はある程度プライヴェートな角度から書くことを許された空間であることを前提に、私が映画研究に携わるうえで大切にしている姿勢について書き記しておきたい。特に関心のない読者は「序章」まで読み飛ばしていただければ幸いである。

私は本や漫画を読むのが好きで、幼少期から思春期まで家や図書室にあった本や漫画を読み漁った。それだけでは飽き足らず、空想で遊ぶことも多く、頭の中で何十、何百、何千という物語を編んできたように思う。それは幼少期からどこか他の子供たちや姉兄たちとは何かが違うと感じることがあり、自分自身を守るための防衛本能だった、と今振り返ればそう結論づけることもできるかもしれない。家族や友人と話をしている時間を除いて、ずっと頭の中に「ここではないどこか」の物語を描いてきた。読書に加えて、RPGゲームは最高の楽しみであり、『ドラゴンクエスト』シリーズ、『ファイナルファンタジー』シリーズ、『ブレスオブファイア』シリーズ、『大貝獣物語』など、多くの作品をプレイし、自分とは異なるキャラクターを操り、自分が住む世界とは異なる世界を楽しんだ。あるいはその世界に浸る体験を通じて自分を守っていたのかもしれない。

正確な年齢は覚えていないが、小学校高学年あたりの頃、自宅にあったある一冊の漫画雑誌を読んだ。その雑誌が、自分のセクシュアリティを自覚するきっかけであり、また今も追い求めるクィアネスとの出会いである。それがBL漫画雑誌であった事実は今となれば簡単に分かることだが、当時の少年にとって男同士が手をつなぎ、抱擁し、キスをして、ときにセックスをする描写は衝撃的なものだった。だが、それまで読んだ本や漫画、遊んだテレビゲームの中ですら見ることのなかったそれらの描写よりも強烈に記憶に残っているのが、そのBL漫画雑誌の中で最後に読んだ物語に登場する主要人物の名前が「豊」だったことだ。よく耳にする話のように、そのタイミングで家族が帰宅し、何か読んではいけないものを読んでいたように思った私は、その「豊」の物語を読み終える前にその漫画雑誌を元あった場所に隠した。後日、その隠し場所へ手を伸ばしたとき、その漫画は消えていた。「豊」の物語は未完のまま、どこかへ失われてしまったのだった。

それ以降、私が物語を空想するとき、そこにはいつも想像上の「豊」の視点があった。それは私が、私と同じ名前であり、しかも自分と同じように同性に恋心を抱いていた若い青年の物語との再会を追い求める欲望の表れだったのかもしれない。自分とは異なるが自分と同じような彼にもう一度会いたいという欲望は、自分が作った空想の物語だけでなく、アニメや映画との関わりにまで拡大していった。私は映画館のない徳島の田舎町で育ったものの、町の図書館のＡＶコーナーやレンタルビデオショップの棚にあったＶＨＳやＤＶＤに対してまるでクルージングするかのように視線を交換しながら歩き回り、直感でさまざまな作品とフックアップして欲求を満たそうとしていたのだろう。かつて読んだ「豊」の物語はどの映画やアニメにも見つけることは当然できなかった。しかし私は、本や漫画以上に「ここではないどこか」を夢見させ、その世界へ視聴覚的に没入しやすかった映画やアニメへ次第にのめり込んでいった。それでも一人でいるときは、空想の物語を何度も何度も頭の中で作り出し、想像上の「豊」の視点で体感した物語世界を通じて思春期を生き抜いた。

二十七歳で大学院に入り、最初の指導教員をのぞいて、周囲の院生に対して同性愛者であることをカミングアウトしたうえで研究生活を始めた頃、私は物語を夢想することも、想像上の「豊」の視点で何かを観ることもパッタリとなくなっていた変化に気がついた。それでも生きていけると思っていたのだろうか、私は何も気にせずに修士課程を過ごしていた。しかし、「序章」で述べるように、博士後期課程で木下惠介映画の研究調査をやりたいと考え始めるきっかけとなった『夕やけ雲』を観た際に、かつていつも一緒にいたはずである想像上の「豊」の視点がブワッと再び湧き上がり、主人公の少年が親友の少年との間に築く友愛のなかに異性愛中心主義的な未来に対する諦念と同時に、抵抗の欲望を強烈に感じさせたのだった。本書を書き上げる過程において一つ理解したのは、かつて想像上の「豊」であった視点は、私が木下映画に限らず映画作品に隠蔽されたクィアな欲望を見出すうえで、自らのセクシュアリティや性的欲望を自覚し、率直でいることを可能にするということであった。

本書は、現代を生きるクィアな観客の一人として、今や忘れ去られた映画監督の一人である木下惠介の映画作品に対してクィア批評を施す。それは自分が存在しなかった戦前から戦後にかけての過去を振り返り、その場にいたかもしれない想像上のクィアな観客として、その過去に潜在したかもしれないクィアな欲望の再創造／再想像を意味する。それは、一九四〇年代から一九五〇年代、かつて日本のどこかの映画館で木下映画を観ていたかもしれない「私」が映画スクリーンに見出した欲望を浮き彫りにし、読み解く実践にもなりうるかもしれない。本書が探求する木下惠介のクィアな感性とは、現代を生きるクィアな観客としての私と過去を生きたクィアな観客としての「私」とを時空間を超えてつなぎ合わせるポータルと化すのだ。

「はじめに」の最後に、本書の主タイトルに込めた意味と本書で想定する読者について触れたい。

クィア映画の研究において、『オズの魔法使』（*The Wizard of Oz*、ヴィクター・フレミング、一九三九年）の劇中歌《虹の彼方に》がしばしば言及される。日本国内においてクィア映画に関する書籍はまだ少ない現状だが、二〇〇五年に出版された『虹の彼方に――レズビアン・ゲイ・クィア映画を読む』もまた「虹の彼方に」を題名に冠していた。木下映画のクィア批評を行うにあたり、本書の冒頭で引用した、木下が好んだ空の種類に関する随筆の一節と「虹の彼方に」をもじり、主タイトルを『夕焼雲の彼方に』とすることにした。本書は光と影の境界線にある夕焼雲を越えた先に、現代を生きるクィアな観客の一人である私が、かつてそこにいたかもしれない過去の「私」の視線を想像・共有し、木下映画において隠蔽されたクィアな欲望を光り輝かせるものだ。

私が博士後期課程に進んだ頃、大学院生が視覚文化にみる同性愛やトランスジェンダーの表象をテーマに論文を書こうとすると、指導教員からその大学院生の性的指向やジェンダー・アイデンティティを問われることが苦しく、本当にやりたいテーマを諦めるかもしれないと複数の大学院生から聞いたことがある。竹村和子や村山敏勝がクィア批評の道を人文学の内側から切り開いてきたにもかかわらず、その道へ進む選択肢を諦め、別の道を模索するしかなかった者も多くいるだろう。私自身も一人目の指導教員が時折こぼしたホモフォビックな発言に対して敏感に作笑で応え、大学院で学ぶ環境とその先に続いて欲しいと願った道を断たれないように姿勢を低くして怯えた経験を持つ。彼が有した権力性の前に、私は彼の前では常にクローゼットの中にいることを選んだ。それは大学院という公の空間において生きていくための選択でもあった。

二〇二二年現在、私が数年前に聞いた状況は改善に向かっていると期待している。実際、映画に限らず、テレビドラマ、小説、漫画、写真、ファッション、絵画、演劇、音楽、哲学といった多岐にわたる分野において、特定の社会において多数派から非規範的とされてきたセクシュアリティ、ジェンダー・

アイデンティティ、身体、声などの在り方について関心を持つ大学生や大学院生は少なくない。とはいえ、まだまだ道は長いのも事実である。その道をさらに開拓し、その先に続くかもしれない景色へ立ち止まりながらも生きて辿り着くために私たちは何ができるのだろうか。

私は日本国内を研究拠点とする映画研究者の一人として、自らのセクシュアリティを通じて得た経験を映画分析の記述に含めていく姿勢を本書だけでなく、今後も重要視したいと考えている。私自身のセクシュアリティや欲望を一人の観客・研究者として隠蔽することは、二十世紀を通じて異性愛中心主義的な物語と表象に隠蔽され続けてきたクィアな観客の映画体験をさらに奥深くへ消し去ってしまいかねないからだ。私のセクシュアリティや欲望の固有性を日本映画史の再構築や映画分析の実践に刻み続けることで、私を含むクィアな観客の存在を曖昧にせず、再び見過ごされ抹消される可能性に対する抵抗を目指したい。私がレインボーカラーの缶バッジを身につけ、男性同性愛者であるとオープンにして国立大学に勤める理由は、そのような目標を共有し、一人でも多くの人間が卒業論文・修士論文・博士論文で探究したいと願うテーマを諦めなくても済むような環境や機会を整えたいからだ。

本書は性的マイノリティの当事者のみに向けられた映画学の本ではない。自分と似た人々の表象に飢えているあらゆる読者や観客が、自らの欲望を隠蔽することなく映画を観て、肌理に逆らって読み、積極的に「誤読」する遊び心を満喫する楽しさが少しでも伝われば幸いに思う。

目次

目　次

凡例

・年号は西暦をもちいる。
・引用文中の傍点による強調は、特に断らない限り引用者による。
・引用文中の漢字の旧字は原文のままとした。
・引用文中で引用者が補った箇所については〔 〕内に示す。
・一部を省略して引用する際には、省略箇所を〔中略〕で示す。
・映画の台詞の引用は、脚本などの出典が示されていない場合は、筆者が聞き取って書き起こした。また台詞の引用には（ ）内に当該箇所の経過時間（00:00:00）を示す。
・引用文中で使用される現在の差別用語は原文のまま「 」内に入れて使用する。
・文献については、著者、出版年、頁数の順で指示する。ただし資料については、資料名、出版年で指示する。

序章　クィア映画批評による木下惠介映画の再評価

1　愛して、愛して、愛しぬくこと

一九八四年一月十二日、当時七十一歳を迎えたばかりの映画監督・木下惠介（一九一二年十二月五日生まれ）はＮＨＫ総合『この人 木下恵介ショー』へ出演した。本番組は、一九四三年に映画監督へ昇進以降、松竹大船撮影所で活躍した木下の経歴と作品を振り返りながら、木下と縁のある人々をゲストに招く。番組冒頭から最後まで木下の隣で座る女優の高峰秀子を中心に、『悲しみも幾歳月』（一九五七年）に主演した佐田啓二が遺した娘の中井貴惠と息子の中井貴一に加え、木下の実妹である脚本家の楠田芳子が登場し、さらに木下組から監督デビューした松山善三からの音声メッセージを通じて、映画監督としてだけでなく、老年男性の一人としての木下像が浮き彫りになっていく。番組の最後、スポットライトの光に照らされた木下は次のように語り始める。

わたくしも去年の末に古希を迎えまして、もう残りは少なくなりました。ちょうど十年前の還暦の頃にわたくし思ったんですけれども。人間が生きるということは、自分を生きるのは、辺り構わず押し進んでいけば生きられますから、簡単だと思うんです。しかし、自分が生きたことを、わたくしが生きていたということを、誰かが本当に良かった、ありがたかった、感謝の気持ちで思い出してくれる方がなかったら、どんなに心細い人生を過ごしたことになるでしょうか。わたくしは、自分の締めくくりとして、どうか一人でもいい、そういう風に思ってくれる人が欲しいと思うようになりました。それが皆さん方である場合は、奥さんであり、ご主人であり、子供さんであるのですが、わたくしにはその両方ともございませんから、血の繋がらない他人に求めなければなりません。そのためにはわたくしは、愛して、愛して、愛しぬかなければ、そういう人と巡り逢うことはないと思います。わたくしは、自分の生きてきた証に、これからでも遅くない、誰かを愛して、愛して、愛しぬこうと思います。そしてわたくしのあと何本も撮れない映画の中で、そういうわたくしの愛の想いが込もればいいなと思います。

この番組に出演後、木下は『新・喜びも悲しみも幾歳月』（一九八六年）と『父』（一九八八年）を撮り、一九九八年十二月三十日に八十六歳でこの世を去った。伝記作家／映画批評家の長部日出雄が『新編天才監督 木下惠介』で明らかにするように、木下の名前はこの二作を撮り終えた後に急速に忘れ去られ、また晩年の木下は闘病生活を送ったと言われている（長部 2013: 544-547）。そのような晩年を過ごした木下が、彼が「生きていたということを」心の底から喜び、「感謝の気持ちで思い出してくれる」親族以外の誰かと出会えたかどうかは定かではない。ただし、その誰かの存在の有無を追求すること自体は本書の主眼ではない。むしろ本書が注目したいのは、誰かを「愛して、愛して、愛しぬこう」とする木下の姿勢が木下映画においてどのように表現されたのか、またその姿勢はどのような社会構造において抑圧されたのかという点だ。愛されることをただ待つのではなく、愛することを欲望し、そしてときに愛することを恐れる。そのような欲望によって織りなされる感性は、木下映画においてどのように滲み出るのか。

木下がテレビ番組で発した言葉には、もう一つ気になる点が残る。テレビ番組へ参加する来場者とブラウン管の向こう側にいる視聴者に対して、木下は「皆さん方である場合は、奥さんであり、ご主人であり、子供さんであるのですが、わたくしにはその両方ともございません」と語りかける。[1] そして、「皆さん方」と同じような経験を得るためには、誰かを「愛して、愛して、愛しぬかなければ」ならないの

［1］楠田芳子（1999）の証言によれば、木下は二年弱ほど弟・忠司の小学校時代の同級生の妹と結婚をしていた時期（入籍はしていないと言われている）がある。芳子が木下組のカメラマンであった楠田浩之と一九四四年三月に結婚する際に、木下が配偶者と仲人を務めたとされるので、一九四二年あるいは一九四三年あたりの出来事だったのだと推察される。他にも木下の結婚に言及したもの（都築 1992; 東京国立近代美術館フィルムセンター 2000; 長部 2013）はあるものの、木下自身は生涯を独身で過ごしたことにこだわっている印象を与える（木下 1987b: 496）。四十七歳で受けたインタビューでは恋心を抱くことが「しょっちゅう、ありますね」と答える一方で、「なんとか、ごまかそうったって、自分一人なんだな。……僕ほど、友人や、まわりから、冷たいといわれてる男はないもの。人に責められる。愛情を要求されるもの。……人間関係は、つらいですよ。つきあい切れません。結婚なんて、いまさら面倒くさい。僕が正直だからじゃないのかな。ずるいのかな。責任を負うのが厭なんだもの。犬一匹、飼ったって神経やみますね」と愛情を求められることの困難や責任の重さについて心情を吐露する（「私の発想法3」1959: 62）。

だ、と強調する。木下がここで語りかける「皆さん方」とはいったい誰なのか。もちろんそれは表面的には、木下がカメラのオフスクリーンの先に見つめる来場者やテレビ番組の視聴者を指す。それは他方で老年の木下が距離を感じつつも強く惹かれているように見える／聴こえる、構造的にもっと大きくて複雑で抑圧的な何かではなかったか。

本書では、その何かを次のように仮定したい。その何かとは、経済的に資本主義を軸とする近代社会で多くの人々が「普通」や「正常」として疑うことなく実践し、その実践こそが誰しもが追求すべき幸せにつながるのだと信じて止まない、一方では実際にその恩恵を享受し、他方ではその実践に失敗する人々や態度を社会において周縁化させる構造的な価値観を指す。その価値観は、人は誰しもが異性と恋をするものであり、異性と結婚し、子供を産み育て家族を築き拡大させ、次世代のために資産を残しながら老いて死んでいくようなライフコースを充足すべきという規範（norm）のもとに成立する。より正確な名前を使えば、老年の木下が「皆さん方」と表した何かとは、異性愛規範（heteronormativity）と現在呼ばれる強大な規範だったのではないか。「皆さん方」とは、その強大な規範へ従うことで得られるあらゆる特権という名の心地よいぬるま湯に浸り続け、その特権を疑う必要性がそもそも毛頭にない「皆さん方」を擬人化した呼称だったのかもしれない。

木下映画に少しでも親しんできた観客のなかには、木下がこのような価値観や規範に対して距離を感じ、また批判的な視点を有していたのではないか、という本書の問いに対して疑問を呈する観客もいるだろう。それはなんら不思議ではない。なぜなら、木下がもっとも活躍した終戦から一九五〇年代にかけて、『わが恋せし乙女』（一九四六年）、『結婚』（一九四七年）、『不死鳥』（一九四七年）、『お嬢さん乾杯』[2]

（一九四九年）、『遠い雲』（一九五五年）、『喜びも悲しみも幾歳月』など、木下は異性愛を物語の中枢においたメロドラマ、コメディ、ホームドラマを発表し、興行的にも批評的にも広く評価されていたからである。特に、『二十四の瞳』（一九五四年）や『楢山節考』（一九五八年）と並んで木下の代表作として数えられる『喜びも悲しみも幾歳月』で木下の名を知る観客には、そういった印象は強いかもしれない。しかし、映画評論家の岩崎昶が公開当時から同作の異性愛規範的なシナリオに違和感を示したように（岩崎 1958: 172）、一九五〇年代における木下映画の真髄は異性愛規範を手放しに賞賛する点ではない。この時代の木下映画の面白さは、そのような異性愛中心主義的な物語を描きつつも、戦中から戦後の日本社会および日本映画産業の商業主義における強制的異性愛の期待に対して易々と迎合せず、常に辛辣で冷酷な感性を作品内に秘めていた力強さに見出すことができる。映画研究者の木下千花が木下惠介の「「本気」を感じるのは異性間のロマンチック・ラヴに対する徹底したシニシズムである」と論ずるように（木下 2011: 242）、木下映画には、そのように一見して相反する特徴が密接かつ複雑に重なり合い共在するための余白がある。しかし、そのような余白は、日本映画産業の黄金期が一九五八年を頂点に次第に衰退し、木下が松竹を去りテレビドラマの製作に乗り出す以前から、すでに映画内の想像力としては縮んでいったように見える。それはまるで何かに対する愛を公的に表現することを恐れ、深く閉ざした末、その余白を保つことが困難になったかのようだ。だからこそ、古希を迎えた木下が「愛して、愛して、愛しぬ

［2］本作には二通りの表記（『お嬢さん乾杯』、『お嬢さん乾杯！』）がある。本書では、実際の映画本編のタイトル画面で提示される『お嬢さん乾杯』で統一する。

かなければ」と述べるときに伝わってくる必死さと痛みが私たちに何を伝えるのかだけでなく、私たちもその必死さと痛みの内実について考えることをやめてはならない。

木下にとって愛するとは何だったのか。それを思考する行為は、木下の性的指向／セクシュアリティと映画的感性の間に生じる相互関係の考察にもつながるだろう。一九九八年十二月末、木下が黒澤明と淀川長治のあとを追うように逝去した。それ以降、映画批評家や木下組の助監督など、さまざまな人々が木下の人物像と木下映画について語り始めた。一つの視点からは十全に捉えがたい木下の作家性や人物像が紐解かれていくなかで、その関心度に強弱はあれ、繰り返し言及されてきたのが木下の性的指向やセクシュアリティである。たとえば、木下の助監督の一人であった横掘幸司は『木下恵介の遺言』において、同様に松竹の助監督であった篠田正浩が木下を「運命に毅然とした、ほんとうの映画作家」と評価し、同時に「女性的とか人は言うけど、ありゃオスだ、男だよ。え？　もちろんゲイさ」と付け加えたことを明かす（横堀 2000: 109）。同性愛者としての木下の側面は、生前から『映画藝術』の特集「ホモセクシュアルの心理と生理を論ず」で「K・K」と暗喩されるだけでなく「木下恵介」とも直に言及され（松田・小川 1980: 110, 113）、また死去後もすぐにゴシップ誌『噂の眞相』（曽我 1999）が取り上げるなど、日本の映画業界およびエンターテインメント業界ですでに周知の事実として扱われていたように思われる。ただし、本書が行った調査の限りでは、木下は誰かを愛する経験について随筆で触れたことはあるものの、自身を同性愛者として公にしたことや性的指向について明確に語ったことはない[3]。また、木下映画には自分自身を非異性愛者だと明示する登場人物は一切登場しない。

にもかかわらず、木下映画の一部は遅くとも一九六三年からすでに同性間の強い情愛や同性愛者の性的欲望を喚起させる映画作品として注目されてきた（堂本 1963）。たとえば、のちに男性同性愛者向けの商業雑誌『薔薇族』でも紹介されていた事実は、日本映画史における木下の位置づけを再考するうえで軽視できない（藤田 1975）。また、『キネマ旬報』元編集長の一人である白井佳夫が、一九六八年以降、映画と同性愛について積極的に書いた評論家・今野雄二の仕事を振り返るなかで、「僕はホモセクシャルなシャープな感性を持っていた、白黒画面時代の木下恵介監督作品を高く評価してきたんだけど、今ちゃんが木下恵介を論じたら面白かっただろうな、と思うことがあります」と述べるとき、木下が編んだ同性愛的な欲望の一片は特に一九五〇年代末頃までの作品に特に見られたことが分かる（白井・植草 2014: 408）。

木下の死後、木下映画の再考を飛躍的に促したのが映画評論家の石原郁子である。一九八〇年代から一九九〇年にかけて日本国内のクィア映画批評を牽引した石原による『異才の人 木下恵介――弱い男たちの美しさを中心に』は、二〇〇〇年代以降の木下映画研究にみる一つの潮流を形成した。木下映画における男性性のヴァルネラビリティ（脆弱性・もろさ）に着目する石原の評論は、なかでもその『惜春鳥』（一九五九年）論を通じて、男性性だけでなくホモエロティシズムの観点から木下映画を再検討していく重要性を説いた。[4] 特に石原が『惜春鳥』を「日本メジャー映画初のゲイ・フィルム」と評し、木下は「この映画で一種捨身のカムアウトとすら思えるほどに、はっきりとゲイの青年の心情を浮き彫りに

［3］木下は次のように言う。「製作にも生活にも、僕はたゞ一人の同じ人間でしかあり得ない。仕事と生活と二つに生きる器用さがない。何時も一つの生き方が若く小さい中から爆発しようとする。仕事を一番愛しているときは製作だけに熱中し、人を一番愛しているときは製作も投げ出してしまう。映画監督と言えば、たゞ映画とだけ結びつけて考える前に、監督も人間であり、人間には多情多感な魂のあることも氣がついてほしい」（木下 1947: 9）。

する」と主張したことにより、木下のセクシュアリティがいかに『惜春鳥』を演出するうえで欠かせないものであったのか、その可能性を提示したのだ（石原 1999: 226, 227）。石原に追随し、映画研究者の藤田亘（2004a）や近代日本文学者の藤森清（2012）が『惜春鳥』をそれぞれの視点から論じていった。だが興味深いことに、二人は石原が実践したほどには『惜春鳥』が醸し出すホモーシャルな空間に顕在化する同性愛的欲望と木下のセクシュアリティを直接的に結びつけることを選ばなかった。同様に、石原の功績を発展させることを目的としつつも、本書の基礎となる筆者の博士論文もかつて藤田や藤森と同じ選択肢を選んでいた。

しかし本書は別の選択を行う。それは従来の日本映画研究だけでなく、木下映画に対する再評価の文脈において、より政治的な選択になるだろう。本書は、かつて石原が『惜春鳥』を「日本のメジャーで〈セルロイド・クローゼット〉から飛び出した最初の映画」であり「映画史上の事件」（石原 1999: 232）と呼んだように、[5] 木下を戦後日本における映画産業の主流の最前線で活躍することができたクィア映画作家（queer film auteur）の一人であったと主張する。本書においてクィア映画作家とは、（一）多数派から非規範的とされてきたセクシュアリティやジェンダー・アイデンティティを生きる映画作家や、（二）性に関わる規範による社会的な抑圧構造に対して抵抗する視点や態度を作品内に強く有する映画作家を指す。木下はかつて劇作家の木下順二との対談において「政治に無関心で、自分だけよければいいというような映画を作つてみたいとは思いません」と述べ、映画のなかで何らかの抵抗を描く場合、その抵抗の必要性を「理解できる下地を民衆の中にとにかく作つてゆかなければしようがない」と訴えた（木下・木下 1956: 38）。二〇二〇年代に書かれた日本映画研究の一冊であり、政治や抑圧構造に意識的であった木下の作家研究を実践する本書がこのような主張を行うことはどのような政治性を帯び、またどのような木下の政治的側面を浮き彫りにするのか。

本書がこのような主張を行うにあたって、『秋津温泉』（一九六二年）や『水で書かれた物語』（一九六五年）などで知られる映画監督の吉田喜重が、『フタバから遠く離れて』（第一部 二〇一二年、第二部 二〇一四年）を監督した舩橋淳と二〇二〇年に刊行した『まだ見ぬ映画言語に向けて』が大きな示唆を与えてくれる。木下は、吉田が戦後に松竹大船撮影所の入社試験を受けた際の面接官の一人であった。入社後は主にショート・ピクチャーの製作現場に入っていた吉田は、木下の『夕やけ雲』（一九五六年）で助監督を務め、それ以降、木下組の専属助監督として四年間働き、合計十本の作品を通じて木下組の現場を学んでいく。吉田による木下映画論および木下との思い出の回想は目を惹くものばかりである。特にそのなかで重要なものの一つが、木下が「同性愛者」であり、そのことを「隠そうとはしなかった」態度は、「映

［4］たとえば、脚本家の山田太一は日本映画研究者の劉文平とのインタビューにおいて、木下映画に描かれる弱さを抱えた男性像について次のように述べる。「「弱いものが美しい。弱いからこそ美しい」というのは木下さんの作品の根底にあったと思います。だから、強い者が美しいというような価値観がだんだん日本社会に定着するにつれて、彼の作品と観客の感覚の間にはしだいにズレが生じてきたのでしょう」（劉 2011: 222）。

［5］セルロイド・クローゼットとは、エイズ・アクティビスト・グループの ACT UP（AIDS Coalition to Unleash Power）の活動家であったヴィト・ルッソが *The Celluloid Closet: Homosexuality in Movies*（『セルロイド・クローゼット――映画における同性愛』）（Russo 1987（初版 1981））で用いた言葉である。クローゼットとは、同性愛者がその性的指向を他者に打ち明けていない状態を指す。カミングアウトとは、"coming out of the closet"（クローゼットから出る）という意味だ。セルロイド・クローゼットとは、ヘイズ・コード期（一九三四～一九六八年）とそれ以前以後の主にアメリカ映画において、どのように同性愛が隠蔽されながら表象されたかを表す。

画監督という特殊な職業であったからこそ、自由奔放に振る舞えたにしても、勇気のいることであったのは言うまでも」ないという指摘だ（吉田・船橋 2020: 65）。また吉田は、木下が「観客や松竹を挑発するような作品を作ると同時に、コマーシャル性の強い作品を作れる監督」であった事実において、自らの性的指向を「隠そうとしなかった、木下さんの生き方と深くかかわりあっていたのではないか」と続ける（吉田・船橋 2020: 66）。吉田の回想は、これまで映画業界の人々がゴシップ的に触れてきた木下の性的指向に関する言及のなかで、木下のセクシュアリティが映画監督としてのあり方に与えたかもしれない影響をもっとも真摯に捉えようとするだけでなく、石原が『惜春鳥』論を通じて「捨身のカムアウト」とした木下の性的指向に対する推察を具体的に肉付けする（石原 1999: 227）。八十歳を過ぎた老年の吉田が木下の性的指向を語る行為、それ自体が何を意味するかについては別の機会に十分に検討されなければならないだろう。だが、ここでより重要なのは、吉田が木下と仕事を始めた一九五〇年代半ば当時において、つまり戦後の日本映画産業がその絶頂に向かっていた時期において、木下が一人の男性同性愛者としてその身体と感性をもって、日本映画産業が疑うことなく当然視した（そして現在もなお当然視する）異性愛規範の体制と抑圧に対して抵抗の亀裂を内側から入れ続けた映画監督であったという可能性である。その可能性を木下が特に一九四〇年代から一九五〇年代にかけて育んだ感性において探求することが、本書に与えられた政治的な命題である。

木下のセクシュアリティをめぐるゴシップ、また吉田や他の助監督による言及は、木下が同性愛者であったことが今や日本映画産業および映画ファンの間において周知の事実として扱われてきた小さな歴史を物語っている。石原の映画評論もまたその可能性を開くことに寄与したと考えられる。木下が所属した松竹もまた現在、木下映画の再評価を促す過程においてその周知の事実を巧みに利用しつつ、同時に、その事実が有する政治性を脱色しているようにも見える。あるロゴマークによる木下のセクシュアリティの暗喩および脱政治化の可能性を考えてみよう。

二〇一二年三月十五日、松竹、浜松市、小豆島町の官民共同で成る「ひとつ木の下プロジェクト実行委員会」は、「木下惠介生誕100年プロジェクト」を正式に立ち上げた。同年十二月に生誕百年を迎えた「木下惠介」を「ひとつのブランド」として国内外へアピールするという意図のもとで構想されたプロジェクトであり、木下自身や木下映画と所縁のある地域の自治体が参加し、それぞれの角度から国内外での特集上映や記念映画（原恵一『はじまりのみち』）の製作など、さまざまな企画を二〇一二年から二〇一三年にかけて実施していった（「木下惠介生誕100年プロジェクト」2012）。

松竹が本プロジェクトの開始に合わせて開設した木下惠介のオフィシャル・ウェブサイトを訪れるとまず目にするのは、「人生は虹色だ。」というコピーだ。[6]『破れ太鼓』（一九四九年）、『結婚指環』（一九五〇年）、『歌え若人達』（一九六三年）といった木下映画の名場面を引用しながら、「悲しいこと。嬉しいこと。辛いことも。楽しいこともある。」、「涙を流すできごともあれば笑いあえる瞬間もある。」、「輝く瞳をもって

［6］その内容は、四十九作品にわたる木下映画や『木下惠介劇場』（一九六四‐一九六七年）、『木下惠介アワー』（一九六七‐一九七四年）、『木下惠介・人間の歌シリーズ』（一九七〇‐一九七七年）といったテレビドラマの概要だけでなく、木下にまつわるエピソード、木下作品で活躍した俳優や女優の紹介、木下組の紹介など、多岐に渡る。「木下惠介生誕100年」のウェブサイトの更新は二〇一三年で止まっているが、日本語ページからアクセスできる情報はほぼすべて正常に機能している。https://www.cinemaclassics.jp/kinoshita/kinoshita_100th/index.html（最終閲覧日：二〇二二年二月八日）

うまれ一生懸命に生きる人間はいじらしい生き物だ。」、「だからすべての人にどうしても幸せであってほしい」と木下映画の世界へ誘うコピーが続く（「木下惠介生誕100年」2012）。このオープニングが終わると、ウェブサイトは「木下組」（緑）、「名優図鑑」（ピンク）、「抒情的作品」（紫）、「コメディ作品」（オレンジ）、「革新的作品」（青）、「社会派作品」（藍）と異なる配色に彩られたカテゴリーを提示する。

ここで本書は、このウェブサイトに使われている松竹のロゴマークにもっとも注目したい。「木下惠介生誕100年」の上部に、七色に彩られた富士山を象った松竹のロゴマークがどんと構えている。「人生は虹色だ。」というコピーが示すように、虹を想起させるこの七色にはどのような意味が込められているのか。岩崎が「木下惠介ほど多面的な才能にめぐまれた映画監督は他に発見できない」と述べたように（1958: 175）、木下は「叙情派、社会派、悲劇、喜劇、実験劇、歴史劇、メロドラマ」といったさまざまなジャンル作品を高い水準で手がけ、またカラー技術や斬新な撮影方法にも果敢に挑戦した「万能の監督」として知られている（長部 2013: 240）。「木下惠介生誕100年プロジェクト」に関わった松竹関係者もまた「作品のバラエティ感をロゴでは七色の虹で表し、メインビジュアルでは、木下作品の中で描かれる、老若男女さまざまな人々の喜怒哀楽の物語を、表情と色を使い象徴的に表しています」と語っている（「木下惠介生誕100年プロジェクト」2012）。たしかに、岩崎、長部、松竹関係者の言葉に照らせば、ロゴマークに採用された虹色は木下作品の多彩な側面を表すものだと考えるのが妥当だろう。

しかし、ここで問うべきは、木下の功績を記念するウェブサイトのブランディングに向けた過程において、なぜそれらの配色を虹色というコーポレートカラーへと融合し、虹色を基調とした一つのロゴマークへと転換させることを選択したのか、という点だ。もちろん、虹色はさまざまな面で用いられる配色ではある。けれども、虹色、あるいはレインボーカラーは一九七八年六月二十八日にアメリカ西海岸のサンフランシスコで開催されたゲイ・フリーダム・デイ・パレードにおいて、ギルバート・ベイカーが考案した八色のレインボー・フラッグが登場して以降、権利運動や制作活動において性的マイノリティの連帯を示すための政治性を帯びてきたことは公知であったはずだ。[7] 松竹が同性愛者であったとも知られていた木下を再評価するための商業戦略を展開するにあたり、そのような歴史背景と政治性を帯びた虹色をロゴマークのコーポレートカラーに採用した選択には、木下のセクシュアリティも視野に含めつつ、二〇一二年当時の観客に向けて木下の作家性と作品に対する再評価を促すためのものだったのだろうか。

ただし、このウェブサイトには同性愛という言葉すら見つからない。その代わりにあるのは、独身を貫いた木下と小津安二郎が揃って佐田啓二の仲人を務めたエピソードなどが、「仲人経験豊富な独身監督！？」と感嘆符で強調されるかたちで共有されているだけだ。さらに興味深いのは、国内外に向けた木下のブランディング企画であるにもかかわらず、簡易的な英語版のウェブサイトでは、この虹色のロ

[7] ジェローム・ポーレンによれば、最初のレインボー・フラッグを構成した八色には以下の意味が込められていた。「ピンクはセクシュアリティ、赤は命、オレンジは癒し、黄色は太陽の光、緑は自然、青緑は芸術、青は調和、すみれ色は精神です」（ポーレン 2019: 101）。ピンクと青緑の布を安価で入手することが難しかった背景から、一般的なレインボー・フラッグは残りの六色を用いた構成が定着した。「木下惠介生誕１００年」ウェブサイトのロゴマークでは七色が用いられているため、厳密にはオリジナル及び現在のレインボー・フラッグと一致しないとする主張も考えられるが、ロゴマークの配色に対する本書の関心を逸らすには十分な説得力に欠けるだろう。

ゴマークは採用されておらず、色鮮やかな日本語版とは対照的に白黒の画面で統一されている点だ。木下と木下映画の再評価に向けて日本語圏で紐づけられる虹色が英語圏において脱色される、あるいは不在であることの意味とは何なのか。それはまるでレインボー・フラッグやレインボーカラーの歴史的意味と親しい可能性が高い英語圏の観客の目から、木下のセクシュアリティに対するゴシップを包み隠すような振る舞いではないだろうか。虹色のロゴマークを用いることで、「木下惠介生誕100年プロジェクト」は木下映画の多様なキャリアを証明し、現代の観客に向けてプロモーションしようと試みる。だがそれが同時に、たとえ無意識かつ意図がなかったとしても、木下と木下映画がもつ非規範的な性愛や欲望に対する感性を脱政治化してしまった可能性は否めない。

本書の目的は、木下映画において木下が同性愛者であった証拠を探り当てることではない。本書が目指すのは、愛や欲望について「肌理に逆らって読む」快楽の実践を通じて、映画監督・木下惠介のクィアな感性を探求することである。議論の便宜上、本書が作業定義として提示するクィアな感性とは、異性愛規範を基盤とした近代社会において、セクシュアリティやジェンダーをめぐる規範によって束縛・抑圧される人々、その規範から能動的に不和であることを選び抵抗する人々たちの経験へ敏感に携わり（engage）、彼女ら・彼らおよび周囲の人々が抱く感情の機微や直面する環境の諸相を十全に理解することを試み、スクリーンに描き出す感性である。言い換えれば、それは誰かを愛すること、自分（の身体や声）を愛することを、外圧的な力によって剥奪される／されてきた人々の生きた経験に身体と声をもたらす感性である。このような感性は木下や木下映画だけに限られたものでは当然ない。木下以前、木下と同時代、あるいは木下以降の日本映画や外国映画にもその痕跡は見つけることができるはずだ。本書は、戦後日本映画にみるクィアな感性の探求を木下映画の分析を通して実践し、その感性のあり方が時代、映画監督や映画観客のジェンダー、セクシュアリティ、年齢、障害の有無、人種、経済格差など、アイデンティティ構造にみるさまざまな共通点と差異の重なりと隔たりによって変化しうるのか、そのような諸相をめぐる探求の一つである。

本書で得られる知見は、戦後日本映画史の一端を次の側面から政治的に捉え直すことを可能にするだろう。その一端とはすなわち、終戦後の日本映画産業が非規範的なセクシュアリティやジェンダーをめぐる表現をどのように描き、また、どのような文脈であれば描写可能なものにしたのかという点である。前述の通り、木下映画には自身を明確な性的マイノリティだと主張する登場人物はいない。それはおそらく一九四九年に制定された映画倫理規程のなかで自主規制の対象とされた「色情倒錯または変態性欲」に同性愛も含まれていたからだと考えられる。一九五六年末に映画倫理管理委員会が第三者の自主規制機関として発足後に示した規程の第六条「性及び風俗」第三項「色情倒錯または変態性欲に基づく露骨な行為を描写しない」の解釈には、「同性愛、ゲイ・ボーイの生態、変態趣味、サディズムなどの扱いが含まれる」とはっきり明記されていた（映画管理委員会 1959: 9）。このような制限下において、少なくとも木下は直接的に性的マイノリティの経験を描くことを選ばなかった。

しかし、それは同時代の日本映画に性的マイノリティあるいは性的マイノリティの経験を体現していると解釈できる登場人物がまったく登場しなかったことを意味しない。同時に、映画倫理管理委員会がそのような規制事項を設けた背景には、同時代の日本社会に暮らした性的マイノリティの存在を認識していたという事実が提示される。実際、遅くとも一九五一年には小津安二郎の『麦秋』において原節子演じるヒロインが戦後に非異性愛者を暗示した「変態」とからかわれ、また渋谷実の『自由学校』（一九五一年）では佐田啓二演じるシシー（sissy）な男性や異性装者が現れた。[8] さらに『十代の性典』（島耕二、一九五三年）では女性同士の関係に対して同性愛という言葉自体が使われただけでなく、『挽歌』（五所平之助、一九五七年）、『女であること』（川島雄三、一九五八年）、『女ばかりの夜』（田中絹代、一九六一年）など、特に女性同性愛は一九五〇年代後半以降の文芸映画においても条件付きで頻出した要素であった。[9] さらには、『人生劇場　飛車角』（沢島忠、一九六三年）や高倉健主演の『網走番外地』シリーズ（石井輝男、一九六五～一九六七年）といった一九六〇年代以降の任侠映画やヤクザ映画には、常にホモエロティックな欲望が滲み出し、それは一九九〇年代の北野武映画や『孤狼の血　LEVEL 2』（白石和彌、二〇二一年）など近年のヤクザ映画にも継承されている。一九五〇年代に第二次黄金期の終焉を迎え、テレビという新しい映像テクノロジーとの競合において、日本映画産業は少なからず同性愛や同性愛的な表象を興行戦略のなかに含んでいた可能性がある。戦後の日本映画産業が内包した多彩な性表現は、美空ひばりや丸山明宏といった役者の身体と声を通じてもスクリーンに提示された（出雲 2002; Kanno 2020）。さらに、関連資料と映画フィルムの喪失により戦前の日本映画産業がどのように非規範的な性の表象を行ったのかについては十分には分からないものの、たとえば、吉屋信子による少女小説『花物語』の一部を映画化した『福寿草』（川手二郎、一九三五年）は女性同士の強い親密さを表現した作品として再評価が進んでいる。[10] 本書は、木下映画以外の映画作品を異なる歴史的・社会的・文化的な文脈に応じて、クィアな感性という視点から考察するためのきっかけを形成することにもつながるだろう。

2　木下映画の批評言説

木下惠介や彼の映画をめぐる批評言説はどのように発展してきたのか。本節ではまず、木下と木下映画に関する先行研究をみていく。その次に、本書の試みが属するクィア映画研究の発展、そしてその発展における本書の位置づけを明示する。

木下の作家性と木下映画をめぐる批評言説は、飯島正、飯田心美、尾崎宏次といった批評家たちによって、『キネマ旬報』、『映画評論』、『映画藝術』といった雑誌や新聞において、すでに一九四〇年代から確立されていた。監督デビュー作品の『花咲く港』が優秀な新人監督に与えられる山中貞雄賞を黒澤明の『姿三四郎』と並んで受賞し、また戦後初めての作品で第五作品目となった『大曾根家の朝』（一九四六年）がキネマ旬報ベストテン第一位を獲得したことにより、木下はそのキャリアの早い段階から批評家たちにも大きく注目されていた。

木下映画について初めて体系的に論じたのは、佐藤忠男が一九八四年に刊行した『木下恵介の映画』

[8]『自由学校』にみる佐田啓二の演技については久保（2020b）に詳しい。

[9]『挽歌』と『女であること』における女性同性愛の表象については徐（2021）に詳しい。また、ヤクザ映画『網走番外地』シリーズにおけるホモソーシャルな欲望の顕在化については、Kato（2021）を参照されたい。

[10] 戦前の日本映画産業におけるクィアな想像力がいかなるものだったのか、その点に関しての議論がないことは本書の弱点であり、また今後の日本映画研究が開拓すべき一つの側面である。たとえば、溝口健二が日活向島撮影所で助監督を務めた『京町襟店』（田中栄三、一九二二年）のように、女形を起用した新派調映画にはクィアな想像力が潜在するかもしれない。

である。木下の全盛期と同時代を生きた映画評論家である佐藤の肌で感じてきた木下映画の構造が明らかにされる。しかし、木下は一九八六年に『新・喜びも悲しみも幾歳月』、一九八八年に『父』を公開しているため、厳密に言えば必ずしもすべての木下映画を論じているわけではない。それは吉村英夫が一九八五年に書いた『木下恵介の世界』も同様である。吉村は松竹大船調の現代劇の系譜を検証するなかで、その決定的な重要性にもかかわらず、木下と木下映画は「映画史的な位置づけがあいまい」であり、「まとまった木下恵介論が存在しない」ことを危惧する[11]（吉村 1985: 33）。こうした危機感から書かれたのが『木下恵介の世界』であり、佐藤も同様の危機感を抱えていたと考えられる[12]。佐藤と吉村以降、木下という映画監督および木下映画が多角的なアプローチから再評価を促されたのは、一九九八年八月、『キネマ旬報』が刊行した『素晴らしき巨星――黒澤明と木下恵介』であった[13]。

木下の作家性および映画作品に関する言及や分析が著しく増えたのは、一九九八年十二月三十日に木下が逝去して以降である。三國隆三の『木下恵介伝――日本中を泣かせた映画監督』（1999）は、優しさと涙を主題に木下作品に対する受容と戦後日本の発展の関係を考察した。同年、石原が『異才の人 木下恵介――弱い男たちの美しさを中心に』を発表した。本書も大きくその考察に依拠する石原の功績は、木下映画にみる弱い男性性や男性同士の親密さの分析を通じて、木下映画のクィア批評の可能性を見出した点にある。助監督を務めた経験から独自のエピソードを盛り込んだ横掘の『木下恵介の遺言』（2000）から五年後、長部が木下の伝記（2005）を刊行し、二〇〇七年には哲学者の佐々木徹が『木下恵介の世界――愛の痛みの美学』で木下映画にみる愛の痛みと困難を読み解いた。二〇一一年に木下恵介記念館が『KEISUKE』（2011）をまとめた後、映画研究者の劉文兵が『証言 日中映画人交流』（2011）で中国と木下の関わりだけでなく、映画製作に対する晩年の木下の取組について関係者へのインタビューから明らかにしている。

これらの書籍に加えて、個々の木下映画の作品論や作家論は学術論文の形態で二〇〇〇年代以降に発表されてきた。[14] それらの多くが戦後の木下映画が提示した反戦、民主主義、ヒューマニズムといった木下映画の形容詞として頻出する代表的な主題に着目し、木下千花が指摘する通り、戦後の「主流派／大衆の価値観」を反映した「批判すべき日本イデオロギーの症候を集中的に示すテクストとして木下の作品を捉えてきた」側面を持つ（木下 2011: 240）。これらの批評が先述した書籍群が提示した視点と交わる

[11] 木下の逝去後、吉村は改めて次のように書いた。「後日、漏れ伝わってくる不確かな断片や噂などから推し量ると、木下監督はかたくなまでに自分の作品が研究対象になることを固辞したようである。みずからが語ることはもちろんのこと、自作を論じられることから作家論を開陳されることも含んで、オール駄目のようで、黒澤が時には饒舌なまでに自己と映画を語ったのとは対照的であった。木下作品の再評価の機運が生まれないのは、監督自身の控えめな態度にもある。それは謙遜というよりも、むしろ自負とも理解できる。あるいは無念さの裏返しかもしれない」（吉村 1999: 43）。

[12] 一九八六年八月にロカルノ国際映画祭での木下映画回顧展と併せて刊行されたことは特筆すべきだろう。脇田茂へのインタビューを務めた大場正敏によれば、本特集が開催された際に木下が「僕は川喜田夫妻に認めれていないから、国際的に有名になれなかった」、「だから黒澤君は幸せよね！」と愚痴をこぼしたと言う（東京国立近代美術館フィルムセンター 2000: 7）。川喜田夫妻は日本映画の海外進出に大きく貢献した。

[13] 編集に関わった稲川方人は、「作家・木下惠介とその作品は、わが国の５０年代の映画ジャーナリズムをむしろ席巻していた」と語り、その時代に観た『夕やけ雲』に与えられた衝撃が本書の企画を立ち上げる背景にあった（稲川 1998: 6）。

[14] 藤田亘（2000; 2004a; 2004b）、斉藤綾子（2003; 2008）、ミツヨ・ワダ・マルシアーノ（2007）、石田美紀（2010）、岡田秀則（2010）、藤森清（2012）、木下千花（2015）、御園生涼子（2016）などが挙げられる。

ことで、映画監督としてのみならず、個人としての木下像が伝記的アプローチで包括的に詳述され、家族との関係や戦争経験が木下映画に与えた影響、さらには木下映画が戦後日本社会の観客に対して果たしたイデオロギー的な影響など、さまざまな切り口が開かれた。とはいえ、映画研究者のミツヨ・ワダ・マルシアーノも指摘するように、作家主義的アプローチが現在も残る特に英語圏の日本映画研究において、「木下惠介が、日本の映画監督としていまだ作家主義の対象に値する監督とは、日本国外において認識されていないという事実」は、この指摘があった二〇〇〇年代末からいまだに解消されていない（ワダ・マルシアーノ 2007: 293）。なかでも、本書が挑む視点からの木下映画の再評価は近年促されてはいるものの（Kubo 2019）、一九五〇年代という日本映画産業の黄金期において、いかに木下が異性愛規範的なシナリオを巧妙に利用しつつ、その権力的な構造を内側から冷酷に批判するような視野を織り込んでいたかについては広く十分に共有されていない。

3　クィア映画批評による木下映画の再考

本書が主に扱う一九四〇〜一九五〇年代の木下映画は、現代の多くの読者／観客にとって「昔の映画」という印象を強く与えるだろう。それは二〇〇七年春学期に初めて映画学（フィルム・スタディーズ）という、一九六〇年代後半から一九七〇年代前半の戦後アメリカにおいて確立された学問領域に触れた学部生の頃の私にとっても同じだった。木下惠介の名前を初めて知ったのは、アーサー・ノレティ・Jrの「21.305A: Japanese Cinema」の授業であり、『二十四の瞳』という戦争と日本の文脈を通じて知った木下映画は、少なくとも当時の私にとって、あまりにも遠い「昔の映画」の一つに過ぎなかった。しかし、映画批評や文学批評の方法論を学び、また自分のセクシュアリティについて向き合う過程で、私は木下映画に次第に近づいていく。そのきっかけとなったのが第五章で扱う『夕やけ雲』であり、そこに描かれていた少年同士の触れ合いや、両親の期待に沿って「普通」に大人になることへ抱く抵抗のような振る舞いに、観客としてもどかしくも、強く痛みを伴って惹かれる何かを感じ取ったのだ。そしてその何かとは、同性愛者であることを公言していた／している私にとって、少年時代の自分が他者へ抱いた性的欲望や「普通になること」を求められていると常に感じた抑圧や痛みの経験と重なり合うものであった。木下映画において隠された／見えない欲望を感知し、また社会における「普通」や「正常」の規範からは逸脱する何かしらの描写を映画修辞法の分析を通じて読み解いていく体験は、同時に、一人の観客として自分自身の欲望を「昔の映画」に見出していく映画体験／映画批評を意味した。かつて英文学者の村山敏勝は『(見えない) 欲望へ向けて――クィア批評との対話』において、「文学を読むことの快楽と、狭い意味での性的快楽とを、互いに互いのうちに引き入れながら、ないまぜに語ろうとする試み」と「密やかであるべき性（と読書）の喜びを公衆の目前にさらけだす、あられなくも味気ない自己露出の試み」の一例として「クィア批評」を挙げ、なぜなら「批評とは、プライヴェートな体験をパブリックな場に開く作業だからだ」と主張した（村山 2005: 7）。本書はそうした映画を観ることの快楽と映画観客としての性的快楽を交錯させた「プライヴェートな」映画体験を公にする試みであり、同時に、これまでの戦後日本映画史をやり直す（rework）政治的な試みの一つでもある。

では、このような「昔の映画」を対象にした読みの実践が二〇二〇年代の現代にどのような意義を持ちうるのか。二〇一二年頃から緩やかに始まったとされる「LGBTブーム」をきっかけに（石田 2019）、二〇一〇年代の日本の映像産業は性的マイノリティの人々の経験を描く作品を次々と製作し、二〇二二年現在もその傾向は続いているように見える。このような変化は二〇世紀から続く性的マイノリティの生活や権利に対する社会運動の流れを反映していると考えられる一方で、一九九〇年代初頭に映画批評家のB・ルビー・リッチが名付けた新しい波「ニュー・クィア・シネマ」（New Queer Cinema）をめぐる市場価値の増加に見られたように、性的マイノリティを描く作品に対する日本国内の市場価値が劇的に上昇したことを暗示する。言い換えれば、主にゲイ男性の表象が大多数を占めるとはいえ、主流の映像産業は性的マイノリティを主題にした作品は儲かることに気づいたのである[15]。作品数が増加すると同時に明らかになったのは、日本の映像文化がどのように性的マイノリティを直接的／間接的に描いてきたのかについて、製作者や観客がその歴史を十分に把握できていない状況であった。映画批評家や映画研究者も例外ではない。そのような現状を改善するための試みの一つとして、私がキュレーションに関わった早稲田大学坪内博士記念演劇博物館が開催した二〇二〇年度秋季企画展「Inside/Out――映像文化とLGBTQ+」は、「戦後から二〇二〇年初めまでの映画とテレビドラマを対象に、多様なジェンダーやセクシュアリティの表象に着目し、製作関連資料、宣伝資料、スチル写真、台本、映画批評誌、映像などの多彩な資料とともに歴史を振り返る」ための一つの視点を提示した（久保 2020: 7）。この企画展は『菫色の映画祭』（1996）、『虹の彼方に――レズビアン・ゲイ・クィア映画を読む』（2005）など数少ない日本語圏での先行研究に大きな示唆を得たものであり、その視点の出発点にあったのが木下映画をはじめとする「昔の映画」であった。出発点を戦後にすることで、二〇二〇年代の観客へ「昔の映画」が残した痕跡を辿ることを促したのである。繰り返しの視聴を可能とするＶＨＳやＤＶＤなどの複製技術のテクノロジー、また個人や機関によって蓄積されてきたアーカイヴへのアクセスを通じて、大手映画会社の制度下において製作された映画が異性愛規範を前提とした社会制度や権力構造のなかで残したクィアな痕跡を辿ることができる。

本書は、クィアな視点から日本映画研究にアプローチするものである。その点において、本書が英語圏のクィア映画研究の影響を大きく受けていることは後述する。まずは、ここまで何度も言及してきた「クィア」という言葉についてその歴史的展開を見ていく。

「クィア（queer）」とは、もともと十六世紀頃から「奇妙な」「変な」という意味を持った言葉であり、一九一〇年代頃からは特に男性同性愛者を指す侮蔑的なニュアンスを含んだ言葉であった。これは単純に同性愛だけに狙いを定めた言葉ではなく、社会において「望ましくない」あるいは「適切ではない」とされる女性性や男性性のあり方、さらには次世代生産に繋がらない生き方を含むものであった。つまり

クィアとは、その社会において規範的・覇権的だとされている性（ジェンダー／セクシュアリティ）の

［15］テレビドラマで放映された作品が映画化され、全国のシネコンで上映されるようになった変化は、そのような気づきによるものだと簡単に推測できる。その際に性的マイノリティのなかでもどのような人々の経験が優先的に語られ、誰の経験が語られていないのかについて映画製作者や観客は考えなければならない。

あり方から外れていると見なされる人々を「異常」な存在として他者化し、彼女彼らの存在価値を貶め傷つけると同時に、彼女彼らを恥じ入らせることで規範的・覇権的なあり方に自ら同化していくように仕向ける機能をもった言葉だった。（菊地・堀江・飯野 2019: 1）

たとえば、一九六〇年代初頭から一九八〇年代初頭を舞台にしたアン・リー監督の『ブロークバック・マウンテン』（*Brokeback Mountain*、二〇〇五年）で一夜を共にした若い青年同士の会話において"I ain't queer."（俺はカマじゃない）という台詞が例示するように、クィアは差別語として少なくとも一九六〇〜一九七〇年代頃までには広く認識されていた。

そのようなクィアという言葉の使用に変化が見られるようになったのは、一九六九年に起きたストーンウォールの蜂起後、一九七〇年代のゲイ解放運動（Gay Liberation Movement）を経て、一九八〇年代前半に始まるエイズ危機で転換を見せた性的マイノリティの政治運動においてであった。レズビアンやゲイ男性というアイデンティティを軸にしていたゲイ解放運動は、政府や政治家だけでなく、同性愛嫌悪を隠すことなくエイズと同性愛の関係を報道するメディアからの真っ当な支援を受けられず、急速にエイズで失われていく命を守る策としてもはや効果を失いつつあった。そこで新しい運動は、もっとより直接的な抗議方法を戦略的に取り入れ、社会の「主流」に認めてもらうためのポジティブなイメージを推進することを真っ向から拒絶することで、社会の「主流」が性の規範に対して掲げる「普通」の特権性に対抗していった。そうした抵抗の運動において、「メインストリームに対する抵抗的なスタンスを指し示す一つの、しかしインパクトのある言葉として選ばれたのがクィアであった」（菊地・堀江・飯野 2019:

2)。ACT UP（一九八七年）やQueer Nation（一九九〇年）に代表されるクィア・アクティビズムは、リアプロプリエイション（再我有化）の実践を通じて、「侮蔑語であったものをあえて自分たちで引き受けてみせることで相手を挑発する、という形」でクィアを用い始めた（清水・垂水・中川 2018: 7）。そのように運動の中で変化したクィアという言葉は、映画研究者のテレサ・デ・ラウレティスによって一九九〇年二月のカリフォルニア大学サンタ・クルーズ校での研究会議「クィア・セオリー」へ援用された。翌年一九九一年には、その成果をまとめた『ディファレンシズ』一九九一年夏号が発刊され、クィア理論が学術領域として発展していく。

クィア理論は既存の学術領域へ直ちに応用され、映画研究も例外ではなかった。*How Do I Look?: Queer Film and Video*（『私はどう見える？――クィア映画・ヴィデオ』）(1991) や *Queer Looks: Perspectives on Lesbian and Gay Film and Video*（『クィア・ルックス――レズビアン&ゲイ映画・ヴィデオへの視点』）(1993) など、リチャード・ダイアーやヴィト・ルッソによって築かれていたレズビアン映画やゲイ映画に関する映画研究から発展して、より広範的なセクシュアリティ、ジェンダー、人種、階級、身体の規範と映画／ビデオの関係性を読み解いていくクィア映画研究へとつながっていった。一九九〇年代初頭の北米では、「ニュー・クィア・シネマ」の波が押し寄せていた時期であり、それは一九八〇年代以前のレズビアン映画やゲイ映画とは異なる特徴を有していた。現在、クィア映画とは一般的に性的マイノリティの生きた経験を描く作品を指す傾向にある。なぜなら、クィアという言葉はＬＧＢＴが表すよりもさらに包括的にジェンダーやセクシュアリティの多様性を含んだ言葉として使われることがあるからだ。しかし本書では、「最初からクィアであると疑う余地なく認定されるものは、むしろゲイ的ないしレズビアン的ないしトランスジェンダー的 etc... と呼ぶべきではないか」と提案する村山の考えを援用し（村山 2005: 14）、明確な性的マイノリティの登場しない木下映画はレズビアン映画やゲイ映画よりもクィア映画と称する方が適当だと考える。

その際に重要となるのが、視点としてのクィアである。

視点としてのクィアとは、特定の性のあり方のみを「ノーマル」とみなし、それ以外のあり方を「逸脱」と位置づけ、他者化する考え方を批判的に検討する視点のことである。こうした視点から、クィア・スタディーズでは、異性愛が個人に選択可能なアイデンティティ・カテゴリーとしてではなく、人々を特定のあり方・生き方に方向づける強制的な仕組み・制度として捉えられるとともに、そうした制度を構成する要素が指摘されてきた。例えば、性別二元論、あるいはジェンダーの二元論的な区分はその一つである。その他にも、恋愛や婚姻、リプロダクション（再生産）や身体、労働に関わるさまざまな規範、文化実践、社会制度が異性愛の制度化につながっているとして、批判的に検討されている。（菊地・堀江・飯野 2019: 5-6）

本書がクィア映画研究の一つとして「昔の映画」である木下映画に着目する理由は、戦後日本社会が終戦から復興し、高度経済成長へ突入していくなかで、いかに異性愛が次世代再生産へとつながる「ノーマル」な「特定の性のあり方」として特権化されていたのか、その権力構造が物語内に織り込まれているからである。本書で取り上げる木下映画にはそのように特権化される性のあり方から逸脱する、非規範的なセクシュアリティやジェンダーのあり方を内部から刻む痕跡がある。ハリー・ベンショフとショーン・グリフィンが主張するように、クィア映画研究は、映画におけるセクシュアリティを「複雑かつ複層的に重なり合い、そして歴史的に微妙な差異を有するものとして理解」し、その流動性が映画の製作と受容に与える影響を探求するだけでなく、「製作者によってテクストに残されたクィアな痕跡を特定すること」を試みてきた（Benshoff & Griffin 2004: 2）。本書の目的はクィア批評を用いて、木下映画に刻まれたそのような痕跡を辿り可視化させ、木下のクィアな感性のあり方を探求することである。

クィア映画とは何かを定義する挑戦は容易ではない。だが、少なくとも次の四点から定義を試みることはできる。第一に、映画作品の物語世界内において性的マイノリティなどクィアな人々の経験を描く作品をクィア映画とするものだ。ただし、カール・スクーノヴァーとロザリンド・ガルトが注意を促すように、物語の内容だけに焦点を当てる方法は、たとえば慣習的な視聴覚表現を非規範的なカメラワークや音響によって転覆させるような可能性を秘めた実験映画やアートシネマをクィア映画から締め出しかねない（Schoonover & Galt 2016: 10）。それゆえに、クィア映画とは何かを語るときには常に撮影技法や音響設計にも着目する必要がある。第二に、ある映画作品が非規範的なセクシュアリティやジェンダー・アイデンティティを生きる人々によって製作されたり、それらの人々が役者として演じている作品を作家性（authorship）の観点からクィア映画と呼ぶ方法である。たとえば、ディズニー映画『リトル・マーメイド』（*The Little Mermaid*、ジョン・マスカー＆ロン・クレメンツ、一九八九年）の劇中歌《パート・オブ・ユア・ワールド》は、ゲイ男性でエイズを患っていた作詞家ハワード・アッシュマンが制作したものであるが、アッシュマンのクィアネスに着目すれば、『リトル・マーメイド』は異性愛中心主義の社会に溶け込みたいと切に願うクィアな人物の欲望を描いたクィア映画として読むことができるだろう。第三に、非規範的なセクシュアリティやジェンダー・アイデンティティを生きる観客によって受容される、あらゆる映画作品は観客性（spectatorship）の観点からクィア映画になりうる。クィア映画批評の第一人者の一人であるアレクサンダー・ドティは、「いかなる映画も常にすでに潜在的にクィアである」と述べたが（Doty 2000: 2）、観客性に焦点を当てるならば、「ジェンダーやセクシュアリティをめぐる支配的な決めつけに抗議する」視点が求められる（Benshoff & Griffin 2004: 10）。デイヴィッド・ハルプリンは、クィアは「規範に対して対立関係にあることによって意味を持つ。正常な、正統的な、支配的なものとぶつかるものならなんでも、定義上クイアーである。クイアーは、なにか特定のものを指ししめすとは限らない」と述べた（ハルプリン 1997: 92、強調原著）。第三の定義が行うのは表面的には「正常な、正統的な、支配的なもの」を描きつつも――たとえば表面的には異性愛の物語であっても――それに抗うような読みを可能とするポテンシャルを秘めた映画の読みを導き出す。そのような「肌理に逆らって読む」行為は本書が行うクィア批評の軸にある。この第三の点は第四の定義として挙げられる、映画体験におけるアイデンティフィケーション（自己同一化）と密接に関わってくる。映画を観るとき、観客はＰＯＶショット、ヴォイス・オーヴァー、クロースアップといった映画的な技法や話法を通じて、登場人物の視点と自身を重ね合わせていく過程においてジェンダーやセクシュアリティの境界線を横断し、登場人物の欲望や動機を動的に追体験することができるとされてきた。

4　本書の構成

本書は方法論として基本的にテクスト分析（textual analysis）を採用する。記号学や構造主義と並んで発展したテクスト分析とは、ある映画作品の特にナラティヴとスタイルを織りなす形式的要素を細かく分類し、映画作品全体に散りばめられたコード（codes）がどのような意味作用をもたらすのかを動的に分析する手法である。[16] それは映画作品に潜在する、ときに矛盾したり、反抗的な意味をテクスト（作品）を解きほぐし露見させる過程において効果的であり、本書が採用するクィア批評の中核にある「肌理に逆らって読む」行為の根幹を支える。本書では、映画作品の形式的な視聴覚的要素の分析に焦点を当てることで、いかに木下惠介が慣習的な映画技法や映画話法、さらにはジャンル映画的な約束事を軸にしつつ、それらの枠組みにオルタナティヴな読みの潜在性を滑り込ませながら、ジェンダーやセクシュアリティをめぐる規範的な価値観と距離を置いたり、抵抗を示していたのかを明らかにしていく。

本書では異性愛規範を近代社会における支配的権力構造の一つと捉え、その規範との関係（抑圧・逸脱・抵抗）において生じる環境（周縁化・差別）および感情や欲望を感じ取る感性として、クィアな感性という表現を選択し、木下自身もまた一九四〇年代末から一九五〇年代にかけての映画製作を通じてこの

［16］記号学において、コードとは構築、伝達、解読される意味、メッセージ、記号などの伝統的手法を指す。たとえば、メッセージは話し言葉あるいは書き言葉、表情、視覚的イメージなどの形式をとる。クリスチャン・メッツ（Metz 1991）が述べるように、映画的コードには編集、カメラの動き、照明などが含まれる。

感性を模索していったと仮定し、いかにそのような感性が立ち現れてくるかを検証する。それは村山の言葉を借りるならば、「見ること、批評することを通じて、いわば動詞的に「クィアする」とでもいうべき介入を通じて、見えない欲望を引き出し、新たな解釈を生産する」クィア批評（クィア・リーディング）の営みである（村山 2005: 14）。エディソン製作所で一八九四年あるいは一八九五年に撮られた「ディクソン・エクスペリメンタル・サウンド・フィルム」（ウィリアム・K・L・ディクソン）を『ゲイ・ブラザーズ』と呼び直したヴィト・ルッソの「正しい間違い」を引用しつつ（菅野 2021: 13–14）、クィア・シネマの歴史を紐解く菅野優香はクィア批評を次のように説明する。

> クィアに読むことは、遊び心に溢れた知的で洗練された解釈の方法というだけではなく、観客を当然のように異性愛者と見なし、異性愛主義的な語りとイメージを量産してきた映画の歴史に対する怒りと不満を糧にした視覚的かつ物語的快楽への欲望であり、戦略にほかならない。意図されたものであろうとなかろうと、クィア・リーディングは（隠された）クィアな意味を見出すことが、クィアな観客にとって重要であるからこその読みの実践なのである。（菅野 2021: 14）

ある作品に対して施され、批評家や映画観客に普及した主流の解釈とは異なる視点から、その映画作品を肌理に逆らって読む行為を通じて、クィアな観客は異性愛主義的な物語と歴史の内部に潜在するクィアな欲望を掘り起こしてきた。菅野が「クィア・シネマの歴史は、誤認や誤引用が正しい間違いとしてある歴史なのだ」と主張するように、クィア映画批評の意義とは、映画作品に対する積極的な「誤読」

を主流の歴史に向けて提示し、常にそこにあったクィアネスを輝かせることにある（菅野 2021: 14）。

こうした目的を持つクィア映画批評を軸とする本書はまた、映画作品を織りなす視聴覚的要素のテクスト分析に加えて、公開当時の映画評、新聞広告、脚本や他の製作関連資料など一次資料を用いた実証論的なアプローチからも映画史の記述を行う。それによって、本書は筆者による映像分析だけに論証の根拠を置くのではなく、当時の映画観客や批評家の反応もまた視野に介入させることで、木下が刻んだクィアな痕跡が観客／批評家の受容に対してどのような影響を与えていたのかについても検証する。

本書が分析対象とするのは、第一章で木下が戦前から戦後にかけて撮影したホームムービー、第二章から第六章までは一九四九年から一九五九年までの十年間を対象にした木下映画であり、時間軸に沿って木下映画を辿る構成になっている。アーカイヴ調査によって発見した木下のホームムービーは、松竹大船撮影所で製作された商業映画ではないものの、監督昇進前後の木下がどのように家族や木下組のスタッフを撮影していたかという点において重要であるため、本書の分析に加えた。木下のホームムービーの一部については先行研究でも触れられてきたが、約三十六分間のホームムービー全体に着目する試みは本書が初となる。

第二章以降は、特に石原郁子によって開拓されてきた木下映画をさらにクィア批評のアプローチから発展させていく。戦後日本社会における結婚の重圧、共同体からの排除、恋愛への期待、子供から大人になる成長の経験、そして地方都市のローカリティにおけるホモソーシャルな空間で顕在化する同性愛的欲望についてそれぞれ分析していく。特に、第四章から第六章で扱う『海の花火』、『夕やけ雲』、『惜春鳥』は（おそらくシスジェンダーで異性愛志向の）男性批評家たちから、同性間の親密な関係が不可解とされ、「女々しい」と低く評価を受ける傾向にある。それはある意味で、それらの男性批評家たちもまた戦後の日本映画産業が提示した異性愛中心の物語的慣習から自由ではなく、それゆえにその慣習から逸脱した、あるいは逸脱するように見える描写を悉く否定し、理解できないものとして敬遠した傾向を推測させる。もしそうだとすれば、それは木下映画の特徴を批評家たちが十全に理解することを困難としてきた、支配的な権力構造としての異性愛規範が映画作品だけでなく、映画を観ること、映画を語ることにおいても影響力を持っていたということではないだろうか。本書が目指すのは、そのような支配的な権力構造によって確立された可視性の不均衡を正すことである。菅野によれば可視性とは、「単に物理的で身体的なメカニズムからくる状況や現象を意味するのではなく、圧倒的に不均衡な権力関係を基盤として構築された社会的関係性を光学的に表現したもの」であり、「可視化されているということは、社会的な力をもつこと、あるいは、社会的な力をもっていると認識されること」を指す（菅野 2021: 15–16)。社本書はクィア批評の実践を通じて、ホモフォビアやセクシズムを内面化した視点によって隠蔽されてきたクィアネスを木下映画の分析を通じて可視化させる。

吉田喜重は、木下が同性愛者であったことを隠すことなくA級監督として働けたのは映画産業という特殊な労働環境が可能にしたことかもしれないと推察していた。[17] すでに松竹三大巨匠の地位を獲得していた一九五〇年代末において、木下は映画産業と労働について次のように述べている。

> 私のような監督もそうだが、俳優だって、撮影技師だって、会社に利益をもたらすための一要素にしか過ぎない。利益をもたらさなくなったら不用なものにきまっている。不用になったらさっさと

捨ててくれればいいし、だから有用な時には癪にさわっても払うべきだ。それが映画産業の特質だと思うし、監督とか脚本家とか、俳優のきびしさだと思う。勝手に行為だの好感だの、人間味だのと期待して欲しくないし、信用して欲しくもない。ただ値打だけの金さえ正当に充分に支払ってくれればいい。そんな風に割り切った中で、こっちが勝手に会社に愛着を持とうが、それはその人のそれこそ勝手である。（木下 1958b: 195）

木下は、松竹大船撮影所と日本映画産業という大きな権力構造の中の一部としての映画監督という立ち位置を十分に把握していた[18]。会社から与えられた企画と自分が望む企画の間で均衡を保ちながら、木下は要請に応えながら映画製作の慣習を転覆させうるさまざまな試みを果たしてきた。そのような試みに不可欠な特質としてクィアな感性があり、本書が辿っていくような痕跡が残されていったのだと考えられる。本書が扱う作品群は映画製作の慣習的な要素の中に内側から切り込み、侵食するような作品群で

[17] 一九五四年に松竹へ入社した脇田茂は松竹大船のディレクター・システムについて次のように証言している。「ご存知のように大船というのはディレクター・システムですから、小津さんを頂点とするヒエラルキーがあり、失礼な言い方だけど、A級、B級、C級みたいに監督がいますね。小津さんが悠々と撮っている一方で、C級の監督は、早くて安いことを売り物にしている。「俺たちがこうやって何本も作って、ブロックブッキングを保っているから、小津さんや木下さんがああやって勝手放題のことをやれるんじゃないか。支えているのは俺たちだ」という自負があったと思うのです」（東京国立近代美術館フィルムセンター 2000: 2）。

[18] たとえば木下は映画製作には膨大な製作費がかかるからこそ、「自信がなけりゃ監督なんてできません」と断言している（木下・白井 1990: 367）。

ある。以下、本書の構成を詳述する。

第一章では、二〇一六年に木下惠介記念館で発見した、戦前から戦後までに制作された木下のホームムービーを対象とする。二十世紀を通じて主に異性愛家族の記憶を記録する小型映画のサブカテゴリーとして発展してきたホームムービーは、物語映画で描かれる愛に対する木下の姿勢を検討するうえで重要な実践であったことを主張する。

第二章では、戦後日本社会にみる結婚の重圧が階級の異なる二人の男女の見合い話を軸に描かれる結婚喜劇『お嬢さん乾杯』の結末における男女の再会の不在が、観客が抱く異性愛規範的な期待に対してどのような抵抗を促すかに着目する。ヒロインを演じる原節子の美貌が木下に提示した「手の届かない美しさ」がいかに『お嬢さん乾杯』における「階級差」と「異性愛規範への抵抗」という二つの主題を交錯させるうえで重要な核となるのか。第二章では、竹村和子による「正しいセクシュアリティ」の議論を援用し、「自然」かつ「正常」な男性性の問題を佐野周二と佐田啓二のスター・イメージの比較を通じて検討するだけでなく、原のスター・イメージに付随する接吻の拒絶と曖昧なセクシュアリティが物語に与える影響を考察していく。男性主人公とヒロインの関係が異性愛規範に囚われることのない余白を秘めているという点で、『お嬢さん乾杯』は異性愛ロマンスを肌理に逆らって読むことで積極的な「誤読」を要求し、木下のクィアな感性を物語映画において探求するための出発点となる。

第三章では、木下のクィアな感性に大きな影響を与えたと考えられる女優の高峰秀子と木下の関係性について、『カルメン故郷に帰る』と『カルメン純情す』の主人公リリィ・カルメンという女性の表象を色彩、音楽、演技、受容の観点から考察することで明らかにする。第三章では木下と高峰の出会いとキャリアの発展を辿りながら、子役時代の高峰が果たした性表現の豊かさが、リリィ・カルメンという女性が秘めるジェンダー撹乱の始まりであったことを示唆する。次に、『カルメン純情す』における（レズビアン／バイセクシュアルの）労働者としてのリリィ・カルメンにとっての芸術の意味を検証し、日本映画初の長編総天然色映画『カルメン故郷に帰る』で彼女の身体に紐づけられる視覚的な異質性を指摘する。さらに、これまでの『カルメン故郷に帰る』論では十分に検討されてこなかった物語世界内／外の音楽の比較を通じて、特定の共同体において理想的な女性／理想から逸脱した女性が置かれたジェンダー・ポリティクスを明らかにする。リリィ・カルメン／高峰のサヴァイヴァルが芸術性と常に密接であり、そこに木下のクィアな感性が結びついている。性の規範から逸脱する映画女優と映画監督が織りなすコラボレーションが見出される。

第四章では、撮影技法と編集技法に着目し、メロドラマ『海の花火』の結末において、ヒーローの役割を果たす男性主人公の毅（三國連太郎）を抱きしめて泣くのは女性ではなく、石濱朗演じる美少年の一平である意味を読み解く。その際に不可欠なのが、切り返しの編集技法、ショットサイズ、および構図の分析である。なぜなら、慣習的に異性愛規範を採用する物語映画において、男性主人公が女性登場人物と親密な関係を結ぶ過程において、特に切り返しは効果的な役割を担うからだ。『海の花火』においても同様の傾向が見られるが、第四章では毅の顔を見つめる回数がもっとも多いのは他の誰でもない一平である。男性主人公と少年の親密性が男性主人公と女性登場人物の親密性よりも遥かに濃厚に描かれ、豊かな意味が付与される、その容態を詳細なテクスト分析によって検証することで、いかに『海の花火』が慣習的な期待をはぐらかす映画作品であるかを証明する。第四章では、男性主人公が抱く異性愛を強いられることへの不安やためらいに寄り添う木下のクィアな感性が認識されるだろう。

第五章では、日本社会が占領期から脱する頃から高度経済成長期へ突入する時期を舞台にした『夕やけ雲』を対象に、主人公が子供から大人へ成長する過程で直面する異性愛規範的なシナリオの重圧に対する木下のクィアな感性のあり方を読み解いていく。『夕やけ雲』はなぜ広義のフラッシュバックを時間性の主軸として少年時代の思い出を展開するのか。ホームドラマというジャンル的な枠組みの中で、二十歳になった主人公が物理的にもはや戻ることのできない過去の時間性が親友との友愛や魚臭さのコンプレックスを提示する意味とは何なのか。第五章は、フラッシュバックという物語話法は少年が抱くクィアネスが顕在化される開放区としての効果を持つ潜在性を分析し、子供から大人に進む道のりにおいて残されるクィアな痕跡を辿る。しかし『夕やけ雲』は同時に、戦後日本社会で非規範的とされるセクシュアリティを核とする欲望は思春期においてのみ許容され、そのような欲望は成人し、結婚が期待されるまでには捨て去られなければならないという抑圧構造を露呈するだろう。

第六章では、一九四〇年代から一九五〇年代にかけて木下が築き上げてきた映画修辞法の結実を『惜春鳥』において論証する。木下は、会津若松でのロケーション撮影を通して特定のローカリティの真正性によって生成される物語効果を活用したと考えられる。会津白虎隊の歴史と神話性に付随するホモソーシャルな欲望と再会する青年たちが抱える複雑な友愛との関連性に特に着目する。第六章では、ミザンセヌのテクスト分析を中心に、フラッシュバックや音楽などによって多層化される青年たちの関係性（裏切られる友情やホモソーシャルな関係にみる同性愛的欲望の顕在化）を分析する。また、英太郎を演じる佐田啓二とみどりを演じる有馬稲子の演技によって、いかにジェンダー・ノンコンフォーミングなパフォーマンスの磁場が構築されるのかを考察する。さらに、青年たちの剣舞シーンで活用されるフラッシュバックと、英太郎とみどりの心中場面における舞台装置の機能を比較し、それぞれが過去を召喚し、一方は理想化された過去を懐かしみ、他方は規範から解放されクィアな関係を探求する空間となることを明らかにする。

本書は木下映画を第一作『花咲く港』（一九四三年）から第四十九作『父』（一九八八年）まで一作品ずつ時系列順に並べて、クィアな読みを可能とする細かな要素をつなぎ合わせていくものではない。本書は、一九三七年から一九四九年までに撮影された木下のホームムービーを始まりとし、一九四九年から一九五九年までの十年間に公開された作品の中から、異性愛中心主義的な近代社会が構成員に求めるセクシュアリティ、ジェンダー、身体、老いの規範とそれに付随するさまざまな期待から逸脱しているとされてきた人々の生きた経験を描く作品を分析対象とした。本書が分析対象とする六本の商業映画は、木下のホームムービー制作の実践を比喩的に拡大させ、異性愛規範への違和感を軽やかに表明し、その規範に対して表面的におもねりつつ内部から緩やかに侵食する、新たな「ホーム」を作り出すための希望を提示するようなクィアなホームムービーとして解釈することを目指す。そこで形成される「ホーム」は、木下映画と同時代を生きたクィアな観客が映画体験を通じて帰ることのできる「ホーム」だけでなく、二十一世紀を生きるクィアな観客が過去を振り返り、そこにかつていたかもしれない「私」の存在と欲望を再創造／再想像させることを可能にする「ホーム」になるのだ。このような解釈を成立させるには本書が採用するクィア批評の実践が要となる。木下映画のクィア批評を通じて、本書は近代日本の歴史的文脈だけでなく日本映画／日本映画史研究において抑圧され、不可視とされてきた、あるいは木下自身も十分に意識していなかったかもしれない人々の存在、身体、声、欲望を掘り起こし、琥珀色の光を当てる。本書は、木下映画に対する同時代および後年のメディア言説やプレスシートや台本などのアーカイヴ資料を映画分析に最大限活用し、木下映画を肌理に逆らって読み、積極的な「誤読」を通じて、クィア批評が重ねてきた言葉の力を用いて、夕焼雲の彼方に広がる「青い鳥」の世界を描き出す。

第一章　はじまりの映画
――木下恵介のホームムービー

1　はじまりの映画

序章の冒頭で言及したＮＨＫ総合『この人 木下恵介ショー』へ巻き戻そう。本番組の中盤、木下恵介が自作品に対して実母が与えた影響を語る過程で、とある初公開映像が放映された。一分ほどの白黒映像には、家族で静岡県にある法多山の尊永寺を訪れる様子が母を中心に映し出される。この白黒映像は木下自身が一九三七年頃に撮影したものだ。映画監督へ昇格前の木下が主に浜松の家族を対象にホームムービーを撮影していた事実は、石原郁子（1999）と長部日出雄（2013（初版 2005））がそれぞれ言及している。木下のホームムービーの一部は二〇一八年に新体制で再始動する以前の木下恵介記念館で随時上映されていた記念映像でも来場者に向けて公開されていた。その記念映像では、尊永寺への訪問だけでなく、父を交えたピクニックの様子や松竹大船撮影所前で白いスーツに身を包み、ポーズを決める若き日の木下の姿を見ることができた。

長部の記述によれば、木下が小型映画撮影機を手に入れたのは一九三五年に遡る。陸軍将校として満州に渡っていた五歳上の兄・政二が一九三五年に休暇で戻った際、当時松竹蒲田撮影所で撮影助手であった木下に土産として贈ったのが、イーストマン・コダック社の8ミリ小型映画撮影機「シネコダック・エイト モデル20」であったとされる[1]（長部 2013: 92-93）。本書の調査の限りでは、この小型映画撮影機は木下惠介記念館では現在所蔵されていない。しかし、長部の調査を軸に考えると、NHKで放送された一九三七年の映像は、この小型映画撮影機で撮影されたものだと推測できる。一九三七年の日中戦争勃発以降、海外からのフィルム輸入規制は厳格化され、またフィルム現像所の閉鎖といった理由により、戦中・戦後にかけてホームムービー制作は困難となった（冨田 2012: 39）。当時の映画撮影所にとっても映画フィルムの供給困難が起こり、映画法の施行にも大きな影響を与えた時代である。そのような時代の前後に、それは同時に映画監督昇格前後に、木下はどのようなホームムービーを撮ったのか。

本章は二〇一六年七月十四日に木下惠介記念館で行った所蔵品調査の際に見つかった、ある一枚のDVDに収められた映像に着目する。DVDケース内には「『我が家の記録』（家族の映像）」と記載があり、撮影年と内容を示すメモ書きが含まれていた。「浜松の浩之」や『破戒』というメモ書きから、これが木下関連の映像であると気づき内容を確認すると、石原や長部が言及した映像はほんのたった一部であり、実際には全体で約三十六分間にまとめられた木下撮影・所有の8ミリ映像が残っていたことが判明した。メモ書きが示す内容は、おそらく8ミリフィルムをテレシネする際、8ミリフィルムのケースやフィルムのリーダー部分にあった記述を書き起こしたものだと考えられる。メモ書きによれば、8ミリフィルムのテレシネ化にはNHKが関わっていたようだ[2]。しかし残念ながら、実際の8ミリフィルムは木下惠介記念館にも現在所蔵されておらず、二〇二二年時点でその行方は未だ不明である。テレシネ化の時点で木下の8ミリフィルムがどのような状態にあったのかは把握できていない。それが現在もどこかに所蔵されている、あるいは置き去りにされているとすれば、その保管状態によっては劣化が深刻化している可能性が大きく残るだろう。

本章では、クィアな視点によるホームムービー研究の観点から、クィア映画作家・木下惠介が残した8ミリフィルム『我が家の記録』の歴史的重要性を明らかにしたい。小型映画である8ミリフィルムが大きく分類されるアマチュア映画の「アマチュア」の語源は、「amare（＝愛すること）」である。家族や撮影所の人々を対象に撮影するなかで、また自分自身もその対象となるなかで、木下はどのように小型映画のレンズを通じて愛することを考えたのか。次節でホームムービーの起源について詳述したのち、本章は木下のホームムービーの内容を詳細に分析していく。

［1］「シネコダック・エイト モデル20」は一九三二年に日本へ輸入されていた。この撮影機の輸入をめぐる当時の状況については、那田（2000）に詳しい。

［2］二〇二一年十一月に木下の姪御である成島安子氏と原田忍氏にインタビューした際、二人ともDVDと同じ内容が記載されたケースに入ったVHSを所有していることが判明した。成島氏の夫であった成島東一郎は木下組の撮影助手を務めた。成島は、『野菊の如き君なりき』で特徴的な卵型のトレーシングペーパーのマスクを全カット同じ明るさで保つために必要であった光量を、「カマキリの足のように腕を〔カメラの〕両方からつき出し、左右二灯のライトをマスクに向け」る腕を考案した（渡辺 1992: 207-209）。『心中天網島』（篠田正浩、一九六九年）や『儀式』（大島渚、一九七一年）で撮影を務めた成島は映画監督としても『青幻記 遠い日の母は美しく』（一九七三年）、『オイディプスの刃』（一九八六年）を撮っている。

2　ホームムービーの起源と政治的な役割

ホームムービーの起源は、映画史の始まりまで遡る。一八九五年十二月二十八日、フランスはパリのグラン・カフェで一般公開されたリュミエール兄弟によるシネマトグラフによって、一つのスクリーンを不特定多数の観客が共有する上映形態が確立された。この形態は二十世紀を通じて映画産業が発展するうえで基本的な要素であり続け、現在もシネコン、ミニシアター、映画祭、自主上映会といった上映空間でも維持されている。これが映画史の始まりである。兄オーギュストと弟ルイのリュミエール兄弟は、この一般公開で十本の作品を上映した。

そのうちの一本に、『赤ん坊の食事』（*Repas de Bébé*、一八九五年）が含まれる。固定カメラで撮影された、ほんの一分ほどの作品で、庭に出した机で横一列に座るオーギュストと妻のマーガレットが中央に座る赤ん坊の娘アンドレアに食事を与える様子が描かれる。『映画というテクノロジー経験』で長谷正人が論じるように、この映画で特筆すべきはオーギュスト一家が囲む食卓の背景に映る植物の葉っぱや娘のよだれ掛けが風に揺れ、赤ん坊の顔に覆い被さる様子を捉えることができた技術的革新に見出すことができる（長谷 2010: 64–65）。『赤ん坊の食事』の固定カメラはオーギュストが赤ん坊にスプーンで食べ物を与え、赤ん坊がウエハースのようなものを口に運んでは出し、またマーガレットが角砂糖とミルクを入れたコーヒーを飲む姿を見守る。二十一世紀現在の観客からすれば、この作品に画期的な点を発見するのは困難かもしれない。しかし十九世紀を通じて、映画誕生以前の写真カメラは露光時間の問題により、生きた赤ん坊をうまく写真に捉えることが難しかったと言われている。そのような時代において、シネマトグラフは赤ん坊の身体を生きた状態でアニメイトすることができる画期的なテクノロジーの誕生を証明した。加えて、映画史における『赤ん坊の食事』の重要性は、その視覚的なアトラクション性だけではない。映画史家の岩本憲児が述べるように、『赤ん坊の食事』は、二十世紀を通じて世界各地で動く家族アルバムとして制作されるホームムービーというアマチュア映画の原型を作り上げたのだ（岩本 2007: 8）。

シネマトグラフの誕生以降、家庭用の映画撮影機と映写機の開発が急がれた。[3] 二十世紀初頭にさまざまな国で発明が進められ、不燃性フィルムを用いたもっとも安全かつ安定な機材として一九二二年に商品化されたのが9ミリ半のパテ・ベビーである。高価であったため、主に医者や地主など中産階級以上の家庭や写真愛好家によって使われ始めたものの、ホームムービーはアマチュア映画の一形式として、他のフォーマット（16ミリと8ミリ）の登場とともに次第により幅広く一般家庭へ浸透していく。一九八〇年代にビデオが登場して以降も、ホームムービーはホームビデオへと名称を変化させながら、デジタル・カメラやスマートフォンで個人が手軽に撮影できるようになった現在もなお人々の間で親しまれている。

ホームムービーに関する本格的な学術研究は、一九八六年に *The Journal of Film and Video* が組んだ特集"Home Movies and Amateur Filmmaking"で始動したと考えられている。以降、ホームムービーやホームビデオに関する学術研究が主に英語圏で少しずつ発展していく。[4] 一九九五年に *Reel Families:*

［3］家庭用機材の開発は遅くとも一八九七年から始まっていた。Coe（1982）に詳しい。

A Social History of Amateur Film（『リール・ファミリーズ――アマチュア映画の社会史』）を著し、アマチュア映画研究を牽引してきたパトリシア・ジンメルマンは、カレン・イシヅカと編者を務めた*Mining the Home Movie: Excavations in Memories and Histories*（『ホームムービーを採掘する――記憶と歴史における発掘物』）（2008）において、ホームムービーを次のように定義した。ホームムービーとは、「個人使用と個人上映を目的に、親密なイベントや儀礼を視覚的に記録する個人および／あるいは家族による実践に位置づけられるアマチュア映画運動の部分集合」を指す（Zimmerman 2008: 8）。ホームムービーの一般的な撮影対象には、結婚式、誕生日など子供の成長を祝う機会、家族旅行や地域行事、葬式や墓参りといったハレの日と呼ばれる機会が多く含まれる。[5] 近年では、ホームムービーが家族の記憶だけでなく、戦争中の亡命や隔離、移民コミュニティ、都市の発展を知らせてくれるアマチュア映画のサブカテゴリーとして再注目されている。

ジンメルマンが二〇〇八年に提示したホームムービーの定義には個人による実践も含まれているものの、*Reel Families*では「家族によって実際に撮影されたフィルムを表す叙述的な用語」と定義されていた（Zimmerman 1995: x）。個人を含めず、「家族」という言葉が軸にある定義は、ホームムービーの本質について何を示唆しうるのか。その一つに挙げられるのが、この特定のアマチュア映画は極めて異性愛規範的なシナリオに則ったハレの日を記録する実践である点だ。リュミエール兄弟の『赤ん坊の食事』をホームムービーの原型とするならば、ホームムービーという何かを撮影する際の出演者として、子供を中心に両親や祖父母といった異性愛を前提として成立する家族形態が必要となる。つまり、ジンメルマンによる一九九五年の定義は異性愛規範的なシナリオを演じる「家族」に基づくものであった。そのような先入観を指し示すかのように、家庭での映画撮影と上映の機材が主に中流階級以上の家庭にまず流通して以降、二十世紀を通じてホームムービーは異性愛家族を描いてきた。『小型映画』の表紙や雑誌内で前提とされる家族像も例外ではなかった。

一九五〇年代末以降、家庭用の撮影および上映機材の発展と安価化に伴い、中流階級以上に限らず、一般家庭でもホームムービーが制作され、主にプライベートな空間での上映を通じて家族や親しい人々との間に家族の記憶が共有・継承されてきた。二〇〇三年に始まり、現在でも毎年十月に世界各地で開催される「ホームムービーの日」で上映される映像が示すように、ホームムービーの多くは基本的に異性愛家族を中心に撮影され、スクリーンに登場する人々が異なるだけで、記録された内容や形式には類似点が多い。本書の目的はそのような類似した内容と形式を批判することではない。むしろその類似性によって明らかになるのは、映画という複製技術がホームムービーというアマチュア映画の一形式を通じて、異性愛を基軸とした家族の映像が「普通」で「正常」なものであるかのように、異性愛規範的なシナリオを強化・再生産する過程に貢献してきたという歴史的事実である。それはすなわち、ホームムー

［4］ホームムービーは、日本では35ミリ未満のフィルム規格を指す小型映画の一部として親しまれ、帰山教正（1931）の『映画製作法』、塚本閤治（1938）の『小型映画撮影と映写』、西村正美（1941）の『小型映画──歴史と技術』などに加えて、一九五六年に刊行され一九八二年に廃刊した『小型映画』のような雑誌も人気だった。

［5］日本の文脈で言えば、運動会、入学式、卒業式シーズンの前にビデオカメラのテレビコマーシャルが毎年のように放映されている。管見の限り、そのようなテレビコマーシャルにおいて同性カップルとその家族が主要登場人物として描かれることはない。

ビーの起源とされる『赤ん坊の食事』が描き出した家族の映像は、十九世紀末に誕生した映画という新しい視覚装置をそれぞれの時代の社会における異性愛規範を権力構造として形成・強化・再生産することに寄与したのだ。『赤ん坊の食事』のような映像を家庭でも作りたいと願う観客の欲望、およびその欲望を実現させる商業的な発明と宣伝戦略は、ホームムービーをきわめて異性愛規範的な映像文化へと組み込んでいったのである。

日本におけるホームムービーの撮影および上映の実践をめぐる展開はどのようなものだったか。日本で家庭用のアマチュア映画撮影・上映機材が成功したのは、関東大震災の翌年、一九二四年四月から伴野商店が独占的に発売開始したパテ・ベビーである（映画保存協会 2012: 8）。パテ・ベビーは非常に高価であったため、当初は富裕層や写真愛好家の間でのみ親しまれた[6]。一九二六年には、イーストマン・コダック社による16ミリフィルムを用いたシネ・コダックが日本にも輸入され、人気を築いていく。手頃な価格で円滑に良質な現像を可能にしたイーストマン・コダックの支社が堂島に設立されたことも大きい。このように一九二〇年代に日本へ輸入されたアマチュア映画の撮影・上映機材の人気は、京阪神や東京でのキネマ倶楽部の設立、日本アマチュア・シネマリーグによる雑誌『アマチュアムービース』の刊行、さらには映画コンテストの開催などの文化的発展と実践を通じて、日本のアマチュア映画文化の基盤を形成することに貢献していった。そして、一九三二年、木下恵介がのちに手に入れることになる「シネコダック・エイト モデル20」が映写機コダスコープ20とともに日本へ輸入される。それは木下がちょうど二十歳になる年であった。

3　『我が家の記録』——家族篇

木下惠介は一九一二年十二月五日、静岡県浜松市にある江馬殿小路の伝馬町三番地で漬物店「尾張屋」を営む木下家の五男・正吉として誕生した。[7] 五歳の頃にスペイン風邪を患ったものの九死に一生を得てすくすくと育った。裕福な家庭環境は、少年時代の木下に世界文学全集、世界大衆文学全集、小川未明童話集などを通じてさまざまな国の童話・文学やレコードを通じてクラシック音楽に触れることだけでなく、小学三年生頃からは当時浜松市内に五館あった映画館へ頻繁に通うことを可能にした。[8] 両親の勧めで静岡県立浜松工業学校の紡織科に進んだものの、一九三〇年に卒業した頃には、木下は手が油で汚れる紡積工場に就職する気もなくなっていた。映画少年であった木下が唐突に思いついたのが映画の道である。母たまから親戚の呉服屋へ届けるように預かった十何円を手に、尾張屋で土産をよく買っていた松竹下賀茂の時代劇スター坂東寿之助を頼りに京都へ向かったのである（木下 1987c: 548）。しかし、木下の家出劇はあえなく失敗に終わった。けれども、この家出がきっかけで木下は映画界への道を進んで

［6］詳細な価格設定については、宇野（1976）に詳しい。本章が部分的に元になっている修士論文の調査でお世話になった神戸映画資料館館長の安井喜雄氏との会話において、神戸では芦屋に住んでいた富裕層がパテ・ベビーの主たる所有者・撮影者だったと伺った。

［7］木下家の子供たちは以下の通り。寛一郎、政二、敏三、正吉、忠司、八郎、作代、芳子。木下のホームムービーには、病気で早くに亡くなった寛一郎以外の兄、弟、妹が登場する。

［8］木下は『童話アニメ全集』の監修も後年に行っている。

いくことになる。

一九三〇年、松竹蒲田撮影所で監督部の助手になるためには、城戸四郎所長の方針で大学卒業の資格が必要となったばかりであった。写真学校で基礎知識と実務を習得すれば撮影部なら入れると学んだ木下は、オリエンタル写真学校へ進むことを決心する。しかし、写真学校へ入学するためには半年以上の実務経験が必要であったため、一ヶ月で嫌気が差した日比谷の写真館を経て、工藤写真研究所で修行を積んだ。木下はオリエンタル写真学校で写真技術について一通り習得し、特に写真の修復と着色を得意とした。木下によれば、下落合に下宿していた際に通った縄のれんの店の名前であった「けいすけ」を気に入り、一九三三年に松竹蒲田撮影所へ入所する際に「惠介」をペンネームにした（1987d: 624）。

前述したように、木下のホームムービーは『我が家の記録』と題されており、メモ書きによれば、全体で十三のパートに分かれている。撮影期間は一九三六年（昭和十一年）から一九四九年（昭和二十四年）までの十三年間で、木下の出兵期間を含む一九三九年から一九四一年まで、また監督に昇進した一九四三年から一九四七年までの映像は含まれていない。一九三六年から一九三八年までの映像では、木下の両親、兄弟妹、親戚などが主に登場し、墓参りやピクニックといった一般的にハレの日と呼ばれるホームムービーに典型的な撮影対象が選択されていたことが分かる。終戦以降、木下の被写体は次第に松竹大船撮影所の人々や自作の出演者との交流を捉えたものが多くなる。本節では、一九三六年から木下が招集される一九四〇年以前に撮影されたホームムービーを詳細に見ていく。本節で取り上げる映像は以下の通りである。

（一）昭和十一年八月　家族スケッチ
（二）昭和十一年九月　気多の山
（三）昭和十二年四月十八日　法多山（『この人　木下惠介ショー』（一九八四年）で一部放映）
（四）昭和十三年　正月
（五）昭和十三年一月五日　春近し
（六）昭和十三年八月　撮影所スナップ（『私の履歴書』（一九八八年）で一部放映）
（七）昭和十三年十二月一日　箱根

木下のホームムービー『我が家の記録』は、両親との墓参りで幕を開ける。母たまの足元を映すカメラがティルトアップし、母の顔を一瞬だけ捉えて左へパンする。すると、花に水をやっていた父周吉が撮影されていることに気づきカメラへ視線をやる。墓石へ水をかけようと父が動くと、カメラは父の背後へ回りその様子をアクションつなぎで見せる。今度は少し俯瞰から墓を整える両親と次兄の政二を映す。アメリカ合衆国におけるスナップショットとホームムービーを調査したリチャード・チャルフェンは、葬式や墓参りは撮影対象から排除される傾向にあると述べたが（Chalfen 1987: 93）、日本国内の「ホームムービーの日」で上映された映像や筆者が京阪神で調査した映像には、葬式や墓参りが少なからず記録されていた。四方田犬彦が「映画は生きものの記録である」と述べた通り（四方田 2011a: 1）、ホームムービーもまた家族を主体に生から死という人間の生命のサイクルを記録する。そして、その記録の実践において異性愛規範の徹底により維持される家父長制を象徴するイメージとしての墓が現れる。このホームムービーにおける木下の焦点はあくまでも墓参りでの両親の振る舞いにあるように見えるが、同時にホームムービーのそのような性質を露呈する。

木下のホームムービーでは、さまざまな撮影技法や編集技法への挑戦と遊びを楽しむことができる。墓参りシーン（00:00:14〜00:00:36）のあと、「山のおばちゃん」と呼ばれていた長男・寛一郎の妻のミキと娘の富代が神社の境内を歩く様子が異なるショットサイズやアングルで映される。他にも、おそらく木下家の物干し台で撮影されたショット（00:01:27〜00:01:30）では、義姉のミキがはにかみながらやってきて、広げた傘を画面左側から画面全体にフレームインさせる。[9] その傘が画面右側へフレームアウトすると、そこに映るのは全く別の場所で小さな子供たちと坂道を下る母たまの姿が現れる。マッチカットを用いて空間と時間の移動および人物の変化を編集によって見事に達成する。「昭和十一年八月」の撮影時点、木下は島津保次郎監督の『家族会議』の複雑な編集へ大きく貢献したことで助監督として引き抜かれていたばかりであった（長部 2013: 550）。木下のホームムービーには、このように撮影助手として築かれていた撮影技法や編集技法の理解が実践として試されていたことが分かるだろう。

『二十四の瞳』や『惜春鳥』に代表されるように、木下映画の視覚的特徴の一つは、移動撮影だと言われている。[10] その原型を垣間見られる「昭和十一年九月」は、おそらく浜松の鍛治町通りを走る黒い車を追尾するロングショット（00:02:00〜00:02:03）から始まる。次に、撮影者の木下が乗っていると推測できる車と並走する、「尾張屋」（00:02:05）と記された自転車に乗る木下の弟・八郎が現れる。[11] 以降、木下のカメラの焦点は車から八郎に移り、尾張屋の法被（00:02:27）を着てカメラに微笑む彼の顔をクロースアップで捉え続ける。この街並みのシーンの最後には、道路沿いでカメラを据えて待機する木下の目前を、画面奥から自転車で走ってきた八郎が横切っていく様子を右から左へとパンしながら追いかけていく。後述するホームムービーの多くにも演出が見られるようになる。

家族旅行や行楽が人気の撮影機会であったこともあり、日本のホームムービーには列車を捉えた映像が多く残っている。二〇一九年十二月に木下恵介記念館で木下のホームムービーから一部を上映した際に来場者から大きな声が上がったのは、「昭和十一年九月」内で「旭町驛 電車　のりば」のサイン（00:02:29）が現れたときであった。木下は発車する列車をホームから手持ちで撮影し、次に、運転手の背後から窓を通じて進行方向のレールを映す。また、『遠い雲』や『太陽とバラ』（一九五六年）で列車が横切る車輪の様子を彷彿させるようなショットが複数挿入されたのち、映像は車内へ移動し、ベレー帽姿の兄・敏三と学生帽姿の弟・忠司（00:03:06）、そしてパイプをくわえたハット姿の木下が現れる。三人が列車で向かうのは静岡県の西部に位置する気多である。

気多の山での登山シークェンスでは、基本的には木下が他の二人を山の風景の中に（ときおり超）ロングショットで追いかけ、木々の間からのぞく雲を追ったり、川の流れや石に跳ねる水しぶきを捉える

［9］当時尾張屋のあった江馬殿小路に並ぶ多くの店には物干し台があったと言われている。物干し台は少年時代の木下にとっても思い出深い空間であった。夏には物干し台から花火を楽しみ、他の店の人たち同様、空腹になれば物干し台から小路に並ぶ寿司屋、蕎麦屋、天ぷら屋に注文をかけ、物干し台経由で配達された思い出があるという。

［10］木下映画における移動撮影と撮影にかかるセットや照明の準備については、『女の園』以降、木下組の撮影助手を務めていた渡辺（1992: 125–127）に詳しい。渡辺はテレビドラマの『木下恵介劇場』シリーズでカメラマンに昇格している。

［11］原田忍氏によれば、八郎には映画出演の話があったという。実際、乗馬が不得意であった池部良の代役として『破戒』へ出演した場面がある。

ショットが続く。[12] しかし、この登山でもしっかりと演出を意識したコンティニュイティ編集が見られる。たとえば、地図をのぞく敏三と忠司を正面から映したミディアム・ショット（00:05:09～00:05:11）の次には、敏三のＰＯＶショットのような超クロースアップ（00:05:12）で地図が映し出される。ティルトアップ（05:13～05:14）で視点を地図から外すと、目的地の山がロングショット（00:05:15～00:05:17）でどんと提示される。その後も、木下が異なるサイズやアングルのショットを撮影し、兄弟たちの登山が進んでいく様子を巧みに編集で作り出していたことが分かる。この映像が面白いのは、木下もまた登山の物語の中に所々で登場する点だ。登山が開始する前は杖を片手に軽快にステップを踏んでいた木下（00:03:38）が、大汗をかきながらだんだんとシャツを着崩していき（00:05:57）、最後にはタンクトップ姿になった木下の水筒のコップをぐいっと飲みあげる姿も収められている（00:06:45）。

木下のホームムービーの中で代表的な映像は、「昭和十三年一月五日　春近し」と並んで、静岡県の法多山にある団子で有名だった尊永寺へ家族で訪れた際に撮影された「昭和十二年四月十八日　法多山」だろう。ロングショットを基調とする本映像は、のちに脚本家となる芳子を含む子供や孫のあとをゆっくりと歩く母たまを軸にさまざまな角度から撮影される。母たちの後景に映る他の家族連れがカメラの方へ頻繁に目をやる様子（00:07:16）からは、一九三七年当時、小型映画撮影機が珍しかったことが分かる。木下が母たまを敬愛していたと言われる通り、この映像で登場する木下は背後から歩いてくる誰かに笑いかけており、ゆっくりとフレームインしてくるのが母たまである（00:08:16）。ホームムービーの興味深い特徴は、撮影者と被写体の親密な関係性が画面に滲み出る特徴であり、木下の映像においてそれがもっとも現れるのが母親との間であることは間違いない。

　この映像で特筆すべきショットがある。母たちが階段を上がる様子を側面から固定で撮影するショット（00:08:40〜08:51）では、画面前景を甥の和司や姪の安子や和子、芳子や母が次々にカメラの前を対角線上に通り過ぎていく。画面後景には、赤子を背負った女性が手すりを持ちながらゆっくりと階段を上がる姿が映っており、ちょうど画面中央に差し掛かったタイミングで立ち止まり息をつく（00:08:45）。肩で息をするその女性がどのような環境に置かれた人物であるかは分からない。だが、画面前景に通り過ぎる木下の家族とその女性が重なり合うとき、かつて芳子のように少女であったであろうその女性もまた母となり子供を育て、そして木下の母のように年老いていくのだろうかと想像させる。

　日本のホームムービーには正月が付き物である。「昭和十三年　正月」には正月飾りをした玄関から親戚家族が出てくる様子や縁側でカメラに向かって家族写真のようにポーズを取る様子（00:11:08〜00:11:11）がある。小型映画撮影機に向かってじっと静止する親戚や母の様子は少し不思議に映るが、なぜそのような静止像だったのかがすぐに分かる。次のショットでは、三脚にカメラを立てて記念撮影を試みる着物姿の木下が登場し、右手を動かして何やら指示を出している。興味深いのは、次に映るのは縁側の家族ではなく、おめかしをした芳子であり、彼女は指示に従って胸のリボンを正す。その切り返しで、カメラを覗き込む木下がクロースアップで映し出されるのであった[13]（00:11:20）。同じ正月に木下は

[12] 気多山の撮影場所の同定については今後の課題にしたい。
[13] カメラを構える木下の背景に映る白い大きな建物の屋上には、「マツビシ」と書かれたロゴマークが見える（11:20）。浜松にあったデパートだ。

図 1-1　二七歳の木下惠介松竹大船撮影所にて

父や男兄弟、芳子と鴨江の「根上りの松」へピクニックに出かける「昭和十三年一月五日　春近し」も撮影している。

ここまで見てきた木下のホームムービーの被写体は浜松の家族や親戚であるが、『我が家の記録』には少しずつ松竹関係者も登場し始める。芳子や作代をはじめとする木下の近親者が一九三八年八月のある日に松竹大船撮影所を訪問した「昭和十三年八月　撮影所スナップ」には、監督の吉村公三郎、俳優の上原謙、佐分利信、三宅邦子、三井弘次など、松竹大船撮影所の面々が次々と映し出される。真っ白なスーツと少し胸のはだけたシャツに身を包んだ木下が「松竹大船撮影所」の看板を背景に、カメラに向かって笑顔で軽快に歩いてくるショット（00:18:16〜00:18:25）が印象に強く残る（図1－1）。また、映像の最後には窓際に立つ母たまが現れ、彼女が窓を閉めて幕を閉じるといった演出もあるのは面白い[14]。

本節の最後に「昭和十三年十二月一日　箱根」を取り上げる。小田原天守閣へ続く入り口を示す看板をゆっくり上から下へと読ませるティルトダウンから始まり、この映像は着物姿の木下とスーツ姿の八郎が登場する。代わりがわりにカメラを手にし、お互いを撮影したショットが切り返しで結ばれる。遊覧船に乗る場面では、波のしぶきや蠢き、遠くに映る空や山々を撮影するだけでなく、カメラをじっと微笑みながら見つめる八郎を捉えたクロースアップ（00:20:02）が印象深い。居合わせた誰かに撮影を頼んだのだろうか、八郎の肩に手を置きながら歩く木下の姿が映る。八郎が煙草入れを木下に差し出し、その切り返しで木下が受け取り、煙草を咥える様子からは、兄弟の親密な間柄が伝わってくる。

八郎との箱根旅行を終えた翌年の一九三九年、木下は東宝撮影所に移籍した島津保次郎に代わって吉村公三郎の助監督に就く。一九四〇年にはチーフ助監督として吉村の『西住戦車長伝』に携わり、同年二月から四月まで中国ロケに参加し、帰国後に製作が最終段階に突入したタイミングで召集令状を受けた。一九四〇年十一月一日、木下は名古屋の中部第十三部隊輜重兵第三聯隊補充隊に配属され、同年十二月十七日に中国大陸へ渡る輸送船で神戸港から出港し、上海、南京、漢口、武昌を経て応山に向かった（長部 2013: 550-551; 劉 2011: 193）。一九四一年、木下は輜重兵として前線へ物資を輸送する作戦中の事故で負傷し南京陸軍病院へ送還された。同年八月十五日に召集解除され、木下は松竹大船撮影所へ戻った。

4　『我が家の記録』——撮影所篇

一九四三年、木下は三十歳で監督へ昇進した。もともと構想していた『人生案内』が戦時中に求めら

［14］ホームムービーを撮影していた映画撮影所関係者は阪東妻三郎や淡島千景など他にも例はあるが、「撮影所スナップ」はアルフレッド・ヒッチコックが残したホームムービーを想起させる。イギリスのブリティッシュ・フィルム・インスティチュート（British Film Institute）には、イギリス各地で撮影されたホームムービーが収蔵されており、デジタル化され一般に公開されている。その一部に含まれるのが、*Alfred Hitchcock Home Movie 1929-71* と呼ばれるコレクションだ。

れた国策に沿う主題ではないという理由で却下されたものの、木下はカメラマンの楠田浩之と組み、菊田一夫による戯曲を原作にした監督第一作目『花咲く港』でデビューした[15]。同年には黒澤明が監督第一作目『姿三四郎』を撮り、木下と黒澤はともに山中貞雄賞を受賞する形で高く評価された。「食糧増産の国策映画」（長部 2013: 142）として製作された第二作目『生きてゐる孫六』（一九四三年）では軍国や国策を支持する表面的な構造とは裏腹に刀の扱いを知らない男の描写を通じて封建制と毒々しい男性性を批判し（藤田 2000）、アメリカ軍による空襲が迫りくるなかで疎開を推進するための国策映画であった第三作目『歓呼の町』（一九四四年）では、土地への愛着から疎開に消極的な中年男性の姿に戦意高揚の意図が感じられず情報局から文句を受けた。木下の監督キャリア初期においてもっとも有名な作品の一つ、火野葦平原作の『陸軍』（一九四四年）を演出したのが戦中であり、兵役を経て「いまや純粋な愛国者となった木下恵介の憂国の至情」に溢れた作品だと現代では評価されている（長部 2013: 152）。田中絹代演じる母親が兵隊として出征する息子を含む行軍を追っていく姿を、超ロングショット、移動ショット、パンなどさまざまな撮影技法を盛り込み、映画のクライマックスに相応しいエモーショナルなシークエンスを作り上げた。しかし、この演出に強い不満を抱いた内閣情報局から次作に予定していた海軍省委託による『神風攻撃特攻隊』の製作に対して、木下へ名指しで異議申し立てがあり、木下は辞表を提出し松竹を一時去った。その後の母を連れた疎開の様子は『はじまりのみち』（原恵一、二〇一三年）で描かれている。終戦後に映画製作へ戻り、木下は戦中から終戦後の一九四〇年代末までに十三本もの作品を監督していく。

前述したメモ書きによれば、「撮影所篇」のホームムービーは、『花咲く港』の前年に撮影されたものから一九四八年と一九四九年の間に撮影されたものを合わせて六本残っているはずだ。しかし、メモ書きに記載されている（九）「昭和十七年　豊色子と保子」は実際には含まれていないため、本節では他の五本を考察していく。「家族篇」と比較すると、「撮影所篇」では木下が撮影者ではなく、被写体として登場する頻度が増える。

（八）　昭和十七年　浜松の浩之
（九）　昭和十七年　豊色子と保子
（十）　昭和二十三年秋「破戒」スナップ
（十一）昭和二十三年秋「破戒」記念

（十二）昭和二十三年夏

（十三）昭和二十四年春

「昭和十七年　浜松の浩之」は、木下とカメラマンの楠田浩之を含む三人の男性たちがある山に続く参道を進む様子が捉えられている。フィルムの劣化が激しく、なんという山へ出かけているのか文字は提

[15] 一九四三年春当時を振り返り、木下は楠田と組んだ理由を次のように述べる。「「第一回目は手馴れたキャメラマンと組んだ方がよくないか」と城戸所長が心配してくれたが、僕は楠田浩之を選んだ。八年前小原譲治氏が、「今日からうちの組に入った楠田です、どうかよろしく」と挨拶廻りにつれて廻っていたあの日を想い、十年間を苦労して来た自分を想い、その同じ苦労をなめて来た浩之の門も、共に押し開いて進むことこそ生涯の意地だと確信した」（木下 1987a: 245）。

示されるものの、十分に読み解くことができない。参道の左右には店がたくさん並んでおり、ある晴れた賑やかな日であったことは分かる。夏らしく、真っ白な帽子と真っ白な半袖を着たハーフパンツ姿の木下が現れて映像は終わる（00: 23: 39）。

「昭和二十三年秋　『破戒』スナップ」および「昭和二十三年秋　『破戒』記念」は、タイトルから推測できるように、一九四八年十二月六日に公開された『破戒』の製作中に撮影されたものだ。島崎藤村原作の『破戒』映画化は、もともと一九四八年三月から東宝が阿部豊監督の指揮のもと、池部良と高峰秀子を主演に製作が進められていた。しかし、同年八月に起こった東宝大争議によって『破戒』は製作中止となる。その後、企画が松竹大船へ持ち込まれ、松竹京都撮影所での製作が決まった。けれども、長部が詳述するように、大船と京都の間にある政治を円滑に進めるには監督としての技量と人望が欠かせなかった（長部 2013: 230–231）。そこで白羽の矢が立ったのが、『大曽根家の朝』（一九四六年）のヒットにより一目を置かれていた木下であった。

「昭和二十三年秋　『破戒』スナップ」は京都でのロケ撮影に挑む木下組の姿を捉える。白いハットを被って指示を出す木下、主人公の瀬川丑松を演じる東宝所属の池部良、部落の村人を演じる宇野重吉が登場し、三人揃って話をする様子（00: 23: 39〜00: 24: 19）がまず捉えられている。その後、レンズを覗く楠田やスタッフに指示を出す木下がクロースアップで映され、また同時に、実際に『破戒』で登場する場面が小型映画カメラによって撮影されている。なかでも特に貴重なのは、『破戒』のクライマックスで査問会へ向かうために飯山町の通りを池部と宇野が歩く姿を俯瞰から捉えたシーンがどのように作られたのかが明らかになる映像だ。俯瞰の移動ショットを撮影するには、高い場所に足場のレールを作らなければならない。屋根の上部に作られた長い足場でカメラがゆっくりと画面後景へと押されているショット（00: 25: 10～00: 25: 20）や、足場の上を歩く白いジャケット姿の木下を捉えたロングショット（00: 25: 23）やウエストショット（00: 25: 25）、小型映画カメラに向かって笑顔で何かを話しかける木下のクロースアップ（00: 25: 33）、さらには足場を歩く木下を通りからローアングルで捉えたロングショット（00: 25: 39～00: 25: 48）など、『破戒』製作時の裏側が垣間見られる貴重な瞬間が多数収められている。

『そして夢にはじまった〈3〉――紫陽花の巻』において、池部は宇野と通りを歩く移動ショットを撮影した日に木下と酒を交わしたエピソードを語る。一升瓶一本をあっという間に空けても顔色一つ変えない木下に池部が驚く間、木下は太平洋戦争以前の思い出話をし終えると、賀茂川で水浴びをしようと誘われたと書く。二条大橋のたもとで二人は素っ裸になり、「監督、しかも他社の大監督と、石の枕を並べて、酒を飲んで火照った身体を清流に任せているなんて、思いもよらない嬉しいことだった」と池部は思い出す（池部 1996: 228）。池部の思い出が示すように、映画撮影中にはさまざまな余暇が付き物である。「昭和二十三年秋『破戒』記念」は、『破戒』製作時の木下組が撮影時以外にどのようなレジャーを楽しんでいたのかを明らかにする。たとえば、龍安寺の石庭を楽しむ木下の姿（00: 26: 30～00: 26: 44）や、保津川の渓流下りの乗り場までハイキングする木下組の姿（00: 27: 38～00: 29: 17）が見える。この保津川下りが先述の賀茂川での水浴びの前後どちらかは分からないが、池部のリラックスした様子から、東宝所属の池部が木下組のスタッフと打ち解けていたことが分かるだろう。

一九四七年、木下は神奈川県藤沢市辻堂に家を購入し、両親を迎え入れている。『破戒』製作に突入する前に撮影されたであろう「昭和二十三年夏」には、その翌年に父周吉が庭でナスを採っている様子

図 1-2 『お嬢さん乾杯』撮影中の原節子と木下恵介

が残されている。このホームムービーの冒頭で墓参りをしていた頃の父と比べて、その動きは遅く、たしかな老いを感じさせる。この年に母たまが六十八歳で亡くなったが、『破戒』製作中であった木下は心から慕っていた母の「死に目に遭えず、通夜、葬式、四十九日の法要にも出られなかった」（長部 2013: 553）。

木下のホームムービーの最後を飾る「昭和二十四年春」は二つのパートに分かれている。一つ（00:32:47〜00:33:31）は、「昭和二十三年夏」と同じ家にて、幼い甥の武則と妹の忍が中心に被写体となる。わんぱくな男の子の相手をするのは八郎であり、また縁側に座る父親も登場する。この二人の子供たちは実は第二章で扱う『お嬢さん乾杯』にて原節子演じる没落華族の構成員としても登場しているのだが、このホームムービーの第二パート（00:33:32〜00:36:06）では、その『お嬢さん乾杯』撮影時の様子が捉えられている。そこに映っているのは、木下と楽しそうに雑談をする原節子である。木下組の誰かが笑顔で会話する二人をそれぞれクローズアップで映す。このホームムービーでは『お嬢さん乾杯』で原が演じる泰子が父親のいる拘置所を訪れる場面の前後が収められており（図1-2）、主人公の圭三を演じる佐野周二も現れる。撮影の合間に丸鏡を片手に自ら化粧を直す原の姿や、オフスクリーンで演技中の佐野と原を真剣に見る木下の横顔、撮影に使用した機材や木下組それぞれの働きをじっくりと見ることができる、非常に貴重な瞬間が続く。[16] 眩しいほどに白焼けする映像の最後には、原と佐野に演技指導をしていたであろう木下が映し出されてホームムービーは終わる。

5　愛することを恐れる

木下恵介記念館には木下が自宅で所蔵していた16ミリフィルムが展示されている。木下の『太陽とバラ』以降、ロケ中の木下組と近い関係を築くことに成功していた『日刊スポーツ』の映画記者の石坂昌三は『巨匠たちの伝説　映画記者現場日記』において、辻堂にあった木下の自宅でしばしば行われていた木下作品の映写会について以下のように触れている。「木下はデビュー作『花咲く港』から『風前の灯』まで、ワイド・スクリーンになるまでの自作を16ミリで、ホームムービーとして所蔵し、映写機まで持っていた」[17]（石坂 1988: 93）。木下にとって自宅での映画保存と上映会の実践は少なくとも一九五〇年代初めには行われており、それは木下組での映画製作にも応用されていた。「地方ロケで、エキストラ

[16]「撮影所篇」では木下が演出する様子を観察することができる。木下自身も撮影時は「ノートももっていないし、シナリオも自分で持つていたことはないのです。シナリオは助監督さんたちに持つてもらいます」とかつて述べていたが、本当に一度もシナリオを持っている様子を見せない（今村 1949: 7）。

[17] 木下によれば、16ミリフィルムにして保管していたのは終戦後以降の『大曽根家の朝』からである（「フランスへゆく」1951: 81）。とはいえ、現在四九本の木下映画をＤＶＤで観ることができるのは、もちろん松竹自体が有していたフィルムもあるだろうが、恐らくこうした個人での保存と上映の仕組みを監督自身が築き上げていたからだろう。

が集まらないと、これで、映画會を開いてよせ集めるんですよ。効果てきめんで、すぐ集つちゃいますヨ」と、フランスへ遊学する前の木下は述べている（「フランスへゆく」1951: 81）。資料の限界のため、これは推察に過ぎないが、こうした実践の延長線あるいは一部として劇場用作品に加えてホームムービーの上映会が開かれていた可能性も十分に残されている。

木下にとってホームムービー撮影はどのような実践だったのだろうか。「家族篇」で見たように、戦前の映像では助監督時代の木下が家族を被写体にさまざまな撮影技法や編集技法に挑んでいたことが分かる。墓参りやピクニックなどハレの日を対象とした撮影実践を通じて、木下は一般的なホームムービー撮影者と同じように家族との記憶を残したのだと考えられる。一方で、松竹大船撮影所、松竹京都撮影所、ロケーションで撮影された映像は家族以外のコミュニティにおいて、木下が人々とどのような距離感を築いていたのかを可視化させる。木下惠介記念館収蔵のホームムービー映像を『我が家の記録』と題したのは誰なのかは分からない。しかし、ジンメルマンの定義に当てはめれば、木下が小型映画撮影を通じて木下組あるいは木下学校を「疑似家族」と捉えていたと考えることもできるだろう。

木下惠介というクィア映画作家の研究において、ホームムービーはどのような重要性を持ちうるのか。『我が家の記録』は『お嬢さん乾杯』が公開された一九四九年で幕を閉じるため、木下が一九五〇年以降にホームムービーを撮影していたかどうかは定かではない。戦後日本においてホームムービー撮影がより充実して行えるようになったのは一九五八年以降であり、一九五〇年代前半には小型映画フィルムへのアクセスが困難であった可能性も残る。そのような状況において、たとえば、木下が監督、楠田浩之が撮影、音楽を木下の実弟・忠司、脚本を実妹・芳子が務めた『夕やけ雲』は、楠田芳子が述べる通り、

「木下一家」による大掛かりなホームムービーと呼ぶこともできるかもしれない（楠田 1999: 345）。とはいえ、木下がホームムービーを一九五〇年代以降も撮影していたにもかかわらず、何らかの理由で破棄していたと仮定した場合、どのような要因が考えられるのか。木下の随筆やインタビューでしばしば言及される養子との関係、母の死、そして愛に対する姿勢をめぐる記述が、その要因を考えるうえで重要なヒントを与えてくれる。

『近代映画』一九五一年七月号に掲載された「フランスへゆく　木下恵介監督」という記事には、木下を中央に置き、左手に養子の武則（三歳から、一九四七年頃より）、右手に忍（一歳から）がいる。武則と忍はともに、木下に「シネコダック・エイト モデル20」を贈った政二の子供であり、政二が満州から日本へ帰国後、木下は二人を養子に迎えた。しかし、武則と忍を恵介の養子とした政二の元妻であった富砂子が、政二と木下の弟である八郎と結婚する際、忍は二人に引き取られ、それ以降、木下と忍は長い間疎遠になってしまった（長部 2013: 540）。木下監督のもとに残ったのは武則だけであり、一九五〇年代の雑誌のグラビア写真に木下と一緒にたびたび写り込んでいた。長部の調査によれば、八郎と富砂子の夫妻が子供たちを引き戻そうとした理由は、「兄さんには子供を教育する資格がない」だけでなく、「ロケで家を留守にする期間が長く、不在で手薄になりがちな愛情を、贈物や金銭で示そうとする恵介の行動と態度が、子供をスポイルすると考えたから」だと信じられている（長部 2013: 540）。実際の真偽は不明だが、ここで問われているのは、愛情に対する木下の態度である。

『夕やけ雲』が公開された一九五六年、木下は随筆「絆」において生き物を飼うなかで多くの死を経験してきたことで、生き物を育てられない失敗を通じて愛情をかけることへの恐れを語る。

私は捨て猫も、野良犬も顔をそむけて見まいとする。こんな時ぐらい自分のひんやりと冷たいものを意識するときはない。私を知る周圍の人々は、私の冷たさを良く知つている。それなのに私をまだ知らない人は、私を温い人間のように思うらしい。手紙が澤山來る。窮状を切々と訴え、私の胸をゆすぶつて私を責める。私は次第に冷たく冷たくなろうとする。それ以外に、私の一番大切な愛情を守る方法がないのである。私は愛するということを恐れる。

昭和二十三年の十月十三日、母が死んだ。

その三日前、「キトク」の電報で仕事中の京都から急ぎ歸つて來た。しかし母は私を意識することは出來なかつた。まだ死んではいなかつた。まだ生きていてくれた。だのに、撮影中だから、と、私は母の顔を見詰め、その夜の終列車に乘つて京都に引返した。私が母の最後までそばに居ようと思えば、撮影を待たしておくことも出來たのに、私は人氣のない暗いホームに立つて列車を待つた。涙がボロボロ落ちた。人間の悲しい絆、何ものよりも愛するということの悲しさ、私はとてもたえられなくて、ひんやりと冷たい自分の心を抱きしめて列車に乘つてしまつた。〔中略〕

うちの一人息子は、三つの時から私が育てた兄の子である。愛することの絆を恐れながら、もうこの息子は私のすべてになつてしまつた。私はこの子のために苦しもうと思う。

十二歳と六ヵ月になつた一人息子は、又、犬をつれて來てしまつたし、金魚も後から後からすくつてくる。（木下 1956a: 51–52）

木下が考える、愛することの悲しさと恐れには、生き物の死および母の死が大きく関わっている。愛する母の最後を看取ることができた可能性を自ら捨てることで、母に対する愛情を守り、それは同時に愛するものを失うことへの恐れを表す。にもかかわらず、木下は愛する行為自体を捨て去ることはなかった。養子の武則は木下にとって、「愛することの絆を恐れながら」も愛し続けた息子である。

前述のように、ホームムービーが属するアマチュア映画の「アマチュア」という言葉の語源には、「愛する」という意味がある。すなわち、ホームムービーは撮影者が愛する対象としての被写体である家族や親しい人々をそのレンズを通じて記録し、そしてその愛の記録をスクリーンへ投じる実践であると考えることができる（Kubo 2014）。詩的な解釈を恐れずに述べれば、「愛することを恐れる」と木下が述べるとき、それは家族を「愛する」行為であるホームムービー撮影からも距離を置くようになっていたことを意味するのかもしれない。

随筆「絆」から七年後の一九六三年に書かれた「旅情」において、北海道川湯温泉に滞在中、仕事で関わった男性たちから養子を迎えることについて相談された際を振り返り、木下は次のように書いている。

独身の私だけが三つの時から十二年間育てて来た養子があったが、まあ本当の意味では無いようなものである。

「妹の子供を一人貰おうかと思っているんです」と松尾さんは言った。Tも子供のない淋しさを酒の酔いと共に語り始めた。

「木下さん、どうでしょう？　貰った子供を育てるということは――？」

二人は私の顔を見た。私は即座に言った。

「およしなさい、苦労を背負うようなもんです。子供だって貰われなければ義理の親子の苦労を知らないで済みます。籍の上で親子にならなくたって、誰でもいい、赤の他人だっていい、可愛いと思う人を子供のように愛すれば、それでいいですよ。」

二人は不満であった。（木下 1963: 58）

「旅情」は、愛することを恐れながらも養子への愛情を見せた「絆」と大きく異なり、養子を迎えることへのためらいを感じさせる。長部によれば、一九六〇年代初頭に太陽族風の学生となった武則は木下と縁を切ったと言われている（長部 2013: 539–540）。つまり、「旅情」が書かれた時点において、木下と武則との関係は解消されていた可能性が高い。木下が父としての視点から養子たちを撮影したホームムービーは、前述の「昭和二十四年 春」しか残っていない。少なくとも、木下が「我が家」として捉えた空間において、木下が父として子供たちとの思い出を「記録」した映像が一九五〇年代に入ってからも撮影されていたかどうかは、原田忍氏へのインタビューでも明らかにならなかった。愛する対象との思い出を「記録」するホームムービーから、木下が手を退いた理由とは何だったのか。もし、養子との関係の破綻が原因でホームムービーが破棄されてしまったのだとすれば、その原因は木下の人を愛することに対する恐れによる結果と言えるかも知れない。

6　木下惠介のホームムービーの映画史的な重要性

二十世紀を通じて世界各地で個人制作されたホームムービーは、基本的に異性愛家族が撮影と被写体の主な実践者である。社会において誰しもが異性愛者であると想定され、また出生時に割り当てられた性別によって期待・要求されるセクシュアリティやジェンダーを充足していく。誕生から死に至るまでの時間性は異性愛規範によって多くの場合規定され、その時間性は異性愛規範的なシナリオに沿ったライフコース（結婚、出産、子育てなど、社会的に定義されたイベントや役割）を歩むことで実現されていく。リュミエール兄弟の『赤ん坊の食事』以降、ホームムービーは奇しくも、あるいは必然的にそういった異性愛規範的な時間性の流れを視聴覚的に記録する役割を担ってきた。商業映画と異なり、ホームムービーのフィルムは基本的に現像した一本しか残らないわけだが、ホームムービーというアマチュア映画の実践が一つの異性愛家族から別の異性愛家族へと模倣されていくことで、ホームムービーはある意味で複製され、異性愛規範のもとで成立する家族という価値観を強化・再生産してきた。このような実践を可能とするテクノロジーの発展、つまりフィルムからビデオ、ビデオからデジタルというフォーマット的な変化と移行もまた、そのような価値観を軸に置いており、商業的な販売戦略のターゲットとして異性愛家族が選ばれてきたことは疑いようがない。

ホームムービーの歴史的発展において見過ごされてきたのが、同性愛者やトランスジェンダーなど、性的マイノリティの存在である。ホームムービーの実践から性的マイノリティたちや非異性愛的な関係性は常に排除されてきたのだろうか。このような問いに答えるのは資料的な少なさから容易ではないだろう。しかし、イエスかノーの二択であれば、答えはノーである。たとえば、ドキュメンタリー映画作家のストゥ・マダックスが二〇一五年に製作した『リール・イン・ザ・クローゼット』（*Reel in the Closet*）

は、一九三〇年代から一九八〇年代に北米で暮らした性的マイノリティが残したホームムービーのフッテージやインタビュー映像を用いて、性的マイノリティの生きた記憶を収めたホームムービーを二十一世紀のために収集・保存する必要性を訴える。マダックスの『沈黙する世代』(*Gen Silent*、二〇一〇年)が的確に示すように、老年の性的マイノリティはたとえ現役時代にカミングアウトしていたとしても、老人介護施設に入所する際にクローゼットに戻る人々は少なくない。そうした際、それらの人々が隠してきたホームムービーが入所前に処分されてしまうケースも当然発生すると言う。

マダックスの『リール・イン・ザ・クローゼット』は、サンフランシスコのGLBT History Societyやテキサスの Lesbian, Gay, Bisexual, Transgender, Queer Collection といったアーカイヴが有するホームムービーを利活用したものである。近年、性的マイノリティが残したホームムービーや関連資料を発掘する試みはさまざまな国のアーカイヴでなされている。[18] たとえば、カナダのトロントに位置する The ArQuives、カリフォルニア大学ロサンゼルス校の Film & Television Archive、ベルリンの Queer Archives Institute (QAI) は、撮影媒体を問わずホームムービーを収集し、デジタル化を経た上映や展示などを通じてコミュニティへ還元している。日本国内の映像アーカイヴでは、現時点では性的マイノリティが撮影したとされる映像を多数所蔵している機関は、管見の限り、存在しない。もちろん、アーカイヴという実践は官民機関だけが行うものではなく、個人による収集やカタログ化も含まれるため、きっと国内のどこかにはあるはずだ。

木下惠介のホームムービーに戻ろう。木下にとってホームムービー制作は撮影技法や編集技法の方法論を模索する手段であり、また木下家の家族だけでなく、木下組という「疑似家族」との記憶を保存しておくための手段でもあったはずだ。自分の周りの人々を「愛する」方法として、ホームムービーがあったのだろう。しかし、ある時を境にホームムービーが残っていないことはすでに指摘した通りだ。戦争の影響により制作困難な時期があったとはいえ、一九三六年から一九四九年まで続いていたホームムービー制作をなぜ木下は辞めてしまったのだろうか。木下にとって、彼が一九五〇年以降に監督していくホームドラマは、養子の成長を収めたホームムービーの代わりとして機能したのだろうか。これらの問いに対する答えを知ることは困難を極める。

本書が木下のホームムービーに注目した理由はもう一つある。それは老年の吉田喜重が明かしたように、木下のセクシュアリティと大きく関係する。序章で述べた通り、本書の目的は木下が同性愛者であった証拠を探すことではない。しかし、もし木下が同性愛者であったとするならば、木下のホームムービーはさらに別の重要性を持つことになる。それはつまり、(擬似)家族を被写体にホームムービーを制作を実践することで、ホームムービーが有する極めて異性愛規範的なシナリオを内側から侵食するような可能性も秘めていたはずであり、その可能性はまだ消えていないという点だ。たとえデジタル・データでのみだとしても、木下のホームムービーがこうして現存する映画史的価値は、単純に映画作家論だけとしてではなく、日本の小型映画史、クィア映画史、そして映像アーカイブの観点からも大きな重要性を持つのだ。

[18] たとえば、一九二三年に渡米し、一九四二年にユタ州トパーズのトパーズ強制収容所に監禁された日本人で男性同性愛者であった大沼二郎関連の資料も含まれている。

最後に、愛に対する木下の態度をめぐる水原文人の言葉を引用する。

> 木下自身、実生活では結婚や家庭の父であることといった人並みのいわゆる幸福とはなかなか無縁にならざるをえなかった人であり、そうした己の十字架を苦々しくも自覚していただろう。彼の〝幸福〟に対する視線の鋭さ、その残酷さをも見据える愛の真実の探求も、あるいはそのことと深く関わってくるのかも知れない。（水原 1998: 245）

「人並みのいわゆる幸福」とは、結婚や育児、家族の形成を意味すると推測できる。木下のホームムービーには、その「人並みのいわゆる幸福」を象徴するイメージは十分に含まれていないように見える。しかし、その不在こそが、木下による「残酷さをも見据える愛の真実の探求」につながっていくのだ。木下は自身のはじまりの映画（＝ホームムービー）を経て、商業映画のストーリーテリングの枠組みのなかでより冷ややかに愛すること、そして愛することへの恐れを考えていく。

第二章　天女のくちづけ

――『お嬢さん乾杯』にみる偽装の異性カップル

1　手の届かない美しさ

第一章で触れたように、木下惠介のホームムービー『我が家の記録』は、『お嬢さん乾杯』（一九四九年）の撮影風景で幕を閉じる。木下の監督第十二作品目となった本作は、「最新型高級車！　ボクシング！　夜の乾杯！　明朗な都會色の中の美ひと洒落と甘美な戀が息づく！」という広告惹句とともに、佐野周二と原節子という二大スターが主演する「松竹映画戀愛喜劇」として大々的に売り出された作品だ（図2－1）。映画研究者の具眠婀が指摘するように、『お嬢さん乾杯』は、ＧＨＱ（連合国軍総司令部）が占領期に日本における民主主義啓蒙を促進すると考え推奨した接吻映画と同様に恋愛を扱いつつも、決して接吻を主題としない都会喜劇として批評家たちから快く受容されていた（具 2021: 14, 48–49）。

主人公の石津圭三（佐野周二）は、戦後に自動車修理業で大儲けした労働者階級出身の男だ。戦争孤児であり、修理工として一緒に働く弟分の五郎（佐田啓二）と西銀座のアパートで暮らしている。三十四

図 2-1 『お嬢さん乾杯』広告

歳で独身の圭三に対して、知人の佐藤（坂本武）は旧華族のお嬢様で二十六歳の池田泰子（原節子）との見合い話を持ってくる。[1] 佐藤からなかば強制されるかたちで見合いへ嫌々臨む圭三は、驚いたことに泰子に一目惚れしてしまう。泰子も圭三との縁談に乗り気だと聞いた圭三は天にも昇る気持ちになるものの、実はこの縁談には裏があったことが分かる。池田家は戦後の華族制度廃止で没落後、経済的に困窮しており、家は抵当に渡っている。さらに父親に至るや詐欺事件に関与して刑務所に入っている状況だ。さらに、実は泰子には満州から引き揚げて間もなく死んだ婚約者までいた。落胆しつつも泰子に心底惹かれている圭三は、「お嬢さんがお金のためでなく、本当に僕と結婚してくださるなら」（00:30:06～00:30:09）と、階級差による価値観や教養の違いに苦悩しながらも、泰子の心と愛情を射止めるために奮闘する。泰子も圭三の純粋な人柄に次第に惹かれ、金銭重視の言動に違和感を覚えながらも（服役中の父親にお金のために結婚するなと注意される）、泰子は圭三との結婚を決意する。本作は階級差の重圧に負けて結婚直前に故郷へと旅立つ圭三を泰子が追いかける姿を映し、二人がハッピーエンドを迎えるであろう近い未来を示唆して幕を閉じる。

公開当時の映画評では、エノケン流のスラップスティック的な喜劇から距離を置き、「人間対人間の性格の矛盾から生まれる面白さを描いた喜劇としては、人物の動き、気持ちのうつりかわりなど新鮮な感覚をもつて、至極合理的に描かれている」と評価された（上野 1949: 35）。一九四九年度キネマ旬報ベストテンでは第六位に入選し、同年に公開された阪東妻三郎主演の『破れ太鼓』（第四位）とともに当時の批評言説において高い評価を受けた木下喜劇であった。[2]

『お嬢さん乾杯』は身分違いの男女の恋愛をめぐる戦後日本版スクリューボール・コメディである。階級差によって発生する価値観の行き違いは本作に流れる喜劇性の中核にある。その喜劇性を作り出すうえで重要な位置を占めていたのが原節子の起用だ。四方田犬彦が的確に指摘するように、本作は原の出演作品において珍しい喜劇であり、「これまで彼女〔原〕に与えられてきた没落貴族の令嬢という印象を逆手にとって、初々しい雰囲気をもったパロディに仕上げている」（四方田 2011b: 176）。四方田が言及する「没落貴族の令嬢という印象」とは、同じ松竹大船で製作された『安城家の舞踏會』（吉村公三郎、一九四七年）で原がすでに培ったものであり、『お嬢さん乾杯』は『安城家の舞踏會』から落華族という設

［1］『お嬢さん乾杯』から二年後に公開された『麦秋』（小津安二郎）において、原節子は二十八歳の女性・紀子を演じる。川本三郎によれば、戦後日本では女性の「二八歳でも晩婚といった」（川本 1994: 34）とあるため、『お嬢さん乾杯』の泰子もまた結婚の重圧を年齢で感じていただろう。

［2］映画評論家の飯島正は一九五一年に『キネマ旬報』へ寄せた「木下惠介論」において、一九四三年から一九五一年半ばまでに公開された木下映画十八本を喜劇系統と正劇系統に分類するなかで、喜劇を木下映画の中心的なジャンルとして捉えている（飯島 1951: 14）。ここで喜劇とされているのは、『花咲く港』、『生きてゐる孫六』、『わが恋せし乙女』、『肖像』、『お嬢さん乾杯』、『破れ太鼓』、『カルメン故郷に帰る』、以上七本である。また、木下の喜劇映画については、森卓也の「作家の二つの顔　木下惠介のコメディ・序説」（1998）に詳しい。

定をパロディ的に引き継いだ作品であるとも言える。たとえば、『安城家の舞踏會』のラストシーンで原が自殺を図る父親（瀧澤修）を思いとどまらせて一緒に踊る姿は、『お嬢さん乾杯』のタイトルクレジットで踊る若い男女の姿として引き継がれており、没落華族の新時代への一歩を喜劇として示唆する点で興味深い。とはいえ、過去の出演作において貴族令嬢を演じた経験のある原を物語の主軸に階級の壁を置く『お嬢さん乾杯』で引き出したのは、パロディ効果だけではない。木下が監督として指名されたとき、すでに原がヒロインとして選ばれていた[3]。木下はその偶然を必然へと転換し、ヒロインが原でなければならない理由を導き出したのだ。

その理由を明らかにするのが『お嬢さん乾杯』公開から約一年が経った一九五〇年一月三十一日にひらかれた、木下、洋画家の佐藤敬、俳優／演出家の瀧澤修をまじえた座談会「顔について」である。この座談会において瀧澤は、大衆に好かれる良い顔の条件を二つ挙げる。一つは誰もが自分の顔との類似性を見出しやすい「どこといつて難のない顔」、そしてもう一つは、憧れの対象となるような「手の届かない、まるで自分とは違う美しさ」を持つものが、大衆に人気の出る顔だと主張する（瀧澤・木下・佐藤 1950: 67）。木下は、日本映画において誰もが美しいと考える顔として原を挙げ、さらに瀧澤による良い顔の条件に照らし、原の美しさを「手の届かない美しさ」と断言する（瀧澤・木下・佐藤 1950: 68）。彼らの座談会が顕在化させる戦後日本の大衆文化におけるルッキズムの可能性も視野に入れる必要がある[4]。ただし、本章にとって重要なのは、木下が原に見出した「手の届かない美しさ」こそが『お嬢さん乾杯』で展開する階級差による葛藤、そしてそれによる喜劇性を演出するうえで不可欠な要素であったと浮き彫りになる点だ。泰子に出会ったあとに衝撃を受けた圭三が「美人？　そんなもんじゃねぇ。なんつったら良いのかな。口じゃ言えねぇや。俺は生まれて初めて見たよ。まるで天上の美女だ」(00:12:53~00:13:10)と夢見心地になるとき、「天上の美女」という言葉と「手の届かない美しさ」という言葉が共鳴し合う。そしてそれは同時に、本作の男女が飛び越えなければならない階級差の壁を浮上させる。

本作の結末において泰子が故郷へと旅立った傷心の圭三を追いかける姿は、当時の映画観客に対して、身分違いの男女が階級差を乗り越えて結ばれる未来を疑うことなく期待させたかもしれない。二人が再び巡り会う様子は映画内で描かれないにもかかわらずだ。その不在が異性愛規範を内面化した多くの観客の想像力によって補完されることを見透かす辛辣な皮肉、それこそが本作の核にある木下のユーモアである。そのようなユーモアを内包する本作は、身体的なドタバタや皮肉的なギャグを通じて視聴覚的な笑いを与える喜劇映画の枠組みを活用して、異性愛規範を当然視する日本映画産業とGHQによる民主主義政策すらも軽快に笑い飛ばすような痕跡を残す。その痕跡を辿り、本作をクィアに読み替えるうえで重要な鍵となるのが、一九九〇年代末から発展してきた、原節子のスター・イメージが有するレズビアニズムの可能性を探求する視点である。そのような視点を援用し、本章は、異性との接吻をスクリーンで提示することを拒絶した原のスター・イメージに付随する異性との性的行為への抵抗が、『お嬢さん乾杯』において、泰子が女学生時代の友人へ投げかける視線に対してオルタナティヴな意味を付

[3] 木下によれば、実際には「原さんと佐野さんは初めからきまつていたのです。そのあとで君がそこにはいる仕事だといわれたのでその二人を土臺に」した作品である(今村 1949: 5)。

[4] 二〇〇〇年頃から学術研究で使われるようになったルッキズムという概念は、外見に基づく差別または偏見を指す。

与させるだけでなく、彼女のセクシュアリティを曖昧なままに維持する可能性を探る。その過程において同様に不可欠となるのが、石原郁子が「奇妙」と形容する「圭三と五郎との関係の突出ぶり」である（石原 1999: 104）。木下は圭三と五郎という年の離れた男性二人が異性に対してどのように接するかを対比させるなかで、戦後日本社会が男性に対しても求めていた結婚への期待、そして一人前の男として果たすべき「正しいセクシュアリティ」（竹村 2002）のあり方に対する重圧を描き出す。

本章はまず、階級を軸とする『お嬢さん乾杯』の喜劇性を考察する。そのうえで、不安定な男性性を媒介とした世代の異なる圭三と五郎の親密な近接性の効果と、原節子のスター・イメージを経由した泰子の曖昧なセクシュアリティの可能性の分析を通じて、泰子と圭三の間にみる接吻の不在と再会の不在の意味を問うだけでなく、木下が原の美しさに見出した天女の役割を明らかにしていく。

2　階級差が形成する冷たい喜劇性

戦後日本版スクリューボール・コメディ

『お嬢さん乾杯』が「松竹映画戀愛喜劇」と宣伝されていたことはすでに触れた。映画史研究者の山本喜久男は「木下惠介とフランク・キャプラ」のなかで、「階級の違う男女が、お見合い、交際、結婚という道程を共にする話であり、その間に二人をさまざまな対立とその克服を機智豊かに描いている」作品として、本作をフランク・キャプラの『或る夜の出来事』（*It Happened One Night*、一九三四年）に代表されるスクリューボール・コメディの特徴を活かした「結婚喜劇」としている（山本 2016: 361, 362）。スクリューボール・コメディとは、一九三四年の『或る夜の出来事』を始まりとし、同年に公開された『特急二十世紀』（ハワード・ホークス、*Twentieth Century*、一九三四年）、『赤ちゃん教育』（ハワード・ホークス、*Bringing Up Baby*、一九三八年）、『フィラデルフィア物語』（ジョージ・キューカー、*The Philadelphia Story*、一九四〇年）、『レディ・イヴ』（プレストン・スタージェス、*The Lady Eve*、一九四一年）など、トーキー映画初期の一九三〇年代初頭から一九四〇年代にかけてハリウッドで隆盛したコメディの一形態である。その特徴の一つは、野球の変化球、つまりスクリューボール（screwball）を連想させる、予測不能で突飛な行動を取る変わり者（screwball）の男女がさまざまな騒動を起こしながら恋愛を成就させる過程を描く点に見出せる。都市を舞台にした作品が多く、男性が職業人（新聞記者や学者など）、女性が上流階級出身である場合が通例である。また、ジャンル映画を研究するトーマス・シャッツが指摘するように、スクリューボール・コメディが人気を博した背景にはアメリカの大恐慌時代があったと考えられている（Schatz 1981: 150）。階級の異なる男女が社会経済的な葛藤や価値観の差を乗り越えて結婚へ向かう姿は、大恐慌時代のアメリカ人観客に対して、上流階級の人々も結局は自分たちのような人間であること、なまじ金などあると社会的な関係においても男女関係においても紛糾の元になることを示して、安心と自己満足をもたらしたとされる（Schatz 1981: 150–151）。

こうしたスクリューボール・コメディの定義に照らせば、敗戦から四年後、依然として経済的に復興過程にあった東京という都市を舞台に、自動車修理業を営む職業人である圭三と斜陽にある華族という上流階級の娘である泰子の恋愛を喜劇的に描く『お嬢さん乾杯』の物語は、スクリューボール・コメディの戦後日本版とも言えるものである。本作の喜劇性と物語構造には、スクリューボール・コメディ

図 2-2　初めてのボクシングで興奮する泰子

の男女間と同様、圭三と泰子の間にある階級差が密接に関わっている。それは、佐藤忠男が指摘する通り、二人が「互いに身分意識の壁をのりこえてゆく過程」において露呈される音楽の趣味や生活習慣の違いにつながり、それらが観客の笑いの源泉となる展開からも明らかである（佐藤 1984a: 136）。

だがここで留意すべきは、『お嬢さん乾杯』が提示する喜劇性は腹を抱えて笑うようなものではなく、とても辛辣で冷たい笑いであるという点だ。その冷たさは、泰子と圭三の間に起こるのではなく、圭三に対する泰子の家族や友人たちの視線や戸惑いによって引き起こされる。実際、圭三と泰子のデート場面は微笑ましい。バレエに初めて触れる圭三は困惑しつつも不思議と感動の涙を流し、ボクシングに初めて触れる泰子もまたリング上のボクサーたちへいつの間にか感情移入して身体が動くほどに楽しんでいる（図 2 - 2）。問題なのは二人ではなく、二人の関係性を観察する周囲の目の方だ。次節では、音楽の観点から浮き彫りになる階級差を分析していく。

居心地の悪さが引き起こす笑い

圭三が初めて泰子の実家を訪れるシークェンス（00:20:30～00:28:16）において、没落華族である池田家が固執する上流階級の暮らしは張りぼて同然であることが分かる。座椅子の布は解れ、天井の照明には蜘蛛の巣がはり、泰子の得意なピアノはすでに売り払われている。ピアノが売却された事実が明るみになるとき、突如として不在であるはずのピアノのマイナーな音色が物語外音楽として鳴り始める。幽霊のようなピアノ音楽が没落する池田家と、その一家を泰子の結婚によって救わんとする不穏さを音響的に物語る。圭三は結婚が自分の財産目当てであったと分かると意気消沈するものの、泰子とのデートを通じて彼女のことを知るなかで彼女へさらに愛着を抱き、その感情を代弁する行為として、泰子の誕生日プレゼントとしてピアノを贈る。

しかし皮肉なことに、そのピアノこそが二人の間にある階級差を露見させ、居心地の悪い笑いを引き起こす。泰子がピアノを演奏するまでのシーン（00: 44: 10～ 00: 45: 40）を見てみよう。ピアノが室内に運び込まれ、泰子の祖父母と母親が退室し、泰子の義兄と圭三の間で何やら気まずそうな笑み――圭三は義兄の笑みの意味を完全に理解しているとは言えない――が交換されるショット（00: 44: 09）までをワンシーンと捉えるならば、圭三が泰子の方へ振り返ると同時につづいて挿入されるショット（00: 44: 10～00: 44: 36）を、次に展開するピアノ演奏シーンのためのエスタブリッシング・ショットと考えることができる。このショットは画面後景の壁にもたれかかる泰子の義兄、画面中央やや右側に圭三とその右隣に泰子、画面左側には女学生時代からの友人三名が立っている様子から始まる。圭三はここでようやく誕生日パーティーに参加している泰子の女学校時代の友人たちと対面する。

このショットでとりわけ注目すべきは泰子の振る舞いである。無言の気まずい雰囲気を解きほぐすため、泰子は「わたくし、弾いてみますわ」（00: 44: 13～00: 44: 14）と切り出し、友人の町田にバレエを披

図 2-3　発音ができない圭三

露するように提案する。このとき泰子は、圭三と友人たちの間に入るかたちで圭三の前に身体を割り込ませる。泰子は右手に持った白いハンカチを右肩辺りにちらつかせ、また左手を手元にある椅子の背もたれにそっと置くことで、上流階級の気品さを見せる。しかし、圭三が泰子の左肩後方から乗り出し、町田に向かって頓珍漢な質問を発すると（「ああ、あなたでしたか、こないだお踊りになったのは。あんなにくるくる回って目が回らないんですか」（00:44:18~00:44:22））、泰子の努力むなしく、圭三は友人たちからクスクスと笑いを浴びることになる。泰子は目線を床にやり、つい先ほどまで優雅に構えていたハンカチを両手の中でくしゃくしゃにしてしまう。形の崩れたハンカチは泰子の落ち着かない心情を暗示する。

泰子がピアノを演奏中、圭三は泰子に恥をかかせぬように努めるものの、結果的に彼の身体自体がその努力についていくことができずに恥をかいてしまう。少なくとも、圭三が泰子の義兄や友人たちと同じように柔らかい表情で泰子の演奏に聴き惚れ、また町田のバレエに見惚れている間は問題ない。だが、この平穏はそう長くは続かない。このシークェンスで泰子が演奏するのは、フレデリック・ショパンによる《幻想即興曲》である。けれども圭三は、それをベートーヴェンのものと勘違いしてしまう。圭三は教養の無さが露呈せぬよう一時的に「ほほぉー」（00:45:31）と取り繕う。しかしカメラは、舌が回らず《幻想即興曲》の原題（Fantaisie-Impromptu）をうまく発声できない圭三をバストショットで鮮明に映し、慣れない言葉に苦虫を潰したように顔をしかめる圭三の表情を見逃さない（図2－3）。言葉につまることなく「Fantaisie-Impromptu」と言ってみせる泰子の友人と比較されるとき、圭三は音声的にも視覚的にも笑い者と化すのだ。

泰子が敏感に肌で感じとる居心地の悪さは、何も圭三の振る舞いや圭三に対する友人たちの反応だけに起因するものではない。ピアノ演奏と並行して、泰子の祖父母と母親が和室で会話する様子（00:45:41～00:46:25）がクロスカッティングされる。物静かに目線を落とし座る祖父母と二人を見つめる母親それぞれを映したバストショットが連続する間、オフスクリーンからは《幻想即興曲》が聴こえてくる。「お父様もお母様もどうかお気を悪くなさらないで。悪気のある方じゃないんでございますから」（00:45:52～00:46:00）ととりなす泰子の母親に対して、圭三から施しを受けることを「なんだか惨めなんだ」（00:46:10～00:46:12）と形容する祖父母は「泰子はああいう人とうまくやっていかれるだろうか」（00:46:19～00:46:22）と心配の声をあげる。「ああいう人」とはすなわち、労働者階級出身の男＝圭三を指す。ピアノは泰子に対する圭三の好意の表れであるが、池田家の隆盛を築き支えてきたであろう祖父母にとっては、労働者階級からの施しを簡単に受け入れることはできない。こうした緊迫感を泰子は肌で感じている。だからこそ、泰子の演奏は上流階級と労働者階級の不協和音を調整する試みとなる。しかしながら、泰子の演奏自体もときどき音程がずれている。その音響的なずれは、圭三の教養の低さや育ちの違いに向けられた冷ややかな笑いに対する泰子の不安と心の乱れの表れと聴くことができる。

泰子の心は、圭三が座興として求められる故郷の民謡《よさこい節》を披露するシーン（00:49:38～

00:50:37）でさらに一層かき乱される。なぜなら、圭三が歌うのは、美しい娘のお馬に惚れた僧侶が彼女の気を引くために播磨屋橋でかんざしを買うくだりであり、それは泰子にピアノを贈る圭三が、娘を物で釣ろうとするこの僧侶とまさに重なるからだ。圭三と泰子の間を行き来するカメラは、圭三の歌唱に対する友人たちの反応（拍手やくすくす笑い）を敏感に受け止める泰子の表情を映し出す。明示はされないが、泰子および友人たちは、圭三を《よさこい節》の僧侶に重ね合わせているはずである。泰子は必死に笑顔を取り繕うが、彼女の顔は強張ったままで、くしゃくしゃになったハンカチのようだ。

クラシック音楽を代表するピアノ曲と民謡という一見珍妙な取り合わせは、階級差に起因する二人の価値観と教養の違いが容易に埋められないことを示唆する。たとえば、圭三を喜ばせようと泰子が後日ピアノで演奏する《よさこい節》は、「自分のかつての言動がこの家にふさわしからぬものであった」と圭三を逆に苦しめることになる（石原 1999: 101）。ピアノを弾く直前に、圭三に焼酎を注ぎ、飲み干す圭三を嬉しそうに見る泰子の姿に観客は彼らの関係の順調な進展に安堵する。それと同時に、あまりの焼酎の強さに驚く圭三の表情に泰子が驚くことで笑いが起こる。クラシック音楽にふさわしいと圭三が考えるピアノで泰子が《よさこい節》を演奏するとき、泰子の好意に相反して、圭三は再び二人の前に立ちはだかる階級差という現実を突きつけられる。

観客は泰子と圭三が互いに好意を持っていることを知っているからこそ、二人のぎこちないやりとりに笑ってしまう。ここで重要なのは、上流階級による労働者階級への居心地の悪い笑いや階級差によって生じるさまざまなズレを辛辣に描きながらも、泰子と圭三のどちらか一方を蔑む描き方をしない本作の姿勢だ。木下にとって、圭三と泰子の間に人間的な価値の差はない。それは、スクリューボール・

コメディの観客が上流階級の人々と自分たちとの類似性を映画物語内に確認するように、圭三と泰子もまた階級を超えて互いを個人として理解しようとする態度に表れている。石原は二人の関係性について、労働者階級と上流階級という別世界に住む人間が、「互いに相手へのすぐれた批評となって、世界の多義性を浮かび上がらせつつ、健康な敬意に結ばれている」と肯定的に評価する（石原 1999: 102）。たしかに、二人が互いの長所も短所も理解し合おうとする過程が『お嬢さん乾杯』を爽快な喜劇として成立させている。また、自分の生活／階級の領域から脱し、「未知のもの」を理解し、認め合おうとする二人の健気な努力の描写が本作の魅力となる。だからこそ、「惚れております」（01: 28: 24）と宣言した泰子が圭三を追いかける姿を映して閉じる映画の結末を、観客は祝福できるのである。[5]

四方田は、本作の結末で圭三を追いかける泰子の姿に合わせて『愛染かつら』（野村浩将、一九三八年）の主題歌のメロディが流れる点に注目し、「戦前の松竹のメロドラマの伝統」を想起させるハッピーエンドが示唆されていると解釈する（四方田 2011b: 177）。その解釈は同時代の多くの観客が共有したものだろう。しかし他方で、二人が最終的に結婚というかたちで結ばれるという観客の期待は、所詮観客が内面化している異性愛規範の産物ではないのか。もし本作が戦後日本版スクリューボール・コメディと呼ぶべき作

［5］木下はこの「惚れております」という台詞をめぐる思い出を次のように回想する。「原さん、ずいぶん恥ずかしがってたな、演技しながら。参ったのは、佐野周二を追いかけようと一ぺんバーを出た原さんが、「私、惚れております！」とマダムに告げるところ。いったんドアを出たのはいいけど、待てど暮らせど戻ってこない。しまいにキャメラマンが「フィルムがもったいない」と怒りだす。どうしたのと原さんに聞いたら、「私、恥ずかしくて、「惚れております」って言葉が出ないんです」（笑）。あれは参ったな」（木下・白井 1990: 363）。

品であるならば、『赤ちゃん教育』のケーリー・グラントやキャサリン・ヘプバーンのようにドタバタの末に抱き合って結ばれることを期待しなければならないのだろうか。結婚という枠組みは泰子と圭三の関係性にとって辿り着くべきゴールとして用意されていないと仮定した場合、何が見えてくるだろうか。

3　男性同士の相補的関係と同性愛的読解の可能性

「正しいセクシュアリティ」と不安定な男性性

『お嬢さん乾杯』は一般的に男女の結婚喜劇として受容されているにもかかわらず、圭三と泰子が再会し、実際に結ばれる場面は物語空間内に存在しない。そもそも、独身の男女二人に縁談の場がもうけられるのは、二人が異性愛者であることが前提とされているからである。結論を先取りするならば、木下は結婚喜劇であるはずの本作において、異性愛規範に縛られることのない人間関係の可能性を示唆する。本節と次節では、圭三と泰子のセクシュアリティの曖昧さとそのジェンダー論的な意義を解明する試みを通して、二人の関係が象徴する異性愛規範への抵抗について考察する。本節ではまず、圭三と五郎の男性性と、それぞれを演じる佐野周二と佐田啓二のスター・イメージを比較する。

映画の冒頭から、圭三はその男性性とセクシュアリティを疑問視される。社用車のタイヤがパンクした佐藤は、圭三の自動車工場を訪ね圭三を見つけるとすぐに縁談話を持ちかける（00:02:05～00:03:45）。しかし圭三は、「僕はまだ当分結婚しないつもりなんですから駄目ですよ」（00:02:21～00:02:24）と断る。佐藤は「男が三十二にもなって妻をめとらんという法はない」（00:02:25～00:02:27）と圭三がとっくに「結婚適齢期」を過ぎているのと主張し、さらには、経済的な成功にもかかわらず、「君だって男だろ。だいたいその年頃で一人でいるのは不自然だよ」(00: 03: 49~00: 03: 52) と、三十四歳の圭三が独身を貫いていることを問題視する。ここでの「不自然」だという、このいかにも凡庸な指摘は、仕事一途の圭三が、近代社会において一人前の男性に向けられる社会的な期待に応えていないことに対する批判である。

その社会的な期待とはつまり、「終身的な単婚を前提として、社会でヘゲモニーを得ている階級を再生産する家庭内のセクシュアリティ」を全うすることであり、『愛について——アイデンティティと欲望の政治学』において、竹村和子はこのようなセクシュアリティを異性愛規範の根底にある「正しいセクシュアリティ」と呼んだ[6](竹村 2002: 37–38)。「正しいセクシュアリティ」は「生殖＝次世代再生産という目標」を持っており、「男の精子と女の卵子・子宮を必須の条件とする性器中心の生殖セクシュアリティを特権化」し、膣内への挿入と射精を重要視する(竹村 2002: 41, 38)。ここで竹村が言う「次世代再生産」には、富を資産として蓄積し、それを子孫である次世代へ引き継ぐ達成も含まれる。また、竹村は「正しいセクシュアリティ」を「家庭を基盤とする男女の非対称性を戴く相互連関的なカテゴリーと捉えるべき」だと主張し、さらに、セクシュアリティとは「ジェンダーやセックスにおける男女の二元論の正当性を強力に傍証・捏造するものとなり、同時に、ジェンダーやセックスの二元論の正当性を批判する

[6] 第五章でも「正しいセクシュアリティ」の定義を参照しつつ、議論を進めることになる。「正しいセクシュアリティ」の価値観のもとでは、たとえ男女間の性行為であっても、生殖に直結しなければそれは不完全なものとしてみなされる。「正しいセクシュアリティ」の規範は、異性愛／同性愛の二項対立を推し進め、異性愛が同性愛を抑圧するものとして考えさせることで、同性愛に向けられる抑圧構造を隠蔽する可能性すら浮上する。

ときに再定義されるものでもある」とつづける（竹村 2002: 41）。「正しいセクシュアリティ」の背景には、クィア理論家のエリザベス・フリーマンが「最大限の生産性に向けて個々の人間身体を組織」し、異性愛規範的な時間性[7]に則った経験から特権を得るための「隠されたリズム」を作り出す力強いメカニズムとして定義するクロノノーマティヴな規範（chrononormativity）が作用していると考えられる（Freeman 2010: 3）。

そのような異性愛規範の時間性を前提とする「正しいセクシュアリティ」の定義に照らすとき、圭三に対する佐藤の「不自然」という言葉の意味が鮮明になる。圭三が「終身的な単婚」と「次世代再生産」を目的とした生殖へとつながる（であろう）縁談を「いくらおっしゃっても駄目ですよ。第一、僕が嫌だってんのに相手に悪いじゃないですか」(00: 03: 58~00: 04: 02) と頑なに拒絶する背景には、泰子との釣り合わない身分差（「提灯に釣鐘」）が大きく関わっていることは前節ですでに分析した通りである。縁談の拒否は、一方で、佐藤の「だからもらってくれたらいいんだ。簡単なことだろ」(00: 04: 02~00: 04: 04) という言葉に内在するジェンダー非対称性、つまり男性が女性をもらう／所有するという、旧体制的かつ家父長的な認識に対して圭三が抱く違和感の表明とも読めるかもしれない[8]。しかし後述するように、圭三自体は規範的なジェンダーの価値観に縛られている。他方で、圭三自身のセクシュアリティとジェンダーに着目すれば、「不自然」という佐藤の言葉はより強烈な意味をもつ。「古臭いことを言うなよ。女房は自分で見つけるべきだ。一人前の男のくせに」(00: 04: 32~00: 04: 37) と佐藤が圭三にけしかけるとき、佐藤は圭三が経済的な成功にもかかわらず、「一人前の男」に期待される男性性を十全に満たそうとしない態度に釈然としていない。映画が始まってわずか約六分間で、圭三の男性性とセクシュアリティは絶え間なく批判されるが、観客の多くがこの批判に違和感を覚えたとは考え難い。なぜならそれは、圭三が車のボンネットに頭をぶつけたり、佐藤が二階の柵から落とされそうになったり、この映画は冒頭から細かく挿入される笑いによって喜劇的なトーンで支配されており、圭三が「正しいセクシュアリティ」の価値観から逸脱する存在であるかもしれないという可能性から注意をそらしているからである。

圭三自身もまた「正しいセクシュアリティ」の価値観を内面化していることも確かである。五郎とその恋人の関係について諭すとき、それがもっとも顕著に表れる。佐藤が去ったあと、恋人のもとへ向かおうとする五郎を引き止め、圭三は「あの女とまだ付き合っているのか。女房をもらうなら堅気の娘さんだ。女房にしないつもりなら、女とは付き合うなよ」(00:05:50~00:06:00) と忠告する。この発言が興味深いのは、これこそが「正しいセクシュアリティ」の価値観に沿ったものであるからだ。圭三は他人によるその価値観の強要に戸惑いながらも、五郎にはそれを厳守するように求めるという矛盾を抱えた

[7] 異性愛規範的な時間性 (temporality) については、二〇〇〇年代からクィア理論家たちが有益な議論を重ねてきた。Edelman (2004)、Halberstam (2005)、Boellstorff (2007)、Freeman (2010) を参照されたい。

[8] ただし、圭三は結婚の希望を完全に切り捨てているわけではない―圭三は「女房をもらうなら、お袋にもらってもらおうと思ってる」(00:04:30~00:04:32) と言うからだ。とはいえ、実際、圭三がこれまで異性と恋愛経験があったかどうかはこの映画の中では明かされないだけでなく、圭三の母親の痕跡 (写真や手紙) は一切示されない。言い換えれば、母親の不在、すなわち結婚に対する遠回しの拒絶の可能性さえ否定できないのだ。この台詞がもう一つ示唆するのは、圭三の発言に対して佐藤が「古臭いことを言うなよ」と返すやりとりからも分かるように、圭三が封建的な価値観に縛られていることだ。平野共余子の『天皇と接吻』によれば、「反封建的」のテーマは「民主主義映画」の要素であった。「お見合い」が封建的だと判断され修正を求められたように、『お嬢さん乾杯』は意図的に男性の封建的な性質を弱めさせている。そのことは、平野による『お嬢さん乾杯』の検閲資料の調査からも明らかになっている (平野 1998: 116, 243)。

キャラクターなのだ。映画の結末において結婚を諦める圭三は「正しいセクシュアリティ」を実践できず、矛盾は解消されることはない。この問題が解決されないにもかかわらず、観客は圭三と泰子が結ばれる未来を期待し、二人の関係に恋愛と結婚以外の可能性を見出そうとしてこなかった。しかし、『お嬢さん乾杯』はそれほど安直な映画作品ではない。本作は従来の解釈以外にも豊かな読みが可能であり、それに向けた一歩として、次節では圭三と五郎の関係性を詳細に分析していく。

世代の交代、封建主義から民主主義へ

圭三は戦後の混乱のなか、戦争孤児であった五郎をひきとり共同生活を送っている。[9] 圭三は五郎を自動車修理工場で働かせ、兄のように、またときには父のように五郎に対して振る舞い、五郎もまた圭三を兄貴と慕っている。圭三の身体は、兵役の経験と肉体労働で屈強なものであり、経済的には旧華族に引けを取らないほどに自立している。一方、五郎の身体は長身であるが筋肉質には見えず、経済的にも自立はできていない。

身体面と経済面の比較においては、五郎の男性性は不安定なものである。それは五郎が椅子から転げ落ち、圭三に殴られた拍子に尻もちをついて鼻血を出し、また階段を踏み外し起き上がれないなど、身体的な不安定さ、脆弱さというかたちで映画を通して明示されている。[10] このように圭三と五郎を比較すると、身体と経済力の両面において圭三の方がより男らしい存在なのではないかという印象を与える。しかし前述したように、圭三は女性に対して奥手で、女性との付き合い方すら知らない。女性の恋人がおり、恋の歌《バラを貴女に》を爽やかに歌い上げることのできる五郎は、少なくともセクシュアリティ

の面においては、圭三よりも社会的に望ましい男らしい男として描かれている。

　圭三と五郎の比較を別のレベルで行うとすれば、それぞれを演じる佐野周二と佐田啓二の俳優としての受容のされ方を考えなければならない。本節では、佐藤忠男の『二枚目の研究――俳優と文明』と石田美紀の「「横顔の君」佐田啓二」を参照しつつ、新派的資質を引き継ぐ立役俳優としての佐野、そして戦後日本の民主主義を体現する二枚目俳優としての佐田のスター・イメージを検証する。

　一九三六年に松竹からデビューした佐野は、佐々木康、清水宏、島津保次郎、小津安二郎などの映画作品に出演し、一九三〇年代の後半から一九四〇年代前半にかけてスターの地位を獲得した。佐藤によれば、佐野は、アメリカ映画が人気を博していた一九三〇年代の同時期に活躍した上原謙や佐分利信などと同様に、「スマートでモダン」な「アメリカナイズされたマナー」で「女性に対して爽やかにフランクに話しかける態度は、まだ社会全体に男と女の公然たる交際を罪悪視する気分が強かった時期だけに、〝恋愛の自由〟に憧れる青年たちの胸を躍らせた」（佐藤 1984b: 16）。一九二五年、内務省令「活動フィルム検閲規則」の公布により、都道府県ごとの営業許可制度を通じて行われていた映画の取り締まりが初めて全国統一の映画検閲へと移行した[11]（平野 1998: 32）。「活動フィルム検閲規則」は、「あからさまな性的描写や危険思想が主な取り締まりの対象」となり、「全裸体はもちろんのこと、男女の接吻や手をつない

［9］佐田啓二はデビュー前に佐野周二の自宅で世話になっていた。圭三が戦争孤児であった五郎を引き取ったという設定が、松竹大船製作で佐田啓二主演の『鐘の鳴る丘』三部作（佐々木啓祐、一九四八年～一九四九年）において、佐田演じる加賀見隆平が戦争孤児たちを引き取り、信州の山里で共同生活を送るという設定を反映した可能性は否定できないだろう。

［10］五郎を演じる佐田は一九五一年に出演する『海の花火』においても階段から転げ落ちるばかりか、腕を骨折する。

でいる場面」を禁止した（平野 1998: 33-34）。このような検閲規則は、現実世界における男女の自由な恋愛を蔑視する傾向を反映した結果であるが、『婚約三羽烏』（島津保次郎、一九三七年）が例証するように、佐野をはじめとする一九三〇年代の若いスター俳優たちは「アメリカナイズされたマナー」を通じて異性と軽やかに接して見せた。ところが、第二次世界大戦期に入り、日本政府によるアメリカ的なものの弾圧が始まると、これらの俳優の演技は「アメリカナイズされたマナー」から次第に新派的なものになり、「映画のなかで女性に積極的な態度を示さなくなった」と佐藤は結論づけている（佐藤 1984b: 16）。

新派とは、もともと歌舞伎の影響を受けて誕生した演劇運動であった。旧劇が時代劇を得意とした様式であったのに対して、新派は現代劇に特化した様式である。[12] 佐藤は「新派の演技の特色は極端に感傷的、詠嘆的なことであり、自己憐憫とメランコリーを途方もなく美化することである」とし（佐藤 1984b: 13）、四方田は、新派が好んだテーマとして「身分違いの恋」、「男の立身出世と女の自己犠牲」、「生き別れの家族との再会」を挙げている（四方田 2011b: 28）。封建的なイデオロギーを踏襲した「身分違いの恋」のテーマが流行するなかで、最後は恋人たちが諦め「自己憐憫」にふけるのが新派の典型的な演技となった。同様のテーマと演技様式が映画へと引き継がれたとき、それは日本映画の現代劇におけるメロドラマの常套スタイルと化した。たとえば木下の『遠い雲』にも見られるように、「ハンサムな青年が恋人と向かいあったとき、力強く彼女を抱きしめるのでなく、若干の距離をおいて立ち、悲しげにうなだれて、いまにも泣きそうな表情をしながら、あきらめなければならないことについて弁明する」演技が、一九五〇年代までの現代劇映画において典型的なものとなったのだ（佐藤 1984b: 14）。

戦前から戦中、戦後にかけて銀幕に登場し続けた佐野は、こうした新派的な現代劇における典型的な男性像を『お嬢さん乾杯』においても演じていると考えられる。圭三は、泰子が俯きながら頷くとき、彼女との距離をつめることもできず、ただもの寂しそうな表情を浮かべるだけであるし、泰子から手袋にくちづけされる場面でも彼女を抱きしめることすらもできない。新派の現代劇映画同様、「身分違いの恋」を主要テーマの一つとする『お嬢さん乾杯』において、佐野はまさに封建的な価値観を引きずった典型的な新派的男性俳優なのである。

他方、五郎を演じる佐田はそのデビューから二枚目俳優として作り上げられてきた。二枚目というタイプの役者は元来歌舞伎の立役に含まれるが、佐藤の分類に従い、以下では、別個のタイプの役者として扱う（佐藤 1984b: 21）。立役とはまず男性主人公を指し、理想的な男性像として設定される。歌舞伎において立役は「闘争に強いばかりでなく、意志も強く、忍耐力があり、聡明な侍であることが多い」[13]（佐藤 1984b: 21）。また、これらの立役は「決して自分から女性に恋をすることがない」（佐藤 1984b: 21）。だが、大衆演劇であった歌舞伎を大きく支えたのは、江戸や大阪といった大都市の商人階級であったため、立

［11］「活動フィルム検閲規則」のもとでは、「公共の利益のために十五歳未満の青少年に見せることを禁止する作品の設定、公序良俗のために男性客と女性客の座席の区分、上映のあいだに休憩時間を設けることなど」が定められ、また、「著作権や興行権の許可を求めるように定め」られ、「政府は映画の問題箇所をカットしたり、作品全体を上映禁止処分にする権限をもった。」一九三九年には、ドイツの映画法をモデルにした「映画法」が誕生した。

［12］新派と新劇の形成については、四方田（2014: 28–29）に詳しい。

［13］「侍は恋愛に価値を認めない儒教道徳によって教育されていたからである。妻を愛することは好ましいことであったが、だからといって、妻や恋人に対する愛情が主人に対する忠誠心を上廻ることはぜったいに許されなかった」と佐藤は説明を加えている（佐藤 1984b: 21）。

役によって演じられた侍たちを理想的な男性像としたものの、「商人階級の妻たちや娘たち、なかでも商人たちにサービスする芸者たちや、芸者屋、料理屋、酒場などを経営する女性たち」は「決して恋をしない」立役ではなく、「彼女たちのために甘い愛の言葉を囁いてくれる男性」という「もうひとつの理想的男性」を求めた（佐藤 1984b: 24–25）。そこで歌舞伎に誕生したのが二枚目であった。佐藤は二枚目を次のように説明する。

> 宣伝の看板で二人目に位置づけられることからそう呼ばれた俳優たちであり、立役とならぶもうひとりの主演スターである。二枚目は美男子でなければならない。必ずしも強くはなく、根は純情であるべきだが聡明である必要もない。〈つっころがし〉と呼ばれる二枚目の純粋なタイプのひとつは、突っつけばすぐ転んでしまいそうなくらい弱々しくて頼りない印象を与えることからそう呼ばれる。（佐藤 1984b: 25）

恋愛に奥手な立役を佐野だとすれば、『お嬢さん乾杯』の二枚目は間違いなく佐田である。『お嬢さん乾杯』において、佐田の役柄は身体的にも不安定な男性性を持つことはすでに述べた。その点において、「つっころがし」という二枚目俳優のタイプを念頭に置くことで、本作における肉体的、経済的強さに欠ける五郎の男性性の不安定さを深く理解することができるだろう。

そのような五郎の不安定な男性性は、佐田のスター・イメージが有した二枚目俳優の資質と呼応するものであった。佐藤は、木下映画における二枚目俳優として佐田と上原謙の名前を挙げ、彼らの二枚目イメージを以下の通り詳述する。

日本映画では、立役タイプの強そうな男は容易に女性にはやさしい態度をとれないという約束事になっている。抵抗なくすんなりと女性にやさしい言葉がかけられるのは二枚目である。だから女性も二枚目タイプとはすぐに相思相愛になる。恋愛映画の常として、相思相愛になっても結婚までには必ずなにか障害があるわけだが、二枚目はおとなしくやさしいことが身上だから、障害に対しては、積極的にそれを打開しようとして闘うよりも、むしろ、結婚が可能となるまで待とう、という態度をとることが多く、恋人の前では、今すぐあなたを幸福にできなくて申しわけない、というふうに、立ちすくんだままうなだれるポーズをすることが多い。（佐藤 1984b: 122）

『お嬢さん乾杯』の五郎は、圭三にダンサーの恋人との結婚を許してほしいと懇願する。しかし五郎は具体的に打開策を考えつくわけではない。恋人が大阪へ引っ越すかもしれない局面になると、五郎はバーの一席でうなだれて何もできないばかりか、恋人と駆け落ちする勇気もない。吾郎はただ恋人にやさしい言葉を投げかけ、圭三から結婚の許しが降りるまで待つのみである。二枚目俳優の資質をその身体において表現する、それが五郎を演じる佐田の身体に課された役割であった。

男の横顔を見る／触れる

戦後日本の文脈で考えるとき、佐田は戦後民主主義的なイデオロギーを体現する役割をその身体で担っていた。『愛染かつら』で恋人同士であった田中絹代と上原謙が再び恋人役として主演した『結婚』（一九四七年）のヒットを受けて、当時二十一歳であった佐田のデビュー作である『不死鳥』（一九四七年）には、もともと上原が田中の相手役としてキャスティングされていた。しかし、木下によれば、「よし美しい接吻シーンのある映画をつくろう」と意気込んでいた『不死鳥』で予定されていた接吻が上原の降板理由であった（木下 1985: 164）。平野共余子が緻密な資料調査によって明らかにしたように、敗戦後の占領下日本においてGHQは民主主義を普及させる一助として、民主主義の象徴の一つとして接吻を映画で描くことを求めた[14]（平野 1998: 242-256）。そうした状況にもかかわらず、上原はスクリーン上での接吻を拒否した。上原の降板で困り果てていたとき、木下が入社テストで写真撮影をしていた佐田を気に入り、『不死鳥』への採用が決まった[15]（木下 1962: 133-134）。その結果、石田が的確に主張するように、佐田が「一貫して〔田中演じる〕小夜子の視線／欲望を受けとめ、〈接吻〉というかたちでそれに応えた」だけではなく（図2－4）、「解放された戦後女性とともにあるべき新しい男性、すなわち女性の欲望を肯定し、それを正当なものとして保証する男性」を演じたことは、「戦後という新しい時代の到来に呼応する松竹における二枚目スターの刷新」を意味したのである[16]（石田 2010: 253）。

石田が指摘するように、『不死鳥』でデビュー以降、「シャープでありつつも繊細な横顔」を見せる佐田は「横顔の君」という「〔『不死鳥』以後の〕主演作においても反復された」彼の「スター・イメージの核」を確立させていく（石田 2010: 251）。物語のレベルでは田中による視線を受け止めることによって、そして製作レベルでは木下による演出によって、その核が確立されたことは言うまでもない。木下は自らが発掘した佐田を『不死鳥』に続いて『肖像』（一九四八年）へ桂木洋子の相手役として出演させ、次に

図 2-4　接吻映画としての『不死鳥』

『お嬢さん乾杯』で五郎に起用した。本作に佐田が出演する意義は、主人公の圭三ではなく、脇役である五郎と女性の恋人が接吻することにある。泰子とのデートのあと、自宅のアパートへ戻った圭三は、五郎と恋人が接吻している瞬間に出くわす。木下は五郎と恋人との接吻を直接カメラで捉えないかわりに、五郎が唇をぬぐう仕草（00:57:31）によって、一瞬前までその空間に男女間の接吻が存在したことを示唆する。圭三と泰子の間に欠落する唇と唇の接吻の表象は、五郎とその恋人の接吻によって補完されるのだ。

女性の接吻／視線／欲望を受け止める主体としての佐田のスター・イメージは石田がすでに明らかにした通りだが、『お嬢さ

[14] 戦後日本最初の接吻映画として知られる『はたちの青春』（佐々木康、一九四六年）の磯野道子や『また逢う日まで』（今井正、一九五〇年）の久我美子など、田中以外にも敗戦後直後の日本映画において接吻をスクリーンで披露した女優がいたのは事実である。

[15] 木下は当時の状況を次のように回想する。「困っているとき、佐田啓二君を見たのです。入社テストの写真を写していたのです。そのときにちょっといいのがいるじゃないかとおもった。なにか人間がよさそうだなということに、僕、たいへんひかれるし、自分がその人を抜擢できる位置にあれば、映画界でのばしてあげるということは、一寸いい気持がするのですよ」（木下 1962）。

[16] 石田は二枚目スターの刷新という意図以外にも、戦後日本の松竹女性メロドラマの方向性が示されていたと指摘する。

ん乾杯』では奇妙なことが起きる。それはすなわち、佐田／五郎の横顔をもっとも近距離で独占するのが、他でもない佐野／圭三であるということだ。

たとえば、泰子との見合いを終えて天にも昇るような気持ちに浸っている圭三をよそに、五郎がギターで《バラを貴女に》（木下忠司作詞・作曲）を歌う場面（00:12:13〜00:16:21）を見てみよう。ここでは、画面前景（五郎）と後景（圭三）で対角線上に二人が座っており、五郎がギターを持って圭三と隣り合わせのベッドに座ることで画面左右（左のベッドに圭三、右に五郎）に配置された構図になる。カメラは歌う五郎のみをバストショットで捉え、次に左にパンして圭三をほぼ同一のショットサイズで捉える。同一のショットにおいて、頭部を画面後景に置くかたちで圭三がベッドに横たわるとショットが切り替わり、ギターの弦をはじく五郎の右手がクロースアップされる。二つ前のショットで圭三がクロースアップされる。次に、オフスクリーンを見つめる圭三の横顔がクロースアップされる。二つ前のショットで圭三が寝転がるとき、彼の顔が窓に向けられているため、このショットで圭三が見つめているのも窓の外の景色だと考えられる。次に挿入されるのは、斜め下から五郎の右半身を中心に捉えたバストショット、その次に圭三の顔のアップショットで、圭三は両手を組んで後頭部にやり、仰向けに寝転がり天井を見つめる。そして再び、五郎を斜め下から映したバストショットが挿入される。このショットのあと、佐藤の訪問によって五郎の演奏と歌唱が中断される。

ここで注目すべきは、ここまでの一連のシーンで提示される五郎の姿は、圭三のＰＯＶショットによって独占されている点だ。圭三のみを映すショットでは、圭三が五郎の方向に直接視線を向けていることが明確には示されていない。しかしながら、五郎の横顔を斜め下から映すローアングルはベッドに横たわっている圭三の頭のある位置からの視線の角度と同一であると考えられる。小さなアパートという閉ざされた空間で、しかもベッドに座りながら愛の歌を歌う五郎を手の届きそうな位置で斜め下から視線を送る圭三の視線には、どのような欲望が隠されているのか。

その欲望の内実を詳細に考えるために、もう一つ別の場面を見てみよう。恋人との関係について五郎がバーで悩む場面（00:37:23〜00:41:34）の冒頭、カメラはフルショットで画面後景の座席に座り頭を抱える五郎を捉える。カメラはゆっくりと左にパンをし、「深刻よ」、「かわいそうね」、「だって初めての失恋なんでしょ。大したことないわよ」（00:37:27〜00:37:33）とホステスたちが編み物をしながら会話する様子を映す。ここへ泰子とのデートを終えた圭三が登場する。圭三は五郎を見かけるとすぐに駆け寄る。ショットが切り替わり、カメラはミディアム・ショットで圭三と五郎を捉える。五郎の座るソファに腰掛け、圭三は五郎の右肩に右手を置きながら、恋人との別離の危機に直面した五郎の話を聞く。このショットで特徴的なのは、カメラが彼らを横から撮影しているため、圭三の横顔と五郎の横顔が並んで提示される構図となっていることだ。さらに、ホステスの女性が複数いるバーにおいても、五郎の横顔を独占して見つめているのは圭三なのだ。

五郎の身体にぴったりとくっつくのは圭三の視線だけではない。石原郁子は、圭三と五郎がぴったりと体を寄せ合う場面が三つあるとして、バーで展開するダンスシーンにおいて二人の男が頬を重ね合わせて踊る演出を指摘する[17]（石原 1999: 104–110）。石原が指摘する通り、圭三は本作を通じて女性との肉体的な接触を極力持たない男性であり、そのなかでも、バーのマダムやホステス、五郎の恋人のダンサーのような、圭三から見て「堅気」でない女性を好きになることはない（石原 1999: 108）。だが同時に、新派的な伝統を踏む佐野の身体によって演じられる圭三は、泰子との接触すらも限定的なものであり、その

図 2-5　頬を重ねた男同士のダンス

代わりに彼がもっとも濃厚に肌を合わせるのが五郎なのだ[18]。

では実際に圭三と五郎の身体はどのように接触するのか。バーで陽気に《バラを貴女に》を歌う圭三は、意気消沈している五郎の手を引いて「踊るんだ！」（00:39:24）と彼を抱き寄せ踊り始める。圭三と五郎が男同士で踊るとなりで、女性四人がそれぞれ二人ずつペアを組む。カメラが女性同士と男性同士の踊りをそれぞれ見せるが、男性同士の踊りと女性同士の踊りの間には決定的な違いがある。圭三と五郎は頬を触れ合わせて踊っているのだ。五郎は目を瞑り、圭三は薄眼を開けて頬を密着させて心地よさそうに踊る（図2－5）。画面中心でちょうど二回転踊ったところで、五郎は圭三を突き放し、次に女性と踊り始める。圭三とのダンスでは目を瞑っていた五郎が、今度は目をぱっちりと開け、少し顎を上げて踊る。身長差のため、また恋人がいるためか、五郎が女性と頬を重ねて踊ることはない。佐田は『肖像』で桂木洋子と踊る場面でも体を密着させてはいなかったが、少なくとも桂木と見つめ合うことで、観客に二人が恋仲であることが提示されていたはずだ。ここで興味深いのは、五郎とのダンスを終え、次は女性と踊っていたであろう圭三の姿をカメラが映さない点である。圭三に女性と踊る機会を与えず、なぜ木下は観客に男性同士のダンスをより入念に見せたのか。

石原は、圭三と五郎のダンスに「特別な〈愛〉の表現」を見出す（1999: 110）。前述の通り、圭三が女性と接する場面は圭三が五郎と接する場面と比較すると極端に少ない。石原はこの点に触れて、「五郎との接触、とりわけダンスのシーンが、この映画できわだって官能的な雰囲気に満ちた美しさで浮び上がってくる」と評した（1999: 108）。「特別な〈愛〉の表現」という言葉に「官能的」という言葉を重ねるとき、石原は二人の親密な義兄弟的な関係性にホモエロティックな可能性を見出している。本章の目的は、圭三が同性愛者または両性愛者であると主張することではない。しかし、五郎と女性との接触が明確に描かれる一方で、圭三と女性との接触がフレームから排除されている事実を無視できない。そこには圭三を演じる佐野のスター・イメージの特質以外の理由が隠されているのではないか。

そこで立ち戻らなければならないのが佐田の横顔である。佐田はその横顔をもって女性の視線／欲望を受け止められる主体として活躍したが、その横顔は、彼が男性の視線／欲望を受け止める主体となることをも同時に可能にしたのではないか。少なくとも『お嬢さん乾杯』と『惜春鳥』（第六章参照）においては、佐田はその横顔で他の男性の視線／欲望を受け止める。『お嬢さん乾杯』において佐田／五郎の横顔を見つめるのは他でもない男性の佐野／圭三なのだ。五郎自身も不安定な男性性を持つ男性ではあるが、彼は圭三が達成できないことを代わりに実践する。だからこそ、「お前だけはちゃんとした男にして

［17］他の二つは、第一に圭三が五郎をオートバイの後ろに乗せて走る場面、第二に結婚の許しを得て歓喜する五郎が圭三に抱きつく場面である。石原はこれらの場面は「ごくさらりと自然かつ明朗に演出されているので、ことさら風変わりな印象を与えない」としながらも、これらの行為がすべての意味で、「自然」であるかどうかについては検討の余地があるとしている（石原 1999: 105）。

［18］ボクシングを見に行きたいという泰子の右腕を軽く叩くことと、圭三の手袋への泰子によるくちづけが例に挙げられる。

やろうと思って」と圭三が言うとき、五郎／佐田はその横顔をもって願いを受け入れ、最終的には圭三の許可を得ることで「ちゃんとした男」(a straight man) として結婚の方向へと進むのである。

泰子との結婚を諦め、彼女の前から去る圭三の男性性は不安定なままであり、彼のセクシュアリティは曖昧なまま映画は終わる。だが、もし石原が論じるように、圭三のセクシュアリティに非異性愛的な解釈の可能性があるとするならば、圭三が泰子に惹きつけられる理由について再検討する必要が出てくる。そのためには『お嬢さん乾杯』における泰子のセクシュアリティの曖昧さを原のスター・イメージに関する議論を交えて検討しておかねばならない。

4 「変態」としての原節子——泰子の曖昧なセクシュアリティ

木下の眼には、原節子という女優がどのように映っていたのか。関係資料の乏しさから、その全体像を把握することは困難を極める。しかしながら、「顔について」の座談会における木下の発言が示すように、木下は原の美しさ、演技力、そして原特有のスター・イメージを高く評価していたと推測できる。第一に、原の美しさは泰子と圭三の間にある階級差を示すうえで不可欠であった。第二に、その美しさは異性愛的なつながりを超えた別次元のつながりを圭三と泰子の間に生成したのである。

『お嬢さん乾杯』の全体を通して、泰子のセクシュアリティには曖昧さが残る。一つには、泰子が婚約者とは唇を重ねたこともないと明らかにするためだが、他方で、泰子が女学生時代からの友人の町田へ投げかける視線には、単なる女同士の友情や羨望の眼差しを超えた欲望の可能性が潜んでいる。それは、圭三と五郎の関係における身体的接触の表象の密度が男同士の際立った親密さを刻印するのと対応する事態として捉えることができる。

たとえば泰子が町田のバレエ教室を訪れる場面を見てみよう。圭三との見合い以降、泰子はめまぐるしい生活を送る。圭三の《よさこい節》に対する友人や家族の反応に気を病み、服役中の父には、「お金のために結婚するようなことはないだろうね。お前が喜んで結婚してくれないんじゃ不満だよ。貧乏はしても幸せというものはあるからね」(00:51:25~00:51:39)や「お前は本当にその人に愛情が持てるのかい」(00:51:42~00:51:45)と圭三への愛情の所在を問いただされ、泰子は何も言えない。[19]また、圭三の金儲け宣言を受け疲れ果てた泰子は、圭三の誘いを逃げるように断り、友人町田のバレエ教室を訪れる(00:55:14~00:56:14)。町田は嬉しそうな表情を浮かべ、軽くスキップしながら泰子を出迎え、泰子は「あなたの顔がちょっと見たくなっただけ」(00:55:35~00:55:37)と挨拶する。フレーム前景に成人女性を、後景にレッスン中の子供バレリーナたちの姿がミディアム・ショットで捉えられる。ここで観客が泰子とともに目にするのは、まさに女性的な空間であり、しなやかな身体を見せる衣装に身を包み、町田と生

[19] 刑務所で父を訪問したあと、泰子は圭三に気持ちを吐露する。「わたくし一人のことでしたら、どんな苦労もなんでもございません。働こうと思えば働けますし、お金のない暮らしだってできますのよ。別に今の家に未練があるわけじゃございませんし、昔が恋しいというわけでもございません。ただ、老い先の短い年寄りや母にまでわたくしと同じような思いを強いるというわけにはまいりませんもの。いわばわたくし、あなたに助けていただくんですわね」と泰子は言う。この台詞は、『金色夜叉』(清水宏、一九三七年)での「年老いたお父さんやおじいさんに惨めな生活をさせたくない」と言って金持ちの富山との結婚を決め、幼馴染の寛一との関係を絶つお宮のイメージと重なる。木下は松竹のメロドラマ映画の系譜をコメディ映画へ受け継いだと言える。

図 2-6　泰子の POV ショット

図 2-7　オフスクリーンの町田を見つめる泰子

徒たちが美の実現を求めてバレエの稽古に打ち込む世界である。泰子が椅子に座り、オフスクリーンへと視線を向けると、泰子視点のロングショットの中央に町田がいる（図2－6）。生徒たちが町田を囲んで踊る様子は、まさに泰子の眼差しの中心に町田がいることを示している。オフスクリーンのバレエ・レッスンを見つめ続ける泰子を捉えたバストショットは、彼女たちから視線をそらし、目を瞑り、そっと溜息をつく様子を見逃さない（図2－7）。この溜息はまるで、目前に広がる女性だけの世界に浸っていたいと願う泰子の欲望を示すようだ。

従来の日本映画研究において木下映画が見過ごされてきたこともあり、『お嬢さん乾杯』の分析を行ってきた論考は少なく、この場面における泰子の視線にはこれまで十分な注意が向けられてこなかった。女学生時代からの友人である町田に対する泰子の視線に、木下はどのような意味を託したのか。その真意は、『お嬢さん乾杯』以降に原が出演した小津安二郎の「紀子三部作」、とりわけ『麦秋』（一九五一年）における原のキャラクターとの連関性を探ることで見えてくる。

「紀子三部作」とは映画批評家ロビン・ウッドによって名付けられた名称であり、小津の『晩春』（一九四九年）、『麦秋』、『東京物語』（一九五三年）を指す。原は六本の小津作品に出演しており、そのうちの最初の三本において原は「紀子」という役柄を演じている。ここで重要なのは、役柄の名前が同じ紀子という点ではなく、紀子という女性を表象するうえで選択された「主要な主題的／物語的問題」である（Wood 1998: 114）。その「主要な主題的／物語的問題」とはすなわち、「紀子に押し付けられる結婚または再婚への圧力と、その圧力に対する彼女の抵抗」を意味する（Wood 1998: 114）。そしてそれは紀子という女性が「定義されること、ラベル付けすることで人々（特に女性）を「固定化」するという社会の慣習を回避する」可能性を秘めている点につながる（Wood 1998: 124）。このような分析から、「紀子三部作」に関するウッドの功績の一つは、『麦秋』にみる紀子の表象にレズビアニズムの可能性を見出したことにある。[20]

クィア批評を主な分析手法とする映画研究者の菅野優香は、戦前に原が演じた女学生のイメージ[21]が、戦後の原のスター・イメージの一部として継承されたことを指摘している（Kanno 2010: 109）。「紀子三部作」のなかでは、『晩春』と『麦秋』が該当する。両作品において、紀子と女学生時代からの友人アヤとの交流が濃密に描かれる。『麦秋』では、淡島千景演じるアヤと紀子は頑なに結婚を拒否しており、独身、既婚を超えた女性同士の強い絆の表象が魅力の一つでもある。

アヤが紀子の上司である佐竹（佐野周二）と紀子の恋愛事情について語る場面では、紀子のセクシュアリティの曖昧さが浮かび上がる。佐竹が紀子について「誰かに惚れたことないの?」(01:20:42) と聞くと、アヤは「さぁないでしょ、あの人。学校時分、ヘプバーンが好きで、ブロマイドこんなに集めてたけど」(01:20:43~01:20:48) と指でその厚みを表す。ヘプバーンがアメリカ人女優だと知ると、佐竹は「変態か?」(01:20:53) と聞き、アヤは「まさかぁ」(01:20:54) と笑い飛ばす。紀子が「変態」、つまりレズビアンである可能性が冗談の形ではあれ、言及されている事実は重要である。

菅野は、紀子の結婚への抵抗と「変態」という言葉の役割に注目し、さらにジークムント・フロイトによる猥褻な機知の分析とイヴ・コゾフスキー・セジウィックのホモソーシャル理論を用いて、先輩の真鍋に固執する佐竹にも同様の解釈が可能であると指摘する (Kanno 2011: 287-303)。菅野はその例の一つとして、佐竹が紀子に真鍋との縁談を勧める場面で取り出す真鍋の写真を挙げる。もしキャサリン・ヘプバーンのブロマイドを集めていた紀子を「変態」と呼ぶのであれば、真鍋の写真を大事そうに携帯している佐竹にも同様のことが言えるというのが菅野の議論である (Kanno 2011: 298)。

小津の「紀子三部作」においても、また木下の『お嬢さん乾杯』においても、紀子または泰子が女性に対して性的に欲望を抱く女性として明示されているわけではない[22]。しかしながら、結婚の重圧に対する抵抗というテーマを秘めた『麦秋』においては、レズビアン・コミュニティからの熱い支持を受けていた女優キャサリン・ヘプバーンのブロマイドを女性が集めるという行為に「変態」という冗談が被せられることで、紀子という女性キャラクターが秘めたレズビアニズムの可能性が浮き彫りになる。『お嬢さん乾杯』の場合では、泰子に元婚約者と唇を重ねたこともないと発言させることで、彼女が処女である可能性が強調され、圭三を安心させる効果がある一方で (圭三が異性愛者であればという前提に基づくが)、泰子のセクシュアリティを曖昧な状態に保つのである。

木下は裸体や接吻のシーンを拒む原の意思を尊重することで、泰子というキャラクターのセクシュアリティに多層性を与えることに成功した。その端的な例が、泰子による圭三の手袋へのくちづけである。新藤兼人による脚本では、泰子が圭三の頬にくちづけするという設定があった。しかし、木下は脚本を修正し、泰子の唇が圭三の肌に触れるのを拒絶したのだ。五郎の頬にぴったりとくっついていた圭三の頬に、泰子の唇を重ねることはあってはならなかった。木下は異性愛的な関係性へと泰子と圭三を固定化することを回避した。泰子が圭三の置き手紙を読んで、圭三の言葉を思い出し涙する場面で見せる、

[20]『麦秋』の最後に謙吉との結婚を決めた紀子にとって、謙吉に対して感じた安心感が結婚を選んだ決定打になる。その感情こそが「好き」という経験だと述べるアヤに対して、紀子は頑なにその言葉を使わない。その言葉の不在によって解釈の一つとしてきた紀子というキャラクターが持ちうるレズビアニズムへの指摘に対して、中村秀之は『敗者の身ぶり——ポスト占領期の日本映画』において、次のように書く。「だからといって紀子にレズビアンの素質を見ようとしたり男性に対して性愛のない友情を求めているなどと決めつける—まさに「定義」しようとする—のは性急で恣意的なふるまいだろう」とし、『麦秋』が描く「紀子が語るような関係」をきちんと読み解く必要性を主張する（中村 2014: 78）。映画の展開に即した中村の主張は説得力が高い一方で、同時に、日本映画に対して提示された数少ないレズビアン的想像力を導き出す解釈のさらなる可能性に蓋をする、あるいは蓋をしてきた日本国内の映画研究の限界を物語っているような危惧を抱かせる。

[21] たとえば原のデビュー作『ためらふ勿れ若人よ』（田口哲、一九三五年）や『魂を投げろ』（田口哲、一九三五年）が挙げられている。

[22] 筆者は日本映画にみるクィア表象に関する授業において、「紀子三部作」を取り上げ、ウッドと菅野の議論を紹介し、実際に映画を観てもらったうえで学生と議論を行っている。興味深いのは、先行研究が述べるように紀子の表象に対してレズビアニズムの可能性が見出せるという指摘に対して同意を示す一方で、紀子はアロマンティック・アセクシュアルなのではないかと述べる学生が増えていることだ。

あたかも投げキスをするような仕草についても同様の解釈が可能である。多くの観客は、泰子の投げキスを見て、圭三と泰子が結ばれると予想するだろう。しかし、二人が接吻する場面は、ついに描かれることなく映画は終わるのである。

5　偽りのゴールイン

圭三が泰子を「天上の美女」と例えたことをもう一度思い出そう。天と地、圭三にとって泰子は手の届かないところにいる人物である。それは身分差の問題として本作で扱われてきた。だが、「天上の美女」には美しさというもう一つの特質がある。木下は原の美しさを「手の届かない美しさ」と例え、まさにその感覚をそのまま泰子というキャラクター設定に反映したと考えられる。ここで考えたいのは、圭三が泰子に惚れるという行為に異性愛的な欲望は存在するのかという点である。なぜなら、木下は圭三と泰子よりも、圭三と五郎の親密性を肉体的接触という直接的な描写で描くことで彼らの同性愛的なつながりを示唆しているからである。また、木下は圭三が最終的に「自然」な男性性を獲得する最終地点を描かない。圭三は自分の身代わりとして、五郎の結婚を承諾し、五郎が実際に女性の恋人を迎える姿をスクリーンに提示することで、彼を「ちゃんとした男」にするのだ。

圭三にとって泰子の美しさは異性愛的な欲望を喚起させるものではなく、同じく異性愛体制の重圧を感じている者同士として同一化の対象であることが考えられる。それは異性愛とは別次元のつながりであり、異性として「手に入れる」のではなく、同じ感性を共有する者同士の連帯の可能性だ。泰子のセクシュアリティの曖昧さは、戦後民主主義を象徴する映画的表象であったはずの接吻を拒絶した原から滲み出た異性愛規範からの逸脱を反映したものである。唇同士の接吻にもっとも近い形で原の接吻がスクリーンに提示されたのが川島雄三の『女であること』（一九五八年）において久我美子からくちづけされるショットであることを考慮すると、やはり原と接吻の関係には異性愛規範に回収されることのないセクシュアリティの可能性が秘められていると言えよう。[23]木下は、泰子が圭三を追いかけるという異性愛の成就を示唆する結末を用意することによって、異性愛規範を期待する観客を安心させる。しかし、異性愛規範から解放された天女の唇はいかなる男にも触れることはなかった。原という天女の存在は、ロマンティック・コメディの作品世界に多層的な解釈を与えたのである。原は『お嬢さん乾杯』以降、木下映画に出演していない。霊感を与える天女としての役割は、一九五一年の『カルメン故郷に帰る』以降、十二本の木下作品に出演する高峰秀子へと引き継がれていく。

[23] 原は『娘・妻・母』（成瀬巳喜男、一九六〇年）において仲代達矢と接吻する場面があるが、その接吻でさえ仲代の顔が原の顔に重なるだけでスクリーンに唇と唇の接触が提示されるわけではない。

第三章　リリィ・カルメンのサヴァイヴァル
――『カルメン』二部作における高峰秀子

1　「リリィ・カルメンです。どうぞよろしく」

映画産業の発展を辿る行為は、映画テクノロジーの発展がどのように映画産業内の競争において必然的に達成されてきたのかを知る行為でもある。木下が所属した松竹は日本初のトーキー映画『マダムと女房』（五所平之助、一九三一年）を松竹蒲田撮影所で製作した。それからちょうど二十年、そして松竹キネマが設立されてからちょうど三十年を記念して、松竹は日本初の長編総天然色映画（カラー映画）の製作を富士フイルムによる日本映画監督協会経由の協力要請に応じる形で乗り出す。そこで白羽の矢が立ったのが、撮影助手の経験を持ち、映画フィルムと撮影技術について信頼のおける木下恵介とカメラマン楠田浩之であった。当初考えていた『アルプスの死闘』という山岳アクションの構想はロケ地の都合で難航し、その代わりに木下が書き上げたのが高峰秀子を主人公に当て書きした『カルメン故郷に帰る』（一九五一年）であった。『カルメン故郷に帰る』はカラーフィルムと白黒フィルムの両方で撮影され、カラー版は大都市の一番館を中心にまず上映されたという。そして、翌年の一九五二年、フランス遊学から戻った木下が帰国第一弾として製作したのが、それまでの木下映画で彼自身がもっとも愛したリリィ・カルメンを主人公にした前衛的な風刺映画『カルメン純情す』であった。以下、二作品のプロットを先に確認しておこう。

『カルメン故郷に帰る』の主人公は、東京でストリッパーとして生計を立てているリリィ・カルメンである。ストリップを本物の芸術だと信じてやまないカルメンは、同僚のマヤ朱実（小林トシ子）を引き連れて、浅間山麓にある故郷の村へ錦を飾るために戻ってくる。[1]カルメンは、昔好きだった音楽教師の田口（佐野周二）や家族との再会に、朱実は雄大な自然と純粋な男性（佐田啓二）との出会いに心を踊らせる。一方、村人たちは最初からカルメンと朱実を「パンパン」とバカにするが、そのことに気がつかないカルメンと朱実は村人に「芸術」を自信満々に披露し、列車で東京へ戻っていく。

斜めに構える画面が特徴と知られる続編『カルメン純情す』は、GHQによる占領終結後の浅草を舞台とする。[2]カルメンはストリッパーを続けており、男に捨てられシングル・マザーとなって戻ってきた朱実と共同生活を始める。カルメンは前衛芸術家の須藤（若原雅夫）と出会い、彼の芸術性に対する尊敬は次第に恋心へと変わっていく。その恋心が原因で、カルメンは須藤に裸のモデルを頼まれても務められないばかりか、ストリップ劇場でも脱げなくなり、ついには解雇される。一方、須藤は代議士候補・佐竹熊子女史（三好栄子）の娘である千鳥（淡島千景）と金目当てで婚約しているが、情婦との関係もまだ断ち切れないでいる。[3]須藤のドタバタに巻き込まれたカルメンは、須藤への恋心を諦め、朱実とその子供と共に雑踏の中に消えていく。

女優・高峰秀子は、『カルメン故郷に帰る』から『衝動殺人　息子よ』に至るまで、十二本の木下映画に出演している。なかでも、『カルメン故郷に帰る』と『カルメン純情す』（以下、両作をまとめて言及する際は『カルメン』二部作とする）で高峰は、「オツムの弱い」ストリッパー、リリィ・カルメンの名を日本映画史に刻んだ（長部 2013: 274）。木下と組んで四年ほどの間に、高峰は非規範的な女性を演じ（『カルメン』

［1］額縁ショーやストリップ・ショーは女性の裸体を性的なスペクタクルとすることで成立した。女性たちのなかには裸体を晒すことに抵抗した者たちもいたはずである。しかし、石田美紀が指摘するように、「当時、「芸術」は、娘が自身の肉体を性的な見世物として晒さなければならないときに、周囲から言い聞かされ、そして自らに言い聞かす言葉でもあった」（石田 2015: 171）。性的なパフォーマンスを「芸術」と信じこむことで、女性たちは「戦後の混乱」を「矛盾」を抱えながら生き延びたのではないかという石田の分析はおそらく正しい。つまり、リリィ・カルメンにとってそうであるように、芸術はサヴァイヴァルのための一つの手段なのである。

［2］カメラが全篇を通じて傾いているかのように語られてきたが、カメラは登場人物たちの心情が変化するタイミングに合わせて傾く。プロデューサーの脇田茂は次のように指摘する。「セットの思いつきでは絶対にできない。当時のミッチェルは重いから、ただ傾けるだけでも大変なのに、それを本番中に動かすためには、キャメラを支えるヘッドも二重にしなければいけないのです。これで大変苦労したのが、当時チーフの撮影助手だった小原治夫さんです」（東京国立近代美術館フィルムセンター 2000: 6）。

［3］三好栄子演じる佐竹熊子代議士は口髭を蓄えており、外見的には男性的な要素を持った性の曖昧な、ある意味で典型化されたクィアな登場人物であるとも言えるだろう。『カルメン純情す』で斜めに構えるカメラを採用したのは、この代議士がきっかけである。木下は次のように回想する。「あの代議士が喋るカットから撮り始めたわけね。そうしたら、なんだか腹が立ってきて、こんな女代議士をまともに撮れるか、ええい画面を曲げちゃおうって（笑）。でも曲げたはいいけど、あとの画面で調和と取っていくには、全カット曲げなきゃならなくなった。そうだ、日本なんて国はキャメラを曲げた方がいい、曲げなければ見られない国だって思いはありましたね」（木下・白井 1990: 368）。白井佳夫との対談において、自分の感性として「曲げるしかなかった」と続けた（木下・白井 1990: 369）。

二部作)、女性に向けられた社会制度の抑圧に苦悩する女学生を経て(『女の園』)、『二十四の瞳』では教育者かつ母となり、戦死した教え子のために涙を流すまでに至った。映画研究者の斉藤綾子が指摘するように、高峰は『二十四の瞳』において「ドメスティック・イデオロギーに再占有化」された国民的母という役割を担うことになる(斉藤 2008: 108)。その後、木下作品において高峰は母親像の型に流し込まれ、その姿は変化を加えながら固定化されていった。

『二十四の瞳』以降、とりわけ『喜びも悲しみも幾歳月』(一九五七年)や『二人で歩いた幾春秋』(一九六二年)において高峰は、夫や家族を献身的に支える妻/母を演じた。また、『遠い雲』や『永遠の人』(一九六一年)では社会制度の重圧によって人生の選択肢を制限されることや愛する人と結ばれることのできない女性の苦しみを体現した。他方、木下映画において高峰が演じるのは異性との恋愛/婚姻関係にある女性、あるいは何らかの規範に抑圧され悲観する女性だけではなかった。高峰は、彼女にとって初めて出演した木下作品であった『カルメン故郷に帰る』において、女性に対する抑圧に立ち向かう術を持った女性として登場したのである。

本章はまず木下と高峰の出会いを一九三三年まで遡り、その出来事が木下に与えた影響を確認する。次に占領期とポスト占領期にそれぞれ公開された『カルメン』二部作に関する先行研究を参照しつつ、「カルメン」という女性に付与された「エスニシティ」、「芸術家」、そして「労働者」という三つの側面を検証する。[4] 続いて、『カルメン故郷に帰る』の分析では、色彩、音楽、演技、受容という四つの観点から、村コミュニティの理想的な女性像から逸脱するとされるリリィ・カルメンが押し付けられる規範の重圧を芸術の力によって乗り越え、生き残る過程を解き明かす。以上の分析から、木下と高峰がリリィ・カルメンというキャラクターを構築していく過程が、木下の作家性において重要なクィアな感性を成熟させるうえで果たした役割を熟考していく。

2　クリエイティヴィティの起爆剤――木下と高峰の出会い

木下と高峰の出会いは一九三三年まで遡る。松竹蒲田撮影所の撮影助手に就いて初めての仕事であった『頰を寄すれば』(一九三三年)の撮影現場にて、木下は子役時代の高峰の演技を目にした。ある重要なシーンで「ボロボロ涙をこぼした」九歳の高峰の名演技に感銘を受け、木下自身も涙を流したという(高峰 2005: 118)。木下はそこで高峰と一緒に写真を撮っており、その写真を大事にしていた。高峰はエッセイ「私だけの弔辞」のなかで、時を経てボロボロになったその写真について思い出している。

あれは……私が十二本出演をした木下作品の、どの映画のときか忘れてしまったが、ある日、撮影現場の片隅に置かれたベンチに座ってライティング待ちをしていた私のそばへスッと寄ってきた木下監督が、胸のポケットから一枚の写真をとりだして私に見せた。

［4］高峰演じるリリィ・カルメンには、プロスペル・メリメが一八四五年に出版した小説『カルメン』の男性主人公が出会う情熱的な女性カルメンから着想を得たものであることは明らかである。だからこそ、『カルメン純情す』が描くストリップ劇場でのカルメンのパフォーマンスに使用されるのは、メリメの『カルメン』を原作としたジョルジュ・ビゼーによるオペラ『カルメン』から引用された音楽である。

〔中略〕

「秀ちゃん、あの教会の窓のところのクローズアップで、秀ちゃんはほんとうにボロボロ涙をこぼしたでしょ。……僕はカメラの横からそれを見て感動して、僕もボロボロ涙をこぼしたんですよ。そして、そのとき決心したの。僕は将来、絶対に演出家になるんだ。そして秀ちゃんの映画を撮るんだって。その決心を忘れないようにと、この写真を写してもらったんですよ。……そんなことがあったこと、秀ちゃんは知らなかったでしょうけどね。この写真は、僕の起爆剤」

木下監督はふふふと笑いながら、私から写真をとりあげ、また上衣のポケットに納めると、ケロリとした顔で歩み去った。（高峰 2005: 114, 117–118）

この高峰の回想に、ある程度の美化や誇張がなされている可能性は否定できない。だが、ここで何よりも重要なことは、木下が映画監督を目指したきっかけが九歳であった高峰の演技であり、それ以来、高峰との写真が木下のクリエイティヴィティの「起爆剤」として機能していた事実である。高峰がこの「起爆剤」を木下の「異常ともいえる「執念」」の象徴として評価する態度は（高峰 2005: 118）、二人の関係性を再想像するために不可欠なものとなる。なぜなら、『頬を寄すれば』から十八年後、木下はこの「執念」のもと、『カルメン故郷に帰る』の主演に高峰を抜擢し、主人公リリィ・カルメンを作り上げたからだ。本作以降、高峰は一九五〇年代から一九七〇年代の木下映画において多彩な女性像を演じるのだが、木下が最初に高峰に当て書きをしたのがなぜリリィ・カルメンという「一風変わった」役柄でなければならなかったのか。リリィ・カルメンを「オツムの弱い」ストリッパーという設定にし、戦後日本における女性を風刺に描いたことは、高峰や木下の助監督が示唆してきたような木下の女性嫌いという側面に単純に起因するものではないだろう（高峰 2012b）。

その点を考えるうえで有益な糸口を与えてくれるのが、高峰の自伝『わたしの渡世日記』である。子役時代を振り返り、高峰は十歳頃まで男女の役を「かけもち」していた経験を追懐する。高峰は「デコちゃん」の愛称で親しまれているが、子役時代には「秀坊」と呼ばれており、映画関係者に男の子として認識されていた印象すら与える。ズボンを履いて坊主頭の「男の子」になったり、スカートを履いておかっぱ頭の「女の子」になったりと、高峰は男女二役を十歳頃までこなした（高峰 2012a: 44-46）。

高峰が身体的にも音声的にも曖昧な時期であった子役時代を通し、役柄に合わせて異なるジェンダーを演じる経験を積んできたことは興味深い。なぜなら、第一に、たとえ背景に映画製作上の都合があった[5]としても、高峰はジェンダーを演技の対象としてとらえて実践し、第二に、そのような経験を積んできた高峰の演技に木下が感銘を受けたのだから。木下が成人した高峰を「男」として扱う場面があったという有名な話は繰り返し引用されてきたが、高峰は「子供のころから自分でも性別の判明しない」状態で生きてきたと自ら語っている（高峰 2012b: 201）。木下にとって高峰との出会いは、人間のジェンダーやセクシュアリティの多層性およびそれらの規範による抑圧を共有し、抵抗の方法を探求するための

[5]『頬を寄すれば』は高峰が出演した初めてのトーキー映画であり、それ以前はすべてサイレント映画、そしてそれ以降はサイレントとトーキーが混在していた。貴田庄が指摘するとおり、サイレント映画では女の子が男の子を演じることは音声的に違和感がなかったから可能だったという意見もあるだろう（貴田 2012: 35）。

ターニング・ポイントとなったのではないだろうか。映画研究者の木下千花が指摘するように、「高峰が公《パブリック》にする木下との公私にわたる親密さ」は映画監督と役者という関係を超えて、「規範性への強い警戒心あるいは侮辱を通しての共犯関係」を構築する機会をもたらした（木下 2015 :186）。では木下は高峰のジェンダーをどのように捉え、そのイメージをリリィ・カルメンの中でいかに成熟させたのだろうか。

3 『カルメン』二部作における西洋性と芸術性の剥奪

斉藤綾子は、「このカルメン二部作ほどに占領期における肉体言説と解放のシニフィアンとしての女性身体が提示する問題を映画的に表した映画はない」と評価し、リリィ・カルメンを「戦後日本のアイコン」であると主張する（斉藤 2008: 100）。続けて斉藤は、歴史学者ジョン・ダワーの定義した「敗北の文化」という戦後サブカルチャーを背景に、「女性の身体表象と戦後の解放との密接な関係」がＧＨＱによる占領下日本に置いて構築されていったとし、カルメンは「戦後の混乱、退廃、矛盾の落とし子だった」と結論づけている（斉藤 2008: 107）。

では、リリィ・カルメンというストリッパーが産み落とされた戦後サブカルチャーとは一体どのようなものだったのか。戦後サブカルチャーの一つ、カストリ文化は若い日本人男性読者に広く支持されたカストリ雑誌群を刊行した。これらの雑誌群の表紙には官能的な白人女性像が描かれることが多く、日本人男性読者は雑誌内で描かれる「なまめかしい性的対象としての〔西洋〕女性」を通して、「西洋というもの」を考えるようになり、それは「占領軍兵士の大部分が異性との出会いを通じて日本を見ていた」経験と共通する側面を持っていた（ダワー 2004: 172–173）。だが、両者の間にはある大きな違いがある。それは、米軍兵士が日本人女性と性的な関係を物理的に享受していた可能性が高い一方、西洋女性に対する日本人男性の視線による支配はあくまでも視覚メディアを通して心理的に行われていたに過ぎないという点である。日本人男性にとっては、たとえ西洋女性を性的対象として見る瞬間があったとしても、自分たちの性的欲望を最終的に満たしたのは西洋女性の接触可能な肉体ではなく、自らによる自慰行為でしかなかった。

西洋女性に対する日本人男性の性的欲望は紙媒体上の表象から、次第に物理的肉感をもったスペクタクルへと向けられていく。一九四七年一月、秦豊吉の発案の元、新宿の帝都座五階劇場にて「額縁ヌードショー」という西洋画を模した活人画「ヴィーナスの誕生」が上演された（石田 2015: 171）。『カルメン故郷に帰る』において、丸十運送の従業員である岡信平（三井弘次）がカルメンたちを「裸の彫刻」と言い表すように、活人画において演者は動くことはない。だからこそ、カストリ雑誌に描かれた白い肌の西洋女性に対して視線を向ける行為は、白い肌を持った日本人女性の生身の肉体を見る行為へとスムーズに転換し得たと考えられる。かくて「額縁ヌードショー」の誕生後、一九四八年までに浅草の下町を中心にストリップ・ショーが流行し、全国へと広まっていった（ダワー 2004 : 177）。

さらにダワーによれば、こうしたカストリ文化において西洋女性を想起させる白い肌や長身の身体が重宝された（ダワー 2004: 176）。額縁ショーの甲斐美和なる長身で白い肌をした日本人女性にはじまり、東劇バーレスクでジプシー・ローズという芸名で白人のような顔立ちと豊満な肉体をもった志水敏子という日本人女性などが絶大な人気を博した（広岡 2007: 94–95）。アメリカの有名なストリッパーであるジプシー・ローズ・リーにあやかって付けられた志水の芸名は（ダワー 2004: 178）、ストリッパーを容姿だけでなく、ステージ上のアイデンティティにおいても西洋化させるための装置だったのだ。ダワーは、こうしたストリップ・ショーを含むカストリ文化が、西洋を模倣した結果創造されたものであり、基本的にそれは占領軍が絶対に侵略できない領域、つまり「日本固有のもの」であったと結論づけている（ダワー 2004: 178）。ジプシー・ローズの出現とその爆発的人気が示唆するのは、この「日本固有の」領域が、白い肌をした日本人女性のステージネームを西洋風にすることで、自在に演じられるエスニック・アイデンティティを生産し、享受される空間となったということである。

日本の浅間山麓の村に生まれ、「きん」という日本名を出自で与えられながら、現在はリリィ・カルメンという西洋風のステージネームをアイデンティティの基盤とし、それによって「「日本的なもの」と「外来のもの」という二つの異質なものがぶつかり合う」場となったカルメンの混淆的エスニシティを考えるうえで、彼女の肌の色は重要な意味を持つ（斉藤 2008: 102）。それには『カルメン故郷に帰る』が日本映画初の長編総天然色映画であった側面が大きく関わっていたと考えられる。『わたしの渡世日記』（2012b）における高峰の回想は、富士フイルムの国産カラーフィルムを用いた映画撮影の困難をコミカルに描写しているが、その中で特に注目したいのは次の箇所である。「私たち日本人の皮膚の色は、多かれ少なかれ黄色味を帯びている。メークアップ・テストはまず黄色を消すためにピンク色のドーランをベースに塗ることから始まった」（高峰 2012b: 191）。同じ「日本人」といってもその人種的・民族的背景は多様であるが、当時の日本映画産業内で活躍していた役者それぞれの肌の色が微妙に異なると考えられていた時代的文脈があったと分かる。高峰がここで「日本人の皮膚の色」を「黄色味」と表現している指摘は見逃せない。また、撮影監督の楠田浩之による撮影報告にも同様に黄色味や青味がかかった肌色をマゼンタ系統の紅で改善させたとある（楠田 1951: 19）。長部日出雄は「もともと肌が黄色い日本人の顔はカラー映画に不向き」だと主張する（長部 2013: 284）。三人の発言に共通しているのは、肌の黄色味は消されるべき対象であったということだ。当時の色彩映画の技術的限界など考慮すべき点はあるが、占領下日本のサブカルチャーにおいて活人画の甲斐やストリッパーのジプシー・ローズの持つ白い肌が人気を博した事実を思い出せば、ここで大事なのはハリウッドのテクニカラーにおいて強調される役者たちの肌の白さを日本の俳優たちの表象にも実現したいとする欲望の無意識の動きがあった可能性である。カルメン役の高峰の肌色がもともと「日本人離れしてきれい」であったと言われているが（長部 2013: 284）、劇中においてもカルメンが化粧を直す様子（00:37:05–00:37:20）が描かれており、彼女の白さが人工物であることがコミカルに強調される。ただし、どんなに派手な衣装と肌の白さを誇張しても、カルメンは「おきん」として認識されるのだから完全に「白い肌の西洋人」としてのパッシングが成立しているわけではない。しかしながら、『カルメン故郷に帰る』で明示される「西洋的なもの」が化粧という装置によってパフォーマティヴなものとなりうる可能性は、『カルメン純情す』においては、音楽によって意味づけられるカルメン・イメージの形成へと引き継がれていく。

第一部ではカルメンの西洋的なステージネームとプロスペル・メリメの小説『カルメン』との連関性が一瞬言及されたに過ぎなかった。これに対して続編では、ジョルジュ・ビゼーの《カルメン》組曲からいくつかの曲を用いることで聴覚的にカルメン・イメージが喚起されている。映画の冒頭（00: 00: 14～00: 03: 35）、カルメンは歌劇《カルメン》より〈ハバネラ〉に合わせて腰をくねらせ、また〈タンブリンの歌〉ではヘソ出しルックでリズムに合わせ回転するなど、映画観客はストリップ劇場に居合わせる男性客たちとともに彼女のパフォーマンスを目の当たりにする。フェミニズムの観点から歌劇《カルメン》の音楽分析を行ったスーザン・マクレアリによれば、エキゾチックな旋律とリズムで構成される〈ハバネラ〉は、下半身をくねらせるカルメンの踊りを強調し、オペラの登場人物だけでなく、観客たちの「肉体への意識を目覚めさせ」、性的「欲望を呼び覚ます」機能がある（マクレアリ 1997: 99）。〈ハバネラ〉のような、「聴く者を焦らし、嘲り」、性感帯を刺激する「くねるような旋律」によって歌劇《カルメン》には娼婦のイメージが特徴付けられているとマクレアリは続ける（マクレアリ 1997: 99–100）。音楽によるこのようなイメージの構築は、本来家族を連れた聴衆のオペラ・コミック座向けに制作された《カルメン》組曲にとって不可欠であった。オペラ版は、従順な女性の典型たるミカエラを導入することによって「伝統的な西洋の二分法に則った」構成を可能とし、彼女に「単純で抒情的で心地よ」い音楽を与えることによって「女性のセクシュアリティのあるべき姿とそうでない姿、処女と娼婦との対比」を強調した（マクレアリ 1997: 98–99）。『カルメン純情す』にミカエラに相当するキャラクターは登場しないが——『カルメン故郷に帰る』では田口の妻がミカエラにあたる——音楽に内包された性的コノテーションは、同じ音楽と名前によってエスニシティだけでなくメディアを超えて、木下のリリィ・カルメンへと受け継がれている。

『カルメン純情す』におけるカルメンの身体にはもう一つ別の意味づけがなされている。第一部でカルメンが見せる容姿的な華やかさから距離を置き、カルメンは一労働者としてより明確にかつ政治的に描かれている。この点に関して斉藤は、『カルメン純情す』で強調されるプロットの要素として「労働者階級とブルジョワ階級の対比」を挙げ、「カルメンの肉体は、すでに占領直後のカストリ文化の象徴であるストリッパーでなく、終戦を生き延びた労働者の肉体である」と断言している（斉藤 2008: 105）。たしかに、第二部のカルメンにとってストリップは芸術性の追求というよりむしろ労働の一形態である。カルメンが労働者である側面は、彼女が芸術表現の場であったストリップ劇場からの解雇により、芸術性を披露する機会を剥奪されるだけでなく、経済的足場を直接的に失うことからも明らかである。ストリップ劇場から追い出され、日雇い労働で食いつなぐカルメンや、子供を育てるためにパンパンになるか必死に悩む朱実の姿にはもはや芸術を追求する余力はない。残されているのは、女手一つで子供二人を育てあげた末、自殺を図る『日本の悲劇』（一九五三年）の母親のような切り捨てられた女性労働者が抱える苦悩である（望月 1957）。

図 3-1　アイリス・アウトによる退場

　斉藤や佐藤忠男が詳述するように、第二部の背景にはＧＨＱによる占領からの実質的な独立以後の緊迫した政治情勢がある。国内では再軍備をめぐる議論が白熱しており、佐竹熊子女史に象徴される「逆コース」賛同の政治家は軍国主義の復活を目指していた。本作は白黒撮影によって――『日本の悲劇』とは異なる角度からの皮肉を伴って――当時の政治情勢をありのままに捉え斜めに構えた構図で批判する。このような情勢下において彼女たちに生き延びる手段は残されていない。映画の結末、「カルメン何処へ行く」「カルメン頑張れ！」という白い字幕が画面全体に挿入され、雑踏へ消えゆくリリィ・カルメンとマヤ朱実をアイリス・アウトが飲み込んでいく（図3－1）。真っ黒になった画面に「第二部終」と表示され映画は幕を閉じる。木下と城戸四郎は第三部の製作に意欲的であった。しかし、日本映画史においてリリィ・カルメンが再びスクリーンに現れることはなかった。高峰は、『カルメン純情す』のあと、木下のフェミニズム映画『女の園』を経て『二十四の瞳』に主演する。「高峰秀子は、カルメンというキャラクターで敗北の文化を背負い、両価的な解放をその過剰な身体に見せたのちに、大石先生という国民的な母となってしまうのだ」と斉藤が指摘する通り（斉藤 2008: 108）、高峰は理想的な女性像／母親像へと組み込まれていく。

妻となり、母となることは何を意味するのか。ポスト占領期以降の木下映画において、高峰が演じる女性の多くは子供を産み育てる。『喜びも悲しみも幾歳月』がもっとも有効に示すように、子供と家族の未来をめぐり、高峰は献身的な妻／母であろうと努める。このような妻／母を演じることで高峰は、男女間の生殖を基盤とした異性愛家族の確立と維持の再生産によって成り立つ未来の想像に加担させられていく。言い換えれば、高峰はクィア理論家のリー・エーデルマンが批判する「生殖未来主義（reproductive futurism）」（Edelman 2004: 41）の担い手を体現する役目を課せられていったように見える。しかし、そうした異性愛規範が想定する時間性（heteronormative temporality）に抗う側面をカルメンは内包していなかったか。『カルメン純情す』のプロットの大部分は須藤への恋心のために苦悩するカルメンの姿が描かれるが、実際のところ彼女は須藤の芸術家的資質に惚れているだけであり、カルメンのセクシュアリティは曖昧なままである。この曖昧さとジェンダー流動的であり続けた高峰の演技が重なるとき、カルメンが「生殖未来主義」を拒絶する態度を示す瞬間を続編の冒頭（00:04:43~00:10:43）に見出すことができる。

男に捨てられシングル・マザーとなった朱実がアパートに転がり込む場面において、カルメンは妊娠し、母体になることを拒絶する。男に惚れてストリップから剣劇に転向した挙句、「不細工」でよく泣く子供を連れて戻ってきた朱実は「あんただけが頼りなんだもの」（00:06:56~00:06:57）と言うが、カルメンは「ふん、お門違いでしょ！　あの人だけが頼りだから、あたい思い切って女剣劇に転向するわ、だって」（00:06:58~00:07:05）と朱実を冷ややかに模倣し、タバコをふかす。それはまるでヘテロ男性と浮気したレズビアンの恋人に向かってレズビアン／バイセクシュアル女性が言い放つような皮肉である（図３－２）。続けて、カルメンは「そんな赤ん坊、捨てちゃおうよ」（00:07:14~00:07:16）と提案するが、「あんたお腹大きくしたことないから、そんなこと言うけど」（00:07:29~00:07:31）と朱実は呆れる。それに対して、カルメンは「大きくしてたまるもんか！」（00:07:32~00:07:33）と返し、さらには「いっそ首締めちゃおうか」（00:09:19）と子供の命を断つ策まで企てる。母となることを拒絶し、子供の命を否定する態度は「生殖未来主義」に対してラディカルに疑問を呈する瞬間である。結局、二人は子供を捨てることはなく、カルメンがストリップ劇場から解雇

図 3-2　皮肉ぶるリリィ・カルメン

された後も、女手二つで子供を育てる術を模索していく。そのような彼女たちの姿は、一対の男女からなる「理想的」な家族像を転覆させる可能性をも秘めていたはずだ。

だが前述の通り、二人と赤ん坊の将来はアイリス・アウトによって塗りつぶされる。『カルメン純情す』の後、第三部が製作されなかった事実に照らせば、彼女たちの存在はまるでポスト占領期の日本が歩み出そうとしていた未来から閉め出されるような強い印象さえも与える。一九五〇年代半ばに訪れる「もはや戦後ではない」時間性は資本主義に支えられた経済的回復によって成立するのであり、一九六〇年代の日活青春映画路線が実践していく「生殖未来主義」はその要となる。つまりカルメンたちは、異性愛規範を基盤とする「生殖未来主義」の時間性とは異なる時間性および空間を生きるがゆえに、映画空間からも、一九五二年以降の日本映画史からも消え去ることになったのではないか。

もしカルメンに託された役目が異性愛規範に亀裂を入れることだとすれば、芸術は彼女の武器となる。彼女にとってストリップという芸術に身も心も捧げることは、家父長的な社会における女性への重圧を回避し、生き抜く手段であったはずである。芸術の実践があるからこそ、彼女は自分の生きる場所を自分の力で選択できる。しかし、ひとたび芸術実践の場が失われるとき、カルメンには「ここではないどこか」を目指す方法さえも残されていない。

4　詩と夢が織りなすコミュニティ——色彩・音楽・演技・受容

本節から『カルメン故郷に帰る』におけるリリィ・カルメンの表象を具体的に分解していく。男性の力（解雇）によって芸術実践の場を失う『カルメン純情す』とは異なり、本作の物語空間においてカルメンの芸術性が奪われることはない。しかし、それはカルメンと朱実の帰郷と芸術が村人たちに快く受け容れられることを意味しない。彼女たちは村の空間にとって異質なものであり、それはカラー映画の視覚的性質によって強調される。また音響面でも本作は興味深い実践を試みる。木下は本作を通してフランツ・ペーター・シューベルトの歌曲を物語内／物語外音楽として用いるのだが、本節ではシューベルトによる音楽が男性優位社会である村のコミュニティにおけるカルメンの行く末を暗示する機能に着目する。

『カルメン故郷に帰る』でまず目につくのは、「戦争の爪痕や敗戦後の混乱など見られない、どこか戦前の日本を彷彿とさせる平和でのどかな浅間山の裾野」である（斉藤 2008: 101）。敗戦後の東京を白黒撮影でリアリズム的に描いた続編と比較すると、『カルメン故郷に帰る』のランドスケープからは戦争の記憶が欠落しているようにも見える。一方、占領期のカストリ文化を背景に生まれた「戦後日本のアイコン」であるカルメンの派手な衣装と化粧の厚塗りで保たれる白い肌は、「「日本的なもの」と「外来のもの」という二つの異質なものがぶつかり合う」ものとして村コミュニティの構成員たちに強烈な衝撃を与える（斉藤 2008: 102）。カルメンと朱実が冒頭から十七分十七秒過ぎてようやく登場するとき、彼女たちのアメリカナイズ（西洋化）された容姿は戦争の記憶を呼び起こしうる。色彩の観点から比較すると、ファンデーションを厚塗りしたカルメンたちの肌の白さや赤色や黄色の鮮やかな衣装は、村人の肌の色、運動場、村人の衣服、列車などの灰色や茶色がかった色調と比較されるとき、視覚的な異質さとして村コミュニティの中で際立つ。

図 3-3　帰郷したリリィ・カルメン

コミュニティという言葉は帰属や連帯、ネットワークといった肯定的なコノテーションを有し、国家や社会とは異なる単位である。『想像の共同体』においてベネディクト・アンダーソンは「国民はひとつのコミュニティとして想像される」と論じており、「コミュニティは常に深くて水平的な友愛として想像され、そして「同胞愛」をコミュニティの構成員の間に喚起させるとした（Anderson 2006: 7）。木下映画における「一つの家、あるいは一つの小規模な共同体[6]」に着目した波多野哲郎は、これらの空間は「なんらかの形で外部から遮断され、孤立」しており、「外部から何かが投げ入れられることから一切のドラマがはじまる」と論じた（波多野 1998: 90）。波多野が指すドラマのきっかけはカルメンの帰郷である。カルメンが錦を飾るために浅間山へ戻ってくるのは、このコミュニティへの「同胞愛」が背景にあると考えられるが、その構成員たちは——ほんの少数をのぞいて——基本的にカルメンと朱実に対して冷ややかな態度を取る。

たとえば笠智衆演じる校長はカルメンを同じコミュニティの構成員とは認めない。北軽井沢駅で「リリィ・カルメンです。どうぞよろしく」とカルメンが挨拶するウエストショット（00:18:00~00:18:07）を見てみよう（図3-3）。カメラは画面中心のカルメンにフォーカスし、画面後景に校長とカルメンの姉・ゆき（望月優子）を映す。校長とゆきの顔には焦点が合っていないが、ニコニコとカルメンを見つめるゆきとは対照的に、校長は険しい表情でカルメンの後ろ姿を観察しているのが分かる。丸十のおやじの顔のショットを挟んで挿入されるフルショット（00:18:10~00:18:19）では校長だけが映っていない。カルメンたちがプラットフォームから去った後も、校長は物思いに沈み、なんとも表現しがたい深刻な表情を浮かべている。カルメンたちの容貌は視覚的に異質なものであり、このシーン以降、校長はカルメンたちと距離を置き、警戒する立場を取る。

他方、カルメンは数年ぶりの帰郷に胸躍らせ、その喜びを歌唱に込める。駅から村へ向かう道中（00:19:10~00:20:59）、カルメンは彼女のテーマソング《カルメン故郷に帰る》を馬車に揺られながら披露する。この曲には、唱歌を思わせる田口の《ああわが故郷》[7]の内容とは対照的に、西欧を想起させる言葉（「アラモード」や「シュバリエ」など）が散りばめられている。《カルメン故郷に帰る》と合わせて、ゆきがバスガイド風に合いの手を入れるのだが、そのなかに「これよりバスは東洋一の見晴らし台に差し掛かるのでございます」という歌詞があるため、西洋（カルメンと朱実）と東洋（村の人々）が巧妙に音楽とその歌詞で対比される（斉藤 2008: 102）。駅のシーンにおいて強調される視覚的な異質さに加え、このシーンではカルメンと朱実の聴覚的な異質さが強調される。

だがもちろん、カルメンは完全な西洋人ではなく、彼女の帰属意識は故郷の村にある。だからこそ、

［6］斉藤綾子（2003）は、波多野の木下映画における「共同体」論を佐藤の論考と比較し、女性登場人物に対する「男性主体の投影」の問題を浮き上がらせる。

［7］《ああわが故郷》は田口が劇中に出す自作の歌の名前である。公開当時に発売されたレコードと映画のクレジットには《そばの花咲く》とある。議論の便宜上、田口が劇中で歌う場合は《ああわが故郷》と統一する。

村へ到着したカルメンの「ここには詩と夢がいっぱいなのよ」(00:22:02~00:22:04)というセリフは、父親にも共同体にも受け入れられたいという未来への希望にあふれている。しかし、父親はカルメンの姿に失望し彼女を拒絶するのみだ。二人が一緒にいる場面はたった一度しか出てこない。母の不在に加えて、父からの庇護をも失うカルメンは、その女性性と芸術を金儲けの目論見のために搾取されてしまう運命にある。

それを暗示するのが、カルメンと朱実が登場するシーンにおいて流れるシューベルト音楽である。浅間山を背景に彼女たちが高原で踊るシーン(00:22:14~00:22:43)では、《鱒》が流れる。《鱒》は、清流を泳ぐ小魚に対してずる賢い釣り人が水を濁らせる様子を歌った歌曲である。《鱒》の最後には、釣り上げられた哀れな鱒が陸で跳ね回る様子が描かれるのだが、カルメンと朱実が草原の上で跳ねて踊る様子は、鮮やかな服装と相まって、まさに彼女たちの行く末を暗示していると考えられる。

次に、白樺の林のシーン(00:26:35~00:29:05)を見てみよう。カメラは左にトラッキングしながら白樺の林を歩くカルメンたちを捉える。画面内には「アイラブユー…」とカルメンが口ずさむ英語の歌が響き渡る。カルメンたちはここで二人の若い村人男性とすれ違う。そのとき、カルメンは立ち止まり、「あーら」とわざとらしく言いながら、右手を頰に添える。次に体を中心軸に両腕をハの字に軽く保ち、「かわいいお花」と目線を斜め下に落としながら、軽くスキップするように歩み寄る。次のショットでシューベルトの《野ばら》が流れ始め、黄色い花を摘み採り口づけするカルメンの右半身を中心にバストショットで映す。カルメンは噛んでいたチューイングガムを指で口から引き伸ばし、再び口内へと運ぶ。チューインガムをつかんだ親指と人差し指を舐めながら、カルメンはフレームアウトする。カメラがその一部始終を画面後景で見ていた二人の青年たちへフォーカスすると、彼らは「なんだありゃ」「パンパンだよ」というやりとりを交わし、カルメンたちがフレームアウトした方向を見つめる。

ここで注目すべき点は二つある。一つは、カルメンのわざとらしい身振りが意識的に芝居掛かっている点だ。高峰の身体を通して表現されるカルメンの身振りには「演劇としての人生（life-as-theater）」、つまりキャンプの四要素の一つである「演劇性（theatricality）」を読み取ることができる。「キャンプ」とは美意識の一種であり、たとえばゲイカルチャーにおいて男性が麗々しく異性装するドラァグ・クイーンや性のステレオタイプを混淆的に覆すジェンダーファックなパフォーマンスなどにはっきりと表れる。キャンプの難解な定義をめぐり、スーザン・ソンタグに代表される批評家や美学者などがこれまで議論を重ねてきた。多くの主張に共通するのは、キャンプがジェンダーやセクシュアリティの規範や真正性を拒絶し、これらを無力化する過剰でわざとらしい演劇性を評価する感性であるという点だ。白樺林の場面に立ち戻り、カルメンのわざとらしい演劇性を確認してみよう。カルメンは青年たちと言葉を交わさないが、彼らの存在に気づいているはずだ。そこで彼女は「あーら可愛いお花」という柔らかい言葉と過剰な身振りで「女性」を演じている。ここでの身振りは普段の男っぽいカルメンの言動とは異なる。もう一つは、こうしたカルメンの振る舞いに対する青年たちの反応である。彼らの言葉から推察されるように、芝居としての女性的な身振りは彼らが想定する理想的な女性像からの無慙な逸脱として見られない。村人には彼女の演技や芸術は通じず、ただ娼婦として見られるのみである。

このシーンで流れる《野ばら》の意味とは何か。リート形式の《野ばら》は、少年に見初められたバラが摘み取られまいと棘で抵抗する歌である。カルメンが摘み取る野花ではなく、彼女こそいずれ摘み取られる赤いバラであることを、《野ばら》は示唆しているのではないか。実際、『カルメン純情す』の主題歌には、「東京カルメン　そんなじゃないの／バラはバラでもとげがない」という歌詞が含まれる。ストリップをひたむきに芸術であると信じるカルメンは、悪徳興行主や似非芸術家に摘み取られ、抵抗する術（とげ）も持たずに搾取される対象となる。続編において純情（恋）を知ったカルメンが、芸術を奪われ（解雇され）抵抗の術を失う未来は、すでに見た通りである。

そんなカルメンを受け入れてくれる（とカルメンが思い込んでいる）人物が田口である。二人の再会場面（00:29:06~00:31:36）で流れるのは、シューベルトの連作歌曲《冬の旅》の第五曲〈菩提樹〉である。《冬の旅》は全体を通して、失恋した青年が故郷を捨てて放浪の旅に出る姿を描いており、一般的なカルメン像が持つ「放浪者、越境者」のイメージと共鳴する（渡辺 2008: 36）。南道子・南弘明の歌曲分析によれば、《冬の旅》では、「第1曲から第4曲まで短調の曲が連続したが、この第5曲に至って希望の光が差し込んでくる」（南・南 2005: 118）。歌詞にも「菩提樹の枝たちが揺れ動いた／若者よ　ここへ来てごらん／ここならおまえの憩いの場が見つかるよ」とある（南・南 2005: 110）。田口はカルメンが昔好きだった相手であり、また二人は歌うことで感情を表現する、いわば芸術家同士である。カルメンの「あんたより他に話相手になれる人いないんだもん」（00:31:49~00:31:59）という言葉は、自分の芸術性を音楽家である田口の芸術性と同一視しているだけでなく、目の見えない田口だけが彼女を身なりだけで判断しない唯一の人間だという信頼感を伝えている。

ただし、田口が「理解者」であるというのはカルメンの思い込みに過ぎない。〈菩提樹〉の最後、青年は「直ちに現実の冷たい冬に引き戻され、再び目的のない旅を続ける」しかない（南・南 2005: 118）。カルメンを導くかに見えるこの歌曲は、過去の夢によって照らし出される現在の絶望を描き出すのだ。カルメンの家出／上京については、牛に頭を蹴られて「頭がおかしくなったから」という理由づけがあるが、わたしたち観客は彼女がなぜ故郷を出ようと決心したのか、その背景を知るまでには至らない。カルメンは〈菩提樹〉の青年のように故郷へと戻ってくるが、結末においても依然としてさすらい人のままであり、村人から嘲笑を浴びせられ、列車に乗って再びあてもない旅に出るのである。

その大きな転機となるのが運動会のシークェンスである。ここで田口は、洋画家の小林和作の言葉を借りれば「人を泣かしめる力」を有する「故郷の歌」として、《ああわが故郷》を演奏する（小林 1959: 141）。田口は、「盲目」「貧しい音楽家」という周縁的な位置に反して、村人や献身的な妻（井川邦子、オペラ版「カルメン」のミカエラを彷彿とさせる人物）から芸術家としての才能を高く評価されている。実際、丸十に手を握られて驚いた朱実の衣装が外れ、聴衆から笑い声が起こるまで、映画は田口とその家族が《ああわが故郷》を歌う様子をじっくりと見せる。見逃してならないのは、田口の家族が理想的な異性愛規範に則ったものであるだけでなく、障害を持つ夫を支える献身的な妻の「伝統的な女性性」とそのケア労働の上に成り立っていることである（斉藤 2008: 102）。井川は浅間山麓を同じく舞台にした『わが恋せし乙女』（一九四六年）でも「女性の庇護を要する」戦傷者を支えるヒロイン美子を演じている[8]（長部 2013:

［8］『わが恋せし乙女』が受けたGHQからの当時の検閲について、木下は次のように振り返る。「血のつながらない妹を好きになった兄が、妹に恋人がいるのを知って身を引くという物語で、自己犠牲の精神は神風特別攻撃隊の精神と同じだ、と大目玉である。仕方がないので妹の恋人を介護者の必要な傷痍軍人という設定にして、やっと検閲をパスしたのだ」（木下 1987e: 1190）。

図 3-4　アーチによって視覚的に、《ああわが故郷》によって聴覚的に分断される

178）。この女性像は『カルメン故郷に帰る』へ継承され、田口の妻は子供を産み育て、夫を助ける規範的な女性として登場する。

ここで重要なのが田口の歌である。出征中に負傷し盲目となった彼の瞼に映るのは出兵前に妻と過ごした一年間であり、それはつまり戦争中の記憶である。他の村人たちがすでに戦後の時空間におり、リリィ・カルメンという「戦後日本のアイコン」と向き合うのに対して、田口にとって瞼の裏に映る故郷の景色とカルメンの姿は戦前から連続するものである。田口は敗戦前の記憶を頼りに村の共同体賛歌たる曲を作り上げ、彼が紡ぐ歌詞と奏でる音楽は映画空間を音響的に満たしていく。運動会の場面の最後、校長によって退場を命じられたカルメンたちは会場のアーチによって村人たちと空間的に分断されるだけでなく、《ああわが故郷》の旋律と村人たちの笑い声によって、音響的にも除け者にされてしまう（図3-4）。運動会のシークェンスは、故郷のどこにも居場所のないカルメンと朱実の苦悩、異性愛規範に甘んじて生きる村人たちの生き方からの孤絶を鮮明すぎるほどに描く。

波多野は「木下的世界では、家・共同体はいつも閉鎖的で、外部に対して無力ではあるものの、その内部では孤立する人間の苦しみを癒す濃厚なシンパシーの空間となっている」と論じる（波多野 1998: 90）。前述の運動会のシークェンスによって問題提起されるのは、その「濃厚なシンパシーの空間」は同じコミュニティに真に属すると認められる者にしか機能しえないという点だ。そしてカルメンに対する帰属の承認の可否は、本作における音楽と物語の一体性という観点に立てば、誰が何を歌うのかという村におけるジェンダー・ポリティクスの表出によってすでに明らかにされている。村コミュニティの理想的な女性像から逸脱するカルメンと朱実はシンパシーを享受することはない。あくまでもそのシンパシーは女性像／母親像の理想を体現する田口の妻に向けられているのだ。彼女が本作において《ああわが故郷》を歌うことを許された唯一の成人女性であることからも、それは明らかであろう。映画の結末、田口家族をフレームの中心に児童たちが踊りながら《ああわが故郷》を歌う構図は、この夫婦がコミュニティの中心であるかのような錯覚すら与える。

5　クィア的受容とキャンプ趣味

ここで『カルメン故郷に帰る』に関する受容の例を確認する。国内外のレズビアン・ゲイ・クィア映画に焦点を合わせた『虹の彼方に――レズビアン・ゲイ・クィア映画を読む』において、小倉東は三人のドラァグ・クイーンを主人公にしたステファン・エリオット監督の『プリシラ』（*The Adventures of Priscilla, Queen of the Desert*、一九九四年）を分析した。そのなかで小倉は、『プリシラ』や『オズの魔法使』（*The Wizard of Oz*、一九三九年）にあたる日本映画として『カルメン故郷に帰る』を挙げている。木下がもし同性愛者であったとしたらと仮定したうえで、小倉はカルメンと田口が抱える障害を同性愛者であることの暗喩として読み取り、同性愛者であるが故に「地域共同体」から去ることを選ばざるをえなかった者（カルメン）と「地域共同体」に留まることを選んだ者（田口）の体験をカルメンと田口の体験に重ね合わせている（小倉 2005: 98-99）。マーガレットという現役のドラァグ・クイーンでもある小倉による解釈は、クィア的受容の例が少ない木下映画にとって有意義な例である。

ここで重要なのは異性愛規範の重圧に対して、その規範から逸脱するとされる人々がどのように生き延びていくのかという点である。木下は村人たちの視線と笑い声に押しつぶされそうになるカルメンたちの様子を真正面から捉え、打開策を思いつき強く立ち上がるまでを見守る。たとえば運動会に続く草原の場面の冒頭、木下はシューベルトの《アヴェ・マリア　エレンの歌　第3番》を使い、母不在の土地で村人たちから阻害されたカルメンたちを母性の音楽で包む。他方で、田口の妻のような女性ではないカルメンの女性性を批判する皮肉的な効果も考えられる。ただしここで重要なのは、のしかかる重圧を押しのけるために彼女が立ち上がり、芸術（ストリップ）を披露することを選ぶ瞬間が彼女の真骨頂の始まりとなるということだ。カルメンが《カルメン故郷に帰る》を歌い始めるとき、《アヴェ・マリア　エレンの歌　第3番》をかき消し、望まれる母性像から距離を置く。彼女が歌唱に合わせて手足を大きく振り上げて踊り、一枚一枚と衣装を脱ぎ、正面から当てられる風を切りながら踊るカルメンの表情には自信が溢れている。このシーンに見られる過剰なスタイルにはキャンプを読み取ることができる。キャンプの特徴として「究極な過剰さ、極端な感情性、癖の強い演技、スタイル、観客へのきわめて直接的でセンチメンタルな語り方」が挙げられる（ブランドフォード他 2004: 215）。見世物小屋でのストリップ場面（01: 12: 05~01: 15: 40）で展開される高峰のキャンプ的演技を分析しよう。

物語世界内で演奏されるシューベルト作曲の《楽興の時》第3番に合わせて、カルメンと朱実は踊り出す。「あぁーカルメン！」と声高に登場するカルメンがバラの花を観客席に投げ入れると、画面前景から観客席とステージを映したロングショットへ切り替わる。その後、カメラはフルショットからミディアム・ショットでカルメンたちの踊りと観客席の男性客・女性客をクロスカッティングで見せる。《鱒》や《野ばら》といったシューーベルト音楽が暗示してきたように、カルメンたちは男性による性的搾取の対象となっている。だが、カルメンたちのストリップに興奮する男性たちの表情をカメラは捉えるものの、彼女たちの身体を舐めるように見る男性主体のPOVショット、とりわけクロースアップは回避されている。緩やかに始まったカルメンたちの踊りは、丸十によって指揮されるステージ音楽が速くなるにつれて、徐々に激しくなっていく。カルメンたちは腕と脚を激しく上下に動かし、ステージの上を飛び跳ねる。彼女たちの跳躍運動によってステージは揺れ動かされ、演奏家たちの身体も同時に揺さぶられる。それによって、楽器を演奏する動きと音楽はもはや一致しなくなる。斉藤がすでに指摘しているように、彼女たちのストリップは脱エロス化されており、過剰な身体運動と衣装によって演出される女性性は、ジェンダーのパフォーマンス性がパロディ化されたものだ（斉藤 2008: 103）。こうした女性性を過剰に演出するキャンプ的演技＝ストリップ＝芸術だけが、異性愛規範を内面化した社会に置いてカルメンたちに残された、生き延びるための唯一の手段なのである。

6　彼方へ向かう列車に乗って——芸術性が支える「サヴァイヴァル」

『カルメン故郷に帰る』の結末において、《ああわが故郷》と《カルメン故郷に帰る》の旋律が再び映画空間を満たす。前者は田口の演奏に合わせて、子供たちが合唱する。《ああわが故郷》の合唱が終わる瞬間、アップテンポに編曲された《カルメン故郷に帰る》が始まり、列車の上で楽しそうにはしゃぐカルメンたちを映して映画は終わる。これら二曲の終わりと始まりがつながることで、田口とカルメンが一緒に芸術を創り上げていくという楽観的な解釈も可能だろう。しかし、この映画のラストは次のようなより深刻な事態を示唆している。田口は（生活上の）苦境という点ではカルメンの状況と重なるものの、その芸術性は村人から無条件に認められている。加えて、彼は村に溶け込み、献身的な妻とともに、何ら疑問なく村で生きていくことができる。さらには、カルメンのおかげで借金の形に取られていたピアノを取り戻せたことで、田口は共同体賛歌の作曲活動も続けることができるようになる。けれども、それは共同体を支持し、規範から逸脱する者に対する抑圧の強化に加担していることと同義である。たとえ障害を抱えていたとしても、彼が特権的な立場を保証された男性であることに変わりはない。

一方、カルメンは、『銀座カンカン娘』（島耕二、一九四九年）のヒロインの秋のように共同体賛歌（《銀座カンカン娘》）を高らかに歌うことも、故郷を賛美する歌を作ることも許されない。言い換えれば、カルメンと田口の芸術が交錯させられることはなく、彼女の芸術が村の（あるいは東京の）コミュニティに評価される可能性は永久に閉ざされている。カルメンはコミュニティの帰属意識を示しつつも、決然と村を後にする。彼女はコミュニティの人々が必死にしがみつく規範と価値観と決別し、自らが望む彼方の場所へ向かうために毅然と列車に乗り込むのである。

『カルメン純情す』の結末において、カルメンと朱実はアイリス・アウトによって飲み込まれ、行方知らずになる。このようなポストプロダクションによる仕上げには、敗戦の記憶を象徴するストリッパーがＧＨＱによる占領から解放された日本社会において周縁化されていく未来を暗示する効果がある。他方、『カルメン故郷に帰る』では彼女たちの姿が完全に消し去られることはないが、列車が彼女たちをどこに連れていくのかという問いに対する答えが明示されることはない。第一部と第二部の最大の違いは、カルメンと朱実がサヴァイヴァルの手段としての芸術性を剥奪されるか否かにある。高峰の誇張された演劇性と規範化されたジェンダー二項対立からの逸脱性は両作に見られるが、『カルメン故郷に帰る』ではパワフルな形でカルメンの芸術を支えている。また本作においては、カルメンと田口の芸術とは異なる層でシューベルトによる歌曲が物語に影響を与えていることはすでに見てきた通りだ。シューベルトの音楽は表層的にはコミュニティを夢と希望に溢れた空間（規範に縛られる必要のない空間）のような印象を与えるが、《鱒》や《野ばら》が示したように、実質的にはカルメンたちが異性愛規範からまったく自由ではないことを音響的に表現している。けれども、カルメンは彼女自身の芸術を通じて規範の重圧を乗り越える。高峰の誇張されたキャンプ的演技によって、カルメンは足をとられることなく自由に跳ね回る力を得て、それを力一杯発揮している。高峰というジェンダー流動的な表現者なしにカルメンは存在しえず、また木下のクィアな感性なしにはカルメンの芸術性がサヴァイヴァルの手段として機能することはできなかっただろう。

第四章　はぐらかしの切り返し
――『海の花火』にみる異性愛中心主義の罠

1　ヒーローは遅れてやってくる

一九五一年は木下映画が豊作の年であった。淡島千景と三國連太郎が主演の『善魔』（二月十九日）、第三章で扱った『カルメン故郷に帰る』（三月二十一日）、石濱朗が主演の『少年期』（五月十二日）、そして北九州の呼子を舞台にしたメロドラマ『海の花火』（十月二十五日）、以上四作品が公開された。『少年期』を撮り終えるころ、木下はフランスでの遊学がすでに決まっていた。しかし、松竹はその遊学前にもう一本撮影することを木下に要請した。そこで木下は、戦争中に船舶兵として北九州の呼子に滞在していた弟・木下忠司を主人公のモデルとし、『カルメン故郷に帰る』風の作品を構想した（木下 1962: 137–138）。そうして出来上がったのが『海の花火』である。

『海の花火』は次のような物語だ。プロットが複雑なので長くなるがご容赦願いたい。

戦後の食糧難を漁業により改善せよという政府からの要請に応え、神谷太郎衛（笠智衆）は漁業組合を立ち上げ、二隻の船を造った。しかし深刻な不漁に加えて、悪辣な船長・唐沢（永田靖）に水揚げ量を誤魔化され、漁業組合は破産寸前である。太郎衛を応援する鯨井民彦（佐田啓二）は、唐沢を解雇するために掛け合うものの怪我を負わされ、それに立腹した実力者の一人である民彦の母（杉村春子）は太郎衛への協力を断る。そんなとき、終戦前の三ヶ月間、海軍士官として呼子に滞在していた青年の魚住省吾（三木隆）が太郎衛の娘である美衛《みえ》（木暮実千代）を訪れる。省吾は東京でドリアン・グレイという服屋を営んでおり、東京で兄の妻の薫（山田五十鈴）から姪の由起子（津島恵子）との結婚を勧められているが、「ちっとも愛情のない」（00:15:28）結婚をするよりも、結婚して半年で戦争未亡人となった美衛に恋心を告げる。美衛もまた亡夫や父のことが気がかりだが、省吾を愛している。省吾は東京の結婚話を断る意志を美衛に伝え、神谷家が直面している危機を解決するために、船舶隊時代の友人であった矢吹毅（三國連太郎）を新しい船長として長崎から連れてくる。五月五日の祭りで賑わう呼子港へ弟の渡（向坂渡）と一緒にやってきた毅は腕っ節が強く、漁へ勇ましく出向するその姿は漁業組合を危機から救うヒーローのように人々に活気を与える。省吾が東京へ戻る際に座礁船を見に行くと、恋人がその船で戦死したと聞き呼子までやってきたみどり（小林トシ子）という女性に出会う。実はその恋人は他の女性と情死していたことが後でわかるのだが、みどりはそのまま呼子へ酒場娘として留まる。一方、船長としての毅の実績は大漁に一度だけ恵まれただけで、漁師たちは鬱屈し欲求不満が続く。その間、毅は次第に美衛へ好意を抱き始めるものの、美衛と省吾の関係を知ったことで身を引き、代わりに渡と美衛の妹である美輪（桂木洋子）の恋を祝福する。他方、神谷家の船が政府の減船対象となり漁業組合はさらなる危機に直面し、船を売るか、美輪を金のために嫁にやるかの選択を強いられるものの、最終的に最善の形で船を売ることで問題は解決される。その間、みどりは唐沢の女になることを決め、惚れていた毅に別れを告げに来るが、警察に追われた唐沢の銃弾から毅を庇い死んでしまう。美衛と省吾の結婚が決まり、美輪と渡も結ばれる一方で、毅は船の引き渡しを請け合い、呼子を去り、以前の船会社へ戻る。毅に感謝して明るく見送る呼子の人々とは対照的に、下関まで毅と乗船している毅を慕う孤児の少年・一平（石濱朗）は一緒に長崎へ行きたいと泣く。一平が足に抱きつきながら泣く傍ら、一平に教えてもらった《めでたし海の星》を歌う毅の手には美衛のロザリオが光る。

北九州の呼子と東京の間で頻繁に舞台が転換する『海の花火』は、木下映画の中でももっとも内容が入り組んだ作品の一つとして知られている。公開翌日の『読売新聞』では、「間口が広く材料の多い作品を、木下恵介監督（脚本、演出）は歯切れの良い調子で（場面から場面への移り変わりはほとんどカット）ビシビシまとめながらたたみこみ二時間五分の長編にスピード感を持たせている」と木下の手際の良さを評価する一方で、「しかしその処理法もラストに近づくにつれ調子がいささか乱れ、結末を無理につけたという感が深い」として、ある意味では「失敗作」だと結論づけている（「野心に負けた大作」読売新聞 1951: 2）。この点に関しては、一九五二年に『映画評論』へ寄せた「木下恵介の女性」において、映画批評家の津村秀夫も「成熟してからの木下監督としては珍しい失敗作」だとして同意見であった（津村 1952: 28–31）。さらに佐藤忠男も「技巧家の木下恵介としては、いろんな分野の映画で自分の腕を試してみたいのかもしれないが、不得手の分野というものはあるもので、これも失敗だった」と低評価した（佐藤 1984a: 154）。「失敗」としての『海の花火』の側面は、プロットの複雑さは木下が上部からの要請に応えて東京も加えることで舞台設定を呼子から拡大したことに起因すると考えられる。『海の花火』に対する批評は総

図4-1　『海の花火』広告　『読売新聞』1951年10月20日

意としてその解りにくさを問題視しているものの、「それは恐らく観る側が従来の日本映画の単純な筋立てに馴れすぎていたせい」だと慣習的な見方しかできていなかった観客側を批判する声もある（長部 2013: 308）。

さまざまなプロットラインが複雑に絡み合っているとはいえ、『海の花火』の主軸にあるのは男女の恋愛の成就を妨げる障害物をどのように解決するか、という関心だ。当時の宣伝惹句に「戀が燃える激情の海洋メロドラマ！」（「『海の花火』広告」1951a: 4）や「荒海に挑む男たちと戀に燃える女の激しさ！」（「『海の花火』広告」1951b: 2）とあるように、松竹は男女の「戀」や「メロドラマ」をキーワードにプロモーションすることで『海の花火』への集客を目指したことが分かる。[1] たとえば、図4-1の広告には、劇中で魚住省吾を演じる三木隆をめぐってライバル関係にある山田五十鈴（左下）と木暮実千代（右上）を対角線上に置くことで彼女たちがライバル関係にあることが暗示されている。同時に、木暮の写真の方が山田のものよりもわずかに大きく、白い余白が木暮の輪郭を強調させていることから、最終的に愛を勝ち取るのが木暮であることが予測できる構図になっている。しかしここで興味深いのは、木暮と山田が演じる女性たちの関心は三木演じる省吾にあるにもかかわらず、広告で描かれている男性は矢吹毅を演じる三國連太郎なのだ。それは『善魔』でデビューしたばかりの三國を宣伝するための選択だと考えられる一方で、女性たちが争うのも、また最終的に木暮演じる美衛と結ばれるのも、三國ではなく、『海の花火』でデビューした三木の方である。では毅の役割とは何なのか。

呼子の町へ遅れてやってくる三國演じる毅は、恋愛の成就を達成するために一役買うヒーローのような位置づけにある。毅は美衛と省吾の関係だけでなく、弟の渡が美輪との関係を諦めかけようとする際に「好きなんだろ！」とけしかけることで年下の男女の恋愛も成就へと向かわせる。そして映画の結末において、毅は誰とも結ばれることのないまま呼子を去るのだが、下関へ向かう船の上で一平は「俺は、兄さんと姉さんが夫婦になればよか思ってたのになぁ」（02:00:56〜02:00:59）と毅と美衛が一緒になってもらいたかったと寂しそうにこぼす。それに対して、「渡だってお前の兄貴じゃないか。美輪ちゃんと一緒だったらそれでいいじゃないか。俺はみどりに命をかけて振られたんだ。それでいいじゃないか」

［1］映画研究者の河野真理江によれば、一般的に「メロドラマとは、善悪の葛藤のような明確な二項対立を中心に物語が展開し、主人公は犠牲者となってたくさんの災難と苦悩を経験するが、最終的には救われる」という映画ジャンルで、観客は主要登場人物がその「災難や苦悩」を乗り越えていく姿に「同情したり共感したり、憐れみを感じたり祝福したりしながら、何度となく涙を誘われる」（河野 2021: 13）。

図 4-2　迫り来る惜別を前に泣く一平

(02:00:59〜02:01:09) と毅は返す。この後、一平は「俺も一緒に長崎へ連れてってくれよ。俺は嫌だ。下関で兄さんと別れるの嫌だ」(02:01:10〜02:01:15) と泣きながら毅に抱きつき (図4-2)、足元に崩れ落ちる。長部は『海の花火』を「上出来の娯楽作」としつつ、「筆者にとって解りにくいのは、遠洋漁業船の船長 (三國連太郎) と、かれを慕う美少年 (石浜朗) との関係だ。ラストで、船長との別れを惜しむ少年は、泣きながらその胸に縋りついて崩れ落ち、脚を抱いて嗚咽し続ける。そのシーンが異常に長い」と留保を置く (長部 2013: 308)。このシーンはなぜ「異常に長い」と感じさせ、またなぜ毅と一平の関係が不可解なものとして感じられてしまうのか。

Flaming Classics: Queering the Film Canon (『一流作品を茶化す——古典映画をクィアする』) においてクィア映画研究者のアレクサンダー・ドティは、観客はなぜ「映画にみる全ての登場人物たちが、クィアだとラベル付け、コード化、あるいはそう明確に証明されない限り、異性愛者 (ストレート) である」と仮定してしまうのか、と映画体験における「異性愛中心主義の罠」(heterocentric traps) の存在に光を当てる (Doty 2000: 2-3)。前述の新聞広告にみる惹句と男女の構図は、まさにこの「異性愛中心主義的な罠」を効果的に用いた例である。このような広告を事前に目にすることで、観客は映画を観る前から、あるいは映画を観ている最中において、少なくとも広告に映る三人は異

性愛者なのだと勝手に想像するように視覚的に誘導される。それゆえに、後述するように、毅は劇中において美衛、あるいはみどりとの恋愛関係を結ぶような期待を頻繁に他者から受ける。異性愛者としての毅の側面は美衛やみどりとの関係からほのめかされるものの、そのような期待が充足されないことは「それでいいじゃないか」という毅の言葉によって巧妙にはぐらかされる。もちろん、映画において登場人物のセクシュアリティを判断するための明確な証拠を探ることは容易ではない。にもかかわらず、観客は登場人物のセクシュアリティを常に異性愛を中心とした枠組みで考えがちである。だからこそ、映画の結末において女性ではなく少年が男性主人公にすがり、そしてその様子が「異常に長い」と感じさせるほど丁寧に描かれるのかが理解しづらいと考えられてしまう。長部は、異性愛の成就を求める観客の期待に背き、物語と関連性のない描写を行っているかに見えると指摘したうえで、木下に「美少年に対する愛着と、少年愛への潜在的な志向があった」ことに、その原因を求めている（長部 2013: 308）。ではもしこの場面が男女の間であれば、長部は同様に「異常に長い」と考えたであろうか。

おそらく私たちがここで問うべきは、そもそも『海の花火』において「異性愛中心主義的な罠」を巧みに用いることで、毅というヒーローが異性愛規範的な期待の回避に成功するように設計されているのではないかという点である。水原文人と石原郁子によって、特に『海の花火』における毅と一平の間に築かれる義兄弟的な絆が注目されてきた。たとえば水原は、北九州という舞台設定にみるキリスト教信仰の表象とそのカモフラージュ的機能に着目し、毅と一平の絆の強度を「感情的かつ身体的・官能的でさえある」と指摘した（水原 1998: 102）。古典的ハリウッド映画を対象にしたドティがハリウッド映画産業の根底にある異性愛規範の価値観を「異性愛中心主義の罠」という言葉で表したように、『海の花火』

が製作・公開された一九五〇年代の日本映画産業にあっては（そして現在も）、映画会社が想定する一般的な映画観客と映画製作の慣習は異性愛規範を内面化していた時代であった。しかし、水原や石原といった一九九〇年代以降の観客が再発見してきたように、『海の花火』には異性愛規範的な映画製作の慣習を内側からはぐらかすかのような仕掛けが組み込まれている。

『海の花火』の結末は、なぜ青年と少年の間に見る強い愛情を喚起する触覚的な表現によって圧倒されるのか。本章では『海の花火』における切り返しの編集技法、ショットサイズの構成、そして演出方法に注目して、青年と少年の間にみる親密さがどのように育まれ、豊かな意味を付与されているのかについて、詳細なテクスト分析によって明らかにする。それによって、木下がどのようなクィアな痕跡を残しているのかを探る。

2　切り返しによる視線の一致と好意の形成

映画技法の基礎の一つとして、切り返し（ショット／リバース・ショット）が挙げられる。古典的ハリウッド映画によって洗練された切り返しはコンティニュイティ編集の重要な一要素であり、観客を登場人物たちへ自己同一化させ、物語世界内へ円滑に没入させるために有効な方法である。たとえば、向かい合っている二人の登場人物の会話を撮影したい場合、そのシーンをどのように撮影し、編集するかによって異なる映像効果を導き出すことができる。

図4－3（00:26:02）は、一つの画面（フレーム）に二人の登場人物（省吾を左、美衛を右）を配置したミディ

アム・ショットで、二人がゆっくりと並んで話しながら歩く様子を一分二十一秒かけて提示する。ロングテイクとしては短い方だが、二人がカメラに背を向けて対話を続けるこのショットでは、観客に視線の一致や編集を考えさせることなく、登場人物たちと同じ時間の流れを経験させることができる。このロングテイクは省吾が東京へ戻る直前の場面であるため、二人がゆっくりと歩く時間を観客に同時に体験させることで、たとえ一時的とはいえ、せっかく再会した男女が別れを惜しむ感情を共感させる。トラッキングショットを得意とする木下の映画では、このように登場人物が横移動する様子をロングテイクで撮ることが多いと気づくだろう。だが、ロングテイクは使い所によっては単調な印象を与えてしまうため、ハリウッドの勃興期には細かくショットを分割してつながるコンティニュイティ編集が確立され共有されていった。

図 4-3　省吾と美衛の対話を捉えた移動ショット

　では切り返しはどのように設計されるのか。二人の登場人物間の対話において、画面右側を向いて話す登場人物Aの顔を捉えたショット①の次に、画面左側を向いて話す登場人物Bの顔を捉えたショット②が順に編集してつなげられることで、観客は誰が話をしていて、誰がそれを聞いているのかを違和感なく読み取ることができる。しかし、円滑な切り返しを作り上げるためには、一八〇度ラインあるいはイマジナリー・ラインが不可欠となる。つまり、登場人物Aと登場人物Bを結ぶ一八〇度

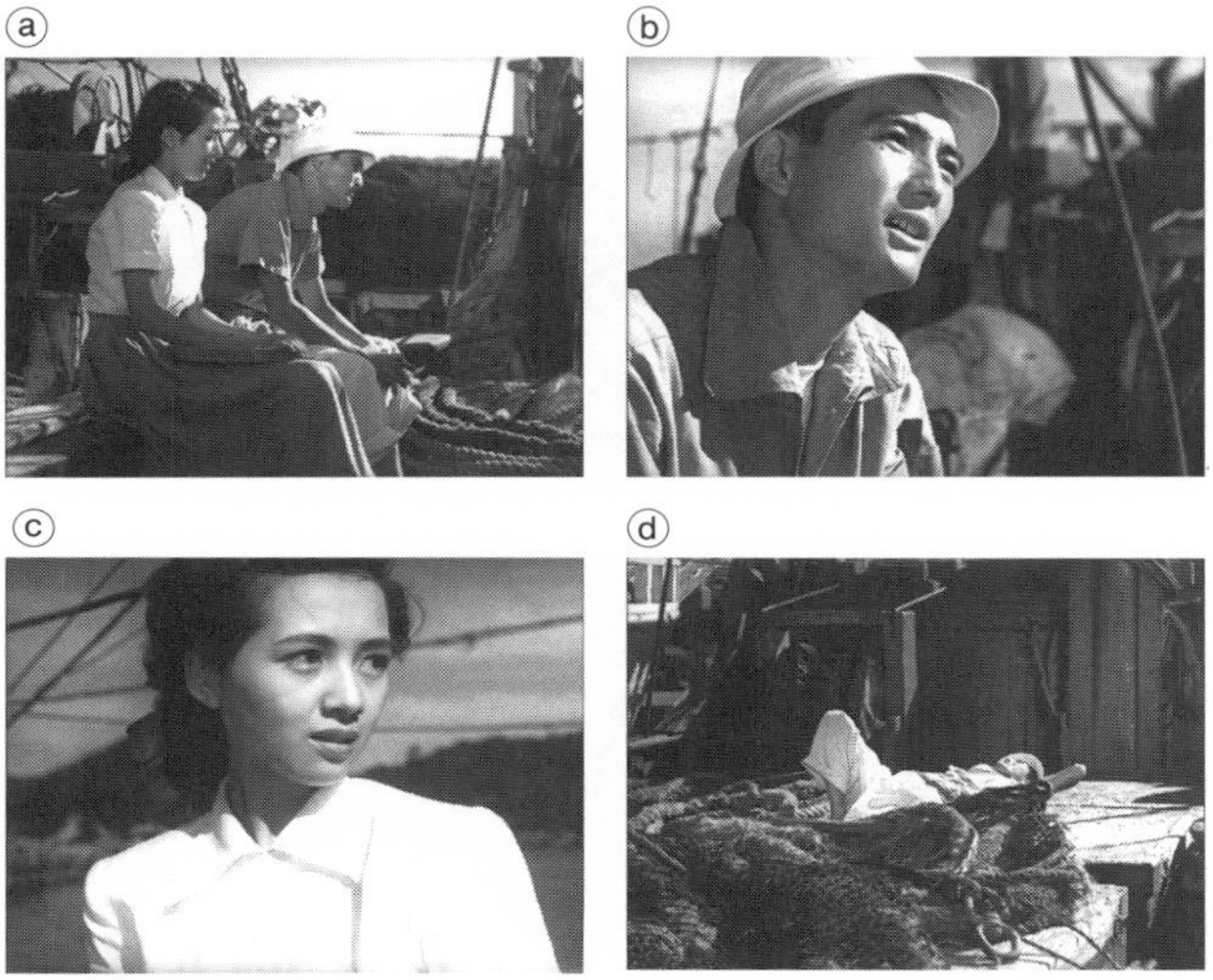

図 4-4　美輪と渡の切り返し

ラインを結び、登場人物Aが画面右側を向けば、登場人物Bは画面左側を向いてそのラインを破らないことで、二人の視線が違和感なく一致する。

デイヴィッド・ボードウェルとクリスティン・トンプソンが詳述するように、登場人物Aと登場人物Bの間に維持される視線の一致は、ショット①とショット②の間に強い空間的な連続性を構築するため、対話に参加する二人の登場人物はお互いに近い距離にいることが通例である（Bordwell & Thompson 2008: 235）。切り返しは二人の人物が互いに好意的な／敵対的な感情を抱いている場面において効果的である。一例として、『海の花火』から渡と美輪が惹かれ合っていることを示す対話シーンを見てみよう。渡と美輪が横並びで話すツーショットが三十七秒続いたあと（図4-4ⓐ）、図4-4ⓑとⓒでは渡と美輪がそれぞれ画面右側を見ており視線は一致していない。図4-4ⓓでは渡が画面右方向へ移動することで渡と美輪の間に一八〇度ラインが敷かれ、ⓔからⓙまで視線の一致が保たれた状態で切り返される。ⓚで再びツーショットに戻るものの、視線の一致は保たれ、二人が互いに惹かれ合っていることが画面から容易に伝わってくる。

図 4-4（続き）　美輪と渡の切り返し

美衛と省吾の再会場面でも典型的な切り返しが構築されるものの、二人の関係は神谷家が抱える問題が映画終盤で解決されるまで安定しないため、美衛と省吾は同じフレーム内で対話する形が多い。

このように切り返しという観客による時空間の円滑な把握を手助けする慣習的な映画技法を用いることで、木下は登場人物同士の好意や対立を表現できることを熟知していたはずだ。以下では、ヒーローのような存在である毅が最初に誰と視線の一致を通じて切り返しの関係を結ぶのかを検証しよう。

毅は物語が十七分を過ぎたところで、ようやく登場する。呼子への毅と渡の到着はちょうど祭りの開催日である五月五日と重なり、兄弟は町内対抗の綱引きに参加するように促される(00:17:55~00:20:03)。このシーンで毅は美衛から話しかけられるため、一見すると毅と美衛の間に切り返しが挿入されると期待される。しかし、美衛は綱を引く毅の背後から語りかけ、また毅も綱を引くために画面左側へ視線を向けているため、この場面で二人の間に切り返しは成立しない。

毅が他の登場人物と視線の一致を通じて切り返しの関係性を構築する瞬間は、毅と渡が初めての漁に出るシーン(00:23:10~00:25:17)においてようやく現れる。ここで毅との切り返しを成立させる相手は、神谷家に世話になっている孤児の少年・一平である。堤防から船に乗りたいと船上の毅に大声で話しかける一平を捉えたフルショット(図4-5ⓐ)と、船に乗せることを快諾する毅を映すミディアム・ショット(図4-5ⓑ)で、一度目の切り返しが生じる。二度目の切り返しでは、一平をバストショット(図4-5ⓒ)で、また毅をミディアム・ショット(図4-5ⓓ)(00:24:34)でより近づいて捉えることで、二人の視線が一度目の切り返しよりも互いに強く注がれていることが分かる。毅の登場以降ようやくここで成立する切り返しは、毅にとって一平が他の登場人物よりも好意的な対象となることを示唆する。

映画内の時期が秋へ移行し、次に毅が登場するのが岬の上のカトリック教会内部のシーン（00:39:29～00:40:37）である。このシーンはまず、祭壇の前で祈る美衛を画面後景に、毅を画面前景に配置して始まる。そこへ一平がやってきて、カメラは毅と一平をウエストショットで捉える。一平の登場以降、このシーンはこの二人を画面前景に映す三度のウエストショットと、毅と一平のどちらか一方だけを映すショットを組み合わせて構成される。以下では、毅と一平の会話に対して用いられている切り返しが、繊細な映画技法と相まって、いかに彼らの親密さの強化に貢献しているか、三つの側面から明らかにしていく。

図 4-5　毅と一平の切り返し

　第一に、このシーンにおける切り返しの構成は、二人の会話の主体が一平であることを明確に示している。誕生日のお祈りをするために教会へやってきたと言う一平に、毅は次回こそ船に乗せてやると約束する。お互いをまっすぐ見つめ合う両者をバストショットで捉えた切り返しが三度繰り返される（図4-6ⓐ、ⓑ）。

毅を映したショットが平均一秒であるのに対して、一平を映したショットは平均三秒以上続く。それはこのシーンでの対話をコントロールしているのが一平だからだろう。さらに、船に乗せる約束をした毅に「きっとね」と念を押す一平を映したショットが、切り返しの連続に対する締めくくりとなり、再び二人をフレームに収めたツーショットへ戻る。

第二に、これまでの切り返しの連続性から逸脱するショットが挿入される。二人を捉えた二度目のウエストショット（図4-6ⓒ）（00:38:45）で、彼らはお互いをしっかりと見つめ合いながら指切りをし、一平は「今度こそ神様の前で約束したっちゃけん」（00:38:45〜00:38:45）と言う。一平は指切りで結ばれたままの小指に目をやり、また毅の顔を見つめる。次に一平を映したクロースアップ（図4-6ⓓ）（00:38:53）で、一平が毅に「ねぇ、船長さんのこと、兄さんて呼んでもよか？」（00:38:50〜00:38:54）と訊ねる。一平は美衛を「お姉さん」と呼んでいるため、一平のこの願いは毅への親しみを込めてのものと考えられる。これに対して毅が「あぁ、いいよ」（図4-6ⓔ）（00:38:55）と快諾するクロースアップが挿入されることで、再び毅と一平の間に切り返しが成立する。だが、次に挿入される一平を映すショットにおいて奇妙なことが起きる。一平は毅を舐めるような眼差しで視線を軽く上下し、真っ直ぐに毅を見つめる（図4-6ⓕ）（00:39:00）。両目を少し細めオフスクリーンにある祭壇へと顔を向けた後、再び毅を見つめ、「お礼言ってこよう」と微笑む。このショットが実に約八秒間続くのである。前述したように、一平のみを映す他のショットが平均三秒であったことから考えるならば、これは明らかにこれまでの規則性から逸脱したショットである。

第三に、切り返しのショットサイズの変化によって、対話する二人の心的距離の変化が示されている。

毅と一平を捉えた二度目のウエストショット以前の切り返しと以後の切り返しのショットサイズを比較すると、前者では毅と一平を胸元から頭にかけて捉えたバストショットが、後者では、首から頭にかけ

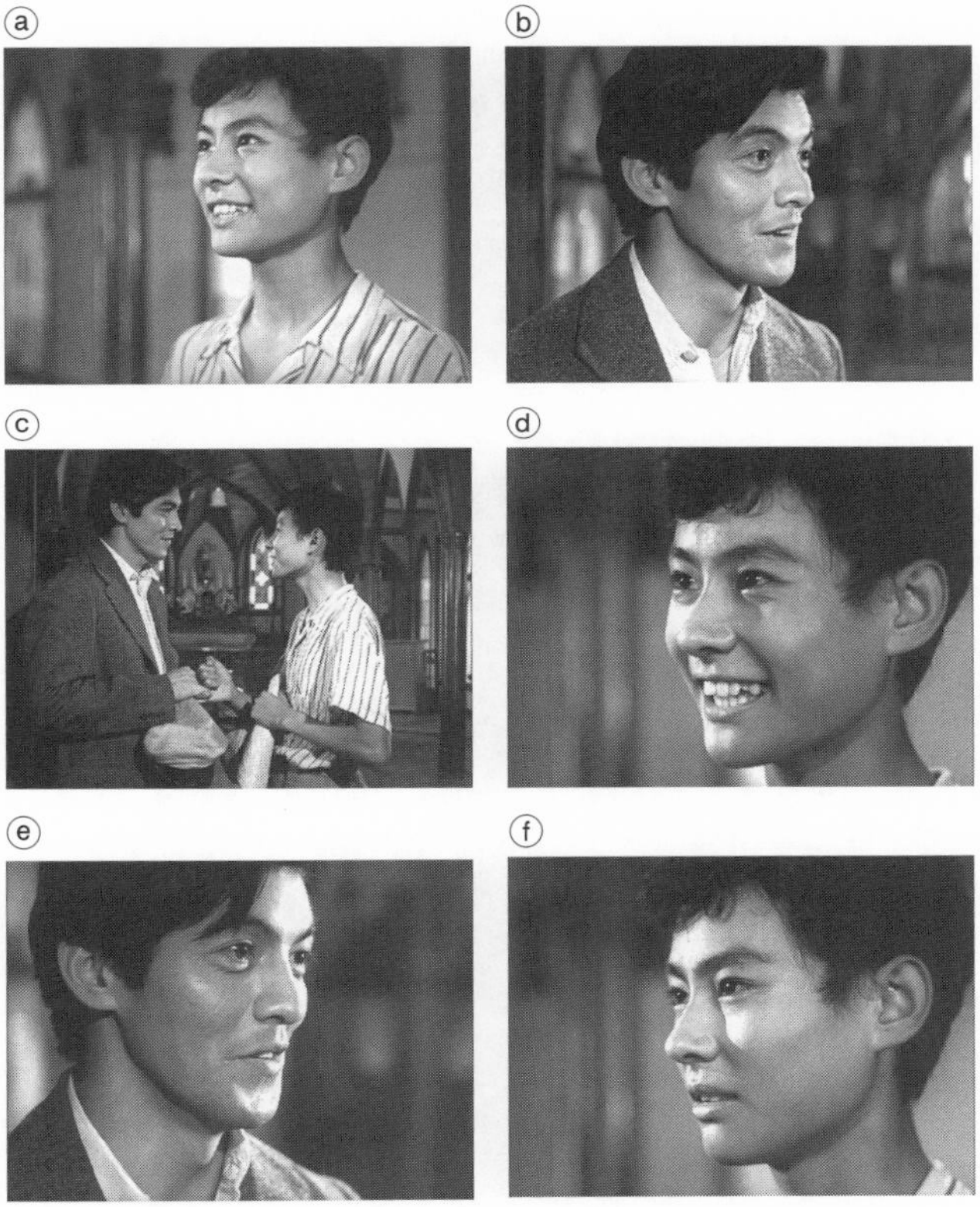

図 4-6　教会シーンの切り返し

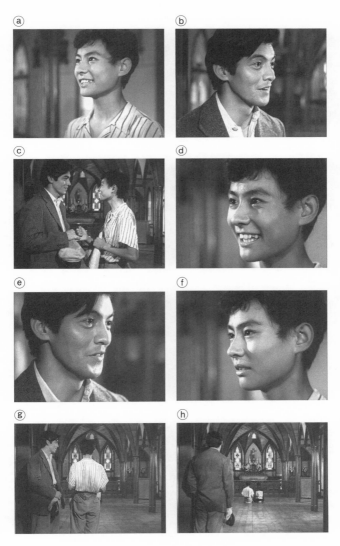

てのクロースアップへと縮小しているのである。ショットサイズを変化させることによって、木下ないし撮影監督の楠田は、互いを見つめ合う毅と一平の好意の深化を伝えていると考えられる。さらに、ここで重要となるのは、第二点目で挙げた特異な長さを持つショットだ。切り返しの連続とショットサイズの変化によって強化された毅と一平の親密さは、無言で毅を見つめる一平の視線を毅のＰＯＶショットによって丁寧に時間をかけて追うことで、より一層強調されると解釈できる。

この教会シーンにおける最後の構図はどう理解すべきか。三度目のウエストショットにおいて、一平は画面手前から奥に移動し、祭壇に祈る美衛と並び、毅は彼らの背中を見つめる。一平が祭壇へと歩いていくとき、美衛の身体は一瞬ではあるが三分の二以上、一平の身体によって隠される（図４‐６ⓖ）。毅と一平が指切りする場面でも、彼らの手によって同様の現象が起きている。一平が画面前景から美衛の座る後景へと進み、美衛の隣に座る。一平と美衛の後ろ姿はほとんど同じ大きさと幅であり、ここで重要なのは、毅の視線が美衛と一平のどちらに向けられているかという点だろう（図４‐６ⓗ）。本章は、本シーンにおいて毅が見つめていたのは主に一平であったことから、毅の視線は最後まで一平に注がれていると主張する。その点において美衛の姿が一平によって繰り返し遮られるのは偶然ではない。

石原は教会で毅と一平が指切りをするシーンに関して、「場所が教会なので、彼らはいわば〈神の前で結ばれた〉わけだ」と解釈する（石原 1999: 159）。同性愛を罪としてきたキリスト教の信仰、および異性愛規範を内面化していた一九五〇年代の日本映画史の文脈を考慮すると、もし毅と一平の間に同性愛的な欲望があるとすれば、それは表面的には抑えられなければならないものかもしれない。しかし、木下はこの教会という特定の空間において毅と一平との間の切り返しを反復することで、映画空間における彼らの親密性を深化させる。石原が提案する毅と一平との間の契りは、限定的ではあるが指切りという身体接触の描写によって導き出されるものだ。けれども、このシーンで身体接触よりもさらに重要なのは、ショットサイズを変化させつつ反復される切り返しによる視線の交換を通じた好意的な感情の蓄積である。

3　男女間における切り返し

教会における毅と一平の約束場面の後、『海の花火』は二組の男女の会話を展開する。まず一組目は先述した船上での渡と美輪の対話シーンである。渡と美輪がお互いに想いを寄せ合う存在になることは、毅と渡が初めての漁へ向かうときに、堤防へ向かって腕を振る渡のショットと、美輪が「早く帰ってきてくださいねー」と声をかけ笑顔で手を振るショットが組み合わせされていることからすでに示唆されていた。渡と美輪の対話における切り返しの構成はすでに見た通りだ。

二組目は、岬の上での毅と美衛との会話シーン（00: 42: 14〜00: 44: 50）で、毅と美衛の両者を捉えたショットと、毅と美衛のどちらか一方だけを映すショットを組み合わせて構成される。本シーンはまず、超ロングショット、ロングショット、ミディアム・ショットの順に岬に立つ毅を映し、「あんまり泣いていると、佐用姫みたいに石になっちゃうよ」と毅が美衛を慰めるところから二人の会話が始まる。以下では、このシーンで用いられるロングテイクと切り返しの特徴を検証する。

まず、不漁つづきで給与すら十分に払えない状況を恥じ、美衛が泣きながら毅に謝罪するシーン

(00:42:29〜00:43:15)は、約四十六秒のロングテイクで撮影されている。毅と美衛が画面内を左右、または前景から後景（あるいは後景から前景）へ自由に動くため、ショットサイズの特定が困難であるが、とりあえずはミディアム・ロングショットとする。このショットサイズでのロングテイクの特徴は、登場人物の立ち振る舞いを用いて登場人物同士の関係性や精神描写を観客に理解させるうえでの効率性である。たとえば、このショットにおける二人の立ち振る舞いには、二人の間のぎこちなさを強調する二つの演出がなされている。一つ目は、毅は両手をジャケットのポケットに入れて歩き、美衛もまた両手でハンカチを腹部あたりに据えて歩きながら会話する演出である。二つ目は、美衛に毅の視線を避けるように俯いて話をさせる演出である。これら二つの演出によって、漁業組合の経営難について会話するなかで二人が感じているであろう居心地の悪さと、美衛が毅に対して感じている負い目を表現する。

このシーンで挿入されるたった一度きりの切り返し（（図4-7）と（図4-8））は、二人が男女として結ばれない運命にあることを視覚的に示している。（図4-7）で毅は最後まで美衛の父の闘いに付き合うと真剣な顔で誓う。毅の肩越しのショット（図4-8）で美衛は、もう一度船を出したいという父の願いを打ち明ける。これまで分析した美衛と省吾の間の切り返しや美輪と渡の間の切り返しと比較すると、美衛と毅の間の切り返しには互いへの信頼はあっても、恋愛感情と呼べるようなロマンティックな強さは感じられない。

つづいて、二度目のロングテイクと、それに付随する切り返しの不成立が毅と美衛の関係をいかに演出しているかを考察する。約四十九秒続くロングテイクにおいて、カメラは画面左に向けて歩く毅と美衛をロングショットで追う。美衛は毅から一、二歩後ろに離れている。美衛と彼女の父を気に入っ

ている から、船がある間は離れないと言う毅に、美衛は佐用姫の伝説の場所がすぐ近くの山だと伝える。すると、毅だけを捉えたバストショットへ切り替わり、「伝説はいいな。今の世の中にそんな女はいやしねえや」(00:43:07~00:43:12) と毅は返す。毅の言葉を受けて少し悲しそうに俯く美衛を別のバストショットが映す。これら二つのバストショットでは美衛と毅の間に視線の一致が生じない。このシーンではロングテイクが二人の間にある物理的距離を明示し、同時に切り返しの不在が彼らの心的距離を表す。

図 4-7　一度きりの切り返し

図 4-8　一度きりの切り返し

このシーンの最後、二人を同じフレームで映したミディアム・ロングショットで「しっかりやろうよ」と毅が励ますとき、美衛と毅の関係性を恋愛ではなく、漁業組合倒産の危機に直面した、ある種の運命共同体として描かれる。それは、このミディアム・ロングショットで二人の間に起こるわずかばかりの身体接触（両手を握って激励）において、教会での毅と一平の間に表現された親密さが一切表現されていないことからも分かる。それどころか、佐用姫の伝説に対する毅の台詞（「今の世の中にそんな女はいやしねえや」）からは、女性への失望や嫌悪さえ感じられる。毅が女性からは物理的にも精神的にも距離を置くように描かれる一方で、一平に対しては身体面、精神面のどちらにおいても特別な親密さを示す（そのように演出される）のはなぜだろうか。

4　異性愛規範的な期待と重圧からの脱出

本節では、一平の誕生日を祝う船上での饗宴から、毅と一平が小舟で船を離れるまでの一連のシークェンス（00:46:24〜00:50:47）を分析対象とする。このシークェンスの冒頭では、カメラは夜の船上で炭坑節を手拍子を打ちながら歌い盛り上がる船乗りたちの姿をロングショットでゆっくりと移動しながら捉える。すると、船の縁に座る男性と男性の間から画面中景に毅が一平の肩に手を置き、一平も毅にもたれかかっている姿が映し出される。一平は船乗りではないものの、毅との関係を介して他の男性たちと一緒に船上の空間を共有することが許されているように見える。そこへ、港近くの旅館で酒を飲んでいる唐沢一味の一人が、船上から聞こえてくる船員たちの歌に嫌気を覚えて、「歌には女と三味線が付き物だ。悔しかったら一人ずつ抱いてみやがれ！」（00:46:11〜00:46:15）と窓から船へ向かって文句をつける。船員の一人である森山（三井弘次）がその言葉に腹を立てるものの毅に止められ、金も油もなく、漁にも出られず、好きな女性を口説くこともできないと悔しそうに嘆く。毅は船長らしい口調（「そんなもんは俺に任せとけ」）で森山を宥めるが、毅の言葉は説得力に欠ける。なぜなら、クロスカッティングで提示される酒にまみれた唐沢一味の男と森山の言葉と態度は女性に対する性的欲望から明確に発生するものであり、異性との肉体的な親密さに縁がないどころか、唐沢一味の嫌味に文句一つ言わない船長である毅に出る幕はないからだ。

この船上を満たすのは金も油もなく男らしく仕事もできない、女性も口説けない男性ばかりであり、それはある意味で傷ついた、うなだれた男性性の空間と言えるかもしれない。そんな船上を音響的に満たすのが一平の歌う賛美歌[2]であり、一平をフレームの中心に置き、男性たちの視線を集める様子がゆっくりとした移動ショット（00:48:20~00:48:47）に捉えられる。船員たちは皆静かに一平の歌に聞き惚れている。森山だけがふてくされたような表情で一平から視線を逸らしており、例外的な存在となる。このシークェンスでは、一人の船員がもう一人の船員の肩に腕をまわし寄り添う様子が画面の前景に提示され、中央には賛美歌を歌う一平がいる。右へとゆっくりと移動するカメラは、一平を見つめる船員たちの視点をゆっくりと異なるアングルから見せる。特に、バストショットで横顔を捉えられた毅が右手を

［2］一平が歌うのは《めでたし海の星》である。『カルメン故郷に帰る』で流用されるシューベルトの《エレンの歌 第3番》と同様、アヴェ・マリアが登場する。興味深いのは、『海の花火』において母性を象徴するのは、外見的にも音声的にもまだ幼く見える一平であるということだ。一平の役柄は本作のプロットにおいて特に重要ではない。一平を演じる石濱は同年公開の『少年期』でデビューした新人であることを念頭に置くと、三國同様、石濱の起用は新人育成に熱意を持っていた木下の意見も関わっていただろうが、商業的な宣伝効果も十分考えられる。石濱は『海の花火』と『少年期』のあとすぐに成長していく。体格も音声もゆるやかに男性的な風貌になっていく。『海の花火』ではまだ少年期の途中であり、ジェンダー流動的な風貌をもっているのは確かである。

口元に置き、オフスクリーンへの視線の先にいるであろう一平を食い入るように見つめる姿に観客は何を思うだろうか。映画評論家の丹野達弥は、一平が「「めでたし海の星」を歌うところも、ボーイ・ソプラノが艶っぽい」と評している通り、船員たちからの視線、特に毅から一平に対する視線は官能的な印象を与える（丹野 1998: 177）。ここで注意すべきは、「異性愛中心主義の罠」は当然、主要登場人物たちだけのセクシュアリティをめぐる観客の想像力に影響を与えるのではないということである。一平の歌は、この空間にいるすべての男性たちのセクシュアリティを観客が前提としがちな「異性愛中心主義の罠」から解放させ、一平の艶やかな音声に満たされたこの特定の瞬間だけでも、曖昧かつ流動的なものとして想像させることを可能とするかもしれない。

しかし、『海の花火』が異性愛規範に縛られた映画的慣習のもとで製作された作品である以上、そのようなセクシュアリティの曖昧さ、かつ流動性の可能性はすぐに回避されてしまう。物語は芸者みどりを船上へと闖入させることによって、男性が少年を見るという視線の関係性から、男性が女性を見るという異性愛中心主義的な「見る者」と「見られる者」の関係性を導入するのである。みどりの登場に他の船員たちが活気づく一方で、毅はみどりに「相変わらず無愛想ねぇ」と言われるほど、みどりに素っ気ない態度を取る。ところが、みどりが一度踊り出すと毅の視線にも変化が現れる。みどりは船員たちに囲まれる場所へ移動し、カメラも彼女をフレームの中心に置き、船員たちがすでに彼女に釘付けであると示す。彼女が踊り出すと、彼女を見つめる毅、渡、そして森山の顔のクロースアップがみどりの踊りを映すショットと交互に挿入される。ここで明白なことは、三人の男性がみどりに見惚れているということである。特に毅は先ほど一平を見つめていた際のショットよりも毅の横顔をアップで捉えており、まるで生唾を飲み込むように動く毅の喉仏は、毅がみどりに対して欲情している可能性さえ示唆するほど生々しい。毅の異性愛的な欲望がもっとも強く現れる象徴的なショットである。

しかし、毅は、まるで自分の中で首をもたげ始めた異性への性的欲望を否定するかのように、一平と共に船から立ち去ろうとする。「兄貴、頼むぜ。惚れられてるんだから」という渡の言葉に平静を失った毅は一平の手を引いて歩き、船の側に停めている小舟に乗るように指示する。この場面の画面構成（図4－9）に見る通り、一平がフレームの中心かつ前景に置かれることで、画面後景で踊るみどりは一平の身体によって完全に隠される。この構図は、教会シーンで一平の身体が美衛の姿を一瞬覆い隠した構図を想起させるだろう。一平の代わり小舟に乗るために一平がフレームアウトすると、みどりが再び画面中心に映り、毅の側に駆け寄ってくる。しかし、「私も連れてって」と頼むみどりを置いて、毅は一平と小舟で出発してしまう。みどりの登場によって船員たちの心は躍り、毅も例外ではなかったように見えた。にもかかわらず、毅はみどりから離れることを選ぶ。それはまるで他者からの異性愛規範的な期待／圧力だけでなく、自分自身の中で湧き上がりそうになった女性への性的欲望の表出に耐えられなくなった毅の心情を表すと考えられる。

しかしながら、異性愛規範的な期待は小舟に移った後に展開

図4-9　船から脱出する毅と一平

する四十八秒ほどのシーン（00:51:07〜00:50:55）でも継続する。このシーンでは、一平と毅の顔のクロースアップを交互に見せる切り返しが七回繰り返される。細かい切り返しで展開する対話も教会シーンと同じく一平が舵を取っており、その内容は毅が美衛とお似合いだから二人が夫婦になって長生きしてほしいという一平の願いを語るというものである。毅が男たちの空間である船上に充満する男性から男性に対する異性愛規範的な期待／重圧からせっかく逃れてきたにもかかわらず、毅と美衛を大好きだからこそ二人の結婚を望む一平の願いは、毅を異性愛規範へ押し込もうとする。その圧力に抗うかのように、一平の言葉に照れた毅は七度目の切り返しの最後で「この野郎」と一平の方へ倒れ込み、二人は抱きしめ合いながら海へ飛び込むのである。石原は「彼らのあいだに強烈なエロスを感じさせる」と評価している（石原 1999: 164）。

5　みどりとの親近性

本節ではまず、前述の船上の饗宴の後でみどりが毅の船を訪ねるシーン（01:03:35〜01:07:34）を分析する。このシーンの冒頭、毅が一平と一緒に賛美歌を歌っている様子をみどりは憤然と睨みつけている。一平が船上から去ると、みどりは毅と会話を始める。彼らの会話には三回の切り返しが挿入される。なぜ、毅と美衛との会話よりも、毅とみどりの会話に切り返しが多く挿入されるのか。

その理由は、みどりが毅の異性愛的側面と男性性を暴発させる引き金として機能するからである。美衛が好きなんだとみどりから指摘されると、少し前まで一平と穏やかに賛美歌を歌っていた毅は豹変し、みどりを暴力的に船から海へ落とそうとする。毅はみどりの胸ぐらを掴み、彼女の身体を乱暴に扱う。船上に居合わせた森山の品のない笑い声が毅の暴力性を煽り、みどりは泣き声をあげる。船上の饗宴では、異性愛規範の重圧に耐えられなくなった毅は船から抜け出すことで、自らに内在する異性への性的欲望に対する拒否感を表現した。同様に、このシーンにおける男女間のエロティックな緊張は、異性愛規範に対する毅の反発が暴力的な方法で表現されたものとも考えられる。

上記のシーンでは毅はみどりを乱暴に扱う結果となったが、二人の関係は、この映画の重要なテーマの一つである「実らぬ恋」の一例でもある。毅は魚住からの手紙で魚住が美衛を想っていることを知り、身を引く。みどりはもともと許婚を探して呼子までやってきたが、許婚は他の女性と心中していた事実が判明する。このように彼らは同じように「実らぬ恋」を抱えており、それゆえに親近感を覚え惹かれ合っているのだ。

最後に、唐沢に身売りすることを決心したみどりが毅のもとを訪ねるシーン（01:39:13〜01:43:38）を検証する。みどりは唐沢のところへ行く前に、最後の願いとして手を握ってほしいと毅にせがむ。みどりは毅が美衛を想っていることを知っているが、自分の想いをあえて毅に伝える。そんなみどりに同情する毅はみどりの手を強く握りしめる。二人がお互いの手を握り合うショットは、本作で毅が女性と交わす数少ない身体的接触のなかでももっとも親密なものである。この身体接触は、石原が指摘するように、「ただ自分と同じ実らぬ恋をひたむきに貫いてきた彼女〔みどり〕に同情したから、あるいは自分のいわば〈同志〉として扱う気になった」ことを強調する（1999: 165–166）。毅へのみどりの想いが実らないのと同様に、毅は美衛への想いが実らぬことに苦しんでいるかに見える。しかしながら、これまで見てきた通り、毅ともっとも親密な関係にあるのは一平である。つまるところ、毅にとっての「実らぬ恋」とは美衛との恋ではなく、一平との同性愛的繋がりに他ならない。切り返しの編集技法、ショット構成、そして演出のすべてを賭けて、『海の花火』はそのことを密やかに、しかし、きっぱりと示すのだ。

6　船上の抱擁

本章を締めくくる前に、なぜ『海の花火』の結末は青年と少年の間に見る強い愛情を喚起する触覚的な表現によって圧倒されるのか、という問いに答えなければならない。

神谷家の破産問題が解決した後、毅は呼子を去り、長崎へと戻ることになる。最後のシークェンスにおいて、下関で下船予定の一平は毅と同じ船に乗っている。呼子の人々の見送りに、毅も一平も力強く手を振って応える。最終的に結ばれた魚住と美衛が並んで映るウエストショットの次に、一平と彼の左肩に左手を置いている毅の背中が海を背景に並んでウエストショットで映される。一平は毅の方へそっと振り向き、俯きながら、毅と美衛が夫婦になれなかったことを悔やむ。毅は一平の両肩に手を置いて、渡や美輪も一平の兄さんや姉さんになれると諭し、みどりの死を理由に自分の孤独を正当化しようと試みる。すると、一平は毅の右腕を掴み、毅の目を見つめて一緒に長崎へ連れて行ってくれと懇願し、泣きながら毅に抱きつく。次のバストショットは、毅の胸で泣く一平をフレーム前景に置き、一平を慰める毅の顔に焦点を合わせる。一平の背中をさすりながら、毅は、「佐用姫が石になってくれるのはありがたいけど、お前〔一平〕が石になったって、ありがたかないぜ。歌でも歌ってくれよ」と言う。台詞だけ読むと冷たく感じるが、この台詞を言う毅の表情から、彼自身も一平と別れる寂しさをこらえようとしている様子が分かる。実際、光の反射で彼の両目に涙のような輝きが見える。一平はくずれ落ち、毅の両足に抱きつき泣き続ける（図４－10）（02:01:33）。毅は一平がかつて歌っていた賛美歌を歌いながら、美衛のロザリオを取り出す。揺れるロザリオがクロースアップで映り、映画は幕を閉じる。

図 4-10　別れの時

本作は男女のカップルが困難を乗り越えることで結ばれるというメロドラマ的結末が優先されており、毅と一平の絆が祝福されることはない。しかしその不足を埋め合わせるかのように、二人が互いに特別な存在であることが、切り返しの連続など映画技法を駆使して強調されていた。それに対して、この最後のシークェンスでは切り返しが一切排除されている。それはおそらく、『海の花火』が異性愛規範に縛られた映画的慣習で製作された映画である以上、観客に彼らの同性愛的な親密性に過度に感情移入をさせることは避けなければならないからだ。そのため木下は、松浦佐用姫の伝説とキリスト教に関連した小道具（ロザリオなど）を用いて異性愛規範を強化させ、また、毅と一平がすぐに別離するという物語展開を用意することで、同性愛的欲望による映画空間の支配を表面上は回避する。しかしながら木下は、肩へ手を置く、抱きつくといった二人の身体的接触の流れを詳細に映す三つのショットを連続させる。女性ではなく少年が主人公に寄り添い涙を流すという演出は、肉体的にも精神的にも親密な二人の関係性をスクリーンに焼きつける。

以上、本章では『海の花火』における毅と一平の間に見出される親密性の構築過程を、切り返しの編集技法を中心にショット構成や演出を分析することで論証してきた。本作の結末における演出は、異性愛規範に抗う人々の心情を敏感に捉える木下のクィアな感性の表れである。興味深いのは、毅と一平の親密性がもっとも強烈にスクリーンに提示されるシークェンスが海の上であるという空間的特徴だ。海の上という孤立した限定的な空間において、二人の親密さは愛情へと転化され、近い将来の別れを予感させるペーソスが画面を満たす。三國演じる毅は、たくましい体つきをした魅力的な男性として本作では描かれており、性的欲望を女性に向け、また女性からの視線を受け止めることを求められる場面が数カ所出てくる。しかし、特筆しなければならないのは、彼のセクシュアリティは実際のところ曖昧なまま映画が終わる点である。むしろ、女性を求めることへのためらいさえ、毅には感じられる。だからこそ、一平といるときの毅はある意味輝いてさえ映り、二人の親密性が強調される結果となるのだ。一平との関係性を強調する編集や演出には、実のところ、異性愛を強いられることに対する毅の不安やためらいに寄り添う木下のクィアな感性が認識されるのである。

第五章　青春の美しさよ、さようなら
――『夕やけ雲』にみる少年たちの友愛

1　青春を振り返る双眼鏡

木下の二十六作品目『夕やけ雲』が公開された一九五六年と言えば、同年に刊行された『経済白書』が、一九五五年の実質国民総生産が戦前の水準を超えた経済的変化を受け、「もはや戦後ではない」と述べた年である。終戦から十年が経ち、日本経済が急速な成長を見せ始める時代の始まりである。日本経済が前進していくなかで、日本映画産業は一九五〇年代後半から、特に一九六〇年の安保反対闘争以降、若者の若さを良質なもの、あるいは高い商業価値を有するとして価値づけていく。日本映画史家の田中純一郎の調査が明らかにするように、たとえば一九五六年の『太陽の季節』でデビューした石原裕次郎や終戦の年に生まれた吉永小百合を主演とする日活の青春映画はテレビとの攻防に打ち勝つための戦略であった（田中 1976: 281）。佐藤忠男が指摘する通り、「つねに前向きに希望を語ることが（一九五〇年代後半から一九六〇年代にかけて製作された）青春映画の約束事であった」と考えられる（佐藤 2006: 174）。日本映画産業が日本経済の転換点とともに成長を象徴する若さに傾倒し始めた時期において発表されたのが、木下の『夕やけ雲』だ。一九五六年四月十九日の『毎日新聞』夕刊紙上において、『夕やけ雲』は「いやらしい十代映画や性典物を駆逐」することを期待できる「美しい青春物」として評価された（永戸 1956: 2）。

『夕やけ雲』の始まりは、「この大都会の片隅に　生活にもまれて消えてしまった少年の日の憧れ　それは夕やけ雲の美しさにも似て」という説明とともに都会を映したエスタブリッシング・ショットから次第に空間を縮小させ、庶民の家々を映していく。戦後十年目、都会の片隅に暮らす二十歳の洋一（田中晋二）が夕焼け空を見つめている後ろ姿をカメラが映し、少年のヴォイス・オーヴァーが始まる。洋一は母親（望月優子）と二人で魚屋を営んでおり、結婚をしてもときどき実家へ戻ってくる姉の豊子（久我美子）に嫌味を言いつつも、働き者で客からの評判も良い好青年だ。洋一のヴォイス・オーヴァーは映画の時間を四年前に移動させ、本作は十六歳の洋一が過ごした青春時代を描き始める。洋一は妹や弟に対して面倒見の良い少年で、貧乏だが仕事熱心な両親の魚屋を手伝っている。両親は洋一に魚屋を継ぐことを期待しており、豊子も洋一にそれを意地悪く勧める。だが、身体に染み付いた魚臭さを嫌う洋一は、魚屋ではなく船乗りになることを夢見ている。洋一には裕福な家に育つ親友の原田誠二（大野良平）がいる。洋一は原田へ夢を語り、また夕方どきに双眼鏡越しにときどき見かける「綺麗な人」の秘密を共有する。いつまでも続くかのような洋一の青春は、突然彼に大人になることを強いる。豊子が貧乏な生活から抜け出すために年上の裕福な男と結婚した後、心臓を悪くしていた父（東野英治郎）が急逝し、洋一は魚屋を継ぐことを選ぶ。「綺麗な人」はどこかへ嫁ぎ、妹は大阪の叔父の養女になり、そして親友は北海道へと引っ越してしまう。[1] これらの別れが洋一の青春の終わりを象徴し、映画は現在軸へと戻る。洋一は夕焼け空を再び見つめ、過去に愛していた人々や諦めた夢に想いを馳せる。洋一が心の中でそれらに別れを告げ、夕焼け空を背に歩き去る一方で、カメラはじっと夕焼け空を見つめ続ける。

『夕やけ雲』が一九五六年四月十七日に公開される直前に『読売新聞』に掲載された宣伝惹句には、「名も知らぬ初恋の人…忘れ得ぬ懐しの友…きびしい人生の流れに儚く消えゆく青春の日の追想！」とある（「夕やけ雲」広告 1964: 4）。二十歳になった洋一が寄りかかってきた十六歳の思い出の一端が、風の動きで流され、霧散していく夕焼雲のように消えていく儚さが作品の魅力として捉えられていたことが分かる。マクロな視点から見れば、空襲に備えた区画整理で表通りから横丁へ店を立ち退かされた、貧しいながらも支え合う洋一の家族の暮らしは、労働階級の庶民層に巻き起こった出来事の一つに過ぎない。他にも例を挙げれば、木下が脚本を担当した小林正樹の『まごころ』（一九五三年）は、何の不自由もなく裕福な家に住む少年の暮らしと向かいのアパートで姉と生活する病弱な娘の貧乏な暮らしを日当たりの良さ悪さで比較し、戦後日本の復興過程にみる経済格差の現実、そして若さしか明確な資産を持たない少年の無力さを描いた。『まごころ』から三年後に演出した『夕やけ雲』では、木下は貧しい一家に暮らす少年の視点から戦後の復興過程に目まぐるしく変わる生活で失われていくものを叙情的に描き出した[2]。佐藤の言葉を借りるならば、本作は「〔洋一〕を温かく包み込んでいたさまざまな人間関係をひとつひとつ失いながら、逆に、自分が責任を取らなければならない存在としての家族を新たに発見してゆく姿を描

［1］木下恵介の実姪である菊沖典子が妹役を演じている。四歳の弟役は魚屋の表をロケーションで借りた大田区馬込にあった海草店の子供が出演している。

いた」作品である（佐藤 1984a: 195）。

本作を分析するには、エイジングの視点が不可欠である。エイジングとは、人が生まれてから死ぬまでの過程を指し、若さや老いといった身体的かつ精神的な成長と衰退のイメージを常にまとっている。エイジングとエイジズムに関する人文学的な研究の第一人者であるマーガレット・モーガンロス・ガレットが *Declining to Decline: Cultural Combat and the Politics of the Midlife*（『衰退はお断り――中年の文化的闘争と政治』）で的確に述べるように、年齢を重ねることで「身体に何が起きようと、人々は第一に文化によって歳を取らされる」（Gullette 1997: 3）。歳を取る経験は、ある特定の時代や社会における特定の文化によって規定され、それはジェンダー、性的指向、病、障害の有無、階級といったさまざまな側面の重なりと隔たりによって変化する。ここで重要なのは、一般的に歳を取る経験は異性愛規範的シナリオのもとに成立することだ。たとえば、第二章で議論したような「結婚適齢期」に関する捉え方や価値観もまた、そのようなシナリオの一部である。そうした異性愛規範的シナリオに書き記された「未来」へ辿り着くことこそが幸せとして考えられる。代表的な幸せの形としての結婚、そしてその達成による家父長制の維持と労働力（子供）の再生産によって、異性愛規範的シナリオの強化と再生産が実践される。そのような異性愛規範的シナリオに沿ったエイジングの過程において流れるのが、異性愛規範的な時間性（heteronormative temporality）である。後述するように、『夕やけ雲』の洋一もまた例外ではない。彼は成長する過程でさまざまな決断をせねばならず、彼にさまざまなものを諦めることを要求する選択肢もまた、このような時間性に従ったシナリオの一部なのだ。

本章では、『夕やけ雲』をエイジングとクィアな時間性（queer temporality）の観点から読み解いていく。

本章の分析において重要になるのは、『夕やけ雲』の時間的な構造に影響を与えるフラッシュバックの活用とホームドラマというジャンル的枠組みである。戦後の日本社会が復興を目指して前へ前へと進み、洋一もまた十六歳から二十歳へと歳を重ねていくことで、本作は表面的に前進する時間の流れに沿っているように見える。そのように前進する時間の流れにおいて少年から青年へと成長し、洋一は家業を支える柱として責任を担っていくだけでなく、異性愛者の男性として「典型的」な人生を歩んでいくのだと当然視されていく。たとえば、本作の冒頭で常連の女性客が「おかみさん、いい娘さんがいるんだけど、洋さんにどうかね」(00:04:01~00:04:04)と声をかけるとき、洋一が結婚適齢期の男性として他者から認識され、結婚し、子供をもうけ、新しい家族を築いていく役割を期待されているのだと観客に知らせる。しかし洋一は、「やだね、奥さん。お袋の言うこと本気にしちゃ。もっとも当分嫁さんなんてお断りだ」(00:04:17~00:04:22)とやんわり断るのだ。本作はここから洋一が家族を築いていく物語へと時間を進めるのではなく、フラッシュバックを用いて四年前の過去へと観客を誘う。洋一のヴォイス・オーヴァーは次のように観客へ語りかける。

皆さんは親父の生きていた頃のこのうちも、そうしてその頃のわたくしもご存知ないですから、

［2］作家の壺井栄は『夕やけ雲』を「ジーンと胸の奥にしみこんでくるような映画」と表現し、また同じく小説家の吉行淳之介も「最後まで引きずられて面白く観ました」と述べている。映画が描く青春時代の美しさに着目した映画評論家の山本恭子は次のように評価した。「巷にころがっている石ころの一つ。もし瞳を澄まして見るならば、その石ころの一つも何カラットかのダイヤと同じに、美しい夢も人生もあるということをこの映画は教えてくれるようです」(「夕やけ雲」1956: 6)。

ちょっとその双眼鏡を手に取ってご覧なさい。しっかりと握って、遠く遠く、日の沈む空の下の、あの家の窓を、もう一度四年前のわたくしに返って覗いてみてくださいませんか。この魚屋の申し分ない兄ちゃんが青白い夢を詰め込んだ、少年時代の最後の一ページです。(00:06:00~00:06:28)

この語りかけは、豊子が煙草を吸うために二階の部屋の窓を開ける際に始まる。ヴォイス・オーヴァーが付随することで、豊子の後ろ姿を捉えるミディアム・ショットは、そこにいないはずの洋一から見られているかのように感じられ、カメラの視点を棚の上にある双眼鏡へと導く。クロースアップで映された双眼鏡へ手が伸ばされるとき、映画の時間軸はすでに四年前へと戻っている（図5-1）。洋一の言葉に関してもう一つ興味深いのは、「覗いてみてくださいませんか」と語るとき、それは観客が彼の代わりに覗くということであり、二十歳の洋一にはまるで双眼鏡を覗く行為が許されない、あるいは過去を振り返ることを許されないかのようにも聞こえる。約七十七分間のうち約六十八分間が広義のフラッシュバックで構成される本作において、洋一は少年から青年へと成長する過程でどのような愛や夢の喪失を経験し、また、フラッシュバックが異性愛規範的な時間性に抗う映画話法としての可能性を残しうるのか。

図 5-1　フラッシュバックによる過去への移行

映画におけるフラッシュバックとは、プロットの現在軸よりも以前に起こった出来事を提示する物語話法である。その発展を映画史的に理論づけたモーリン・チューリムが *Flashbacks in Film: Memory & History*（『映画におけるフラッシュバック――記憶と歴史』）で述べるように、古典的な形式においてフラッシュバックは、現在軸のイメージが過去軸のイメージへとディゾルヴするとき、語られるストーリーあるいは主観的な記憶として観客に理解される（Turim 1989）。また、ディゾルヴやインタータイトルのような視覚的コードだけでなく、神の視点によるナレーションもしくは主観的なヴォイス・オーヴァーといった聴覚的コードは、フラッシュバックによって映画が現在軸のプロットに先行する時間軸へ、つまり過去へと時間転移する合図として慣習的に用いられる。

フラッシュバックは木下映画でしばしば用いられる話法である。たとえば、『破れ太鼓』の頑固親父（阪東妻三郎）が北海道での開拓時代について涙交じりに思い出すシーンでは、現在と過去がパラレル編集でリズムよく往来される。また『日本の悲劇』では、娘の歌子（桂木洋子）が抱える自己嫌悪と男性嫌悪の原因である過去のレイプをトラウマとして提示し、彼女が現在軸で対峙する年上の男性と過去軸で対峙する従兄弟が構図的にマッチカットされる。さらに、『野菊の如き君なりき』では笠智衆演じる老人（青春時代は『夕やけ雲』で洋一役の田中晋二が演じている）が昔の想い人（有田紀子）との記憶を振り返るとき、過去の記憶を楕円形のマスキングで囲んだシークェンスで強調するなど視覚的な実験に挑んだ。

第五章ではまず、異性愛規範的なシナリオが人々に求める結婚の期待という観点から、洋一と姉の豊子の経験を対比させる。戦後日本の家父長制度のなかで、子供と大人の境界線に立つ洋一は自分の叶えたい夢と家族からの期待の間で揺れ動く。そのような思春期の不安や葛藤を和らげてくれるのが親友の存在であり、本章はいかに少年同士の友愛がホモエロティックな磁場を形成しつつも、ホームドラマというジャンル的枠組みはフラッシュバックの形式を用いることで、そのような可能性を過去軸に留めているか分析する。本章の後半では脚本調査によって明らかになった洋一の魚臭さのコンプレックスがいかに洋一という少年の経験にクィアな読みの可能性を開くかについて論じる。このように本章は『夕やけ雲』のクィア批評を試みることで、木下のクィアな感性を映画話法とジャンル的枠組みの観点から探求し、ホームドラマという仮面の下で表象される少年たちの友愛の意義を明らかにする。

2　家を継ぐこと、貧困から脱するための結婚

フラッシュバックにおいて語られる洋一の青春は、彼が双眼鏡を覗く姿から始まる。観客はここから、洋一がなぜ、どのように二十歳の彼が辿り着いた未来へと進んでいくのかを追体験していく。この双眼鏡は洋一が生まれた日に航海へ出ることが決まった叔父が「いつかお前も遠くを見たくなるぞ」と赤ん坊の洋一に贈ったものであり、叔父は洋一の名付け親である。叔父は戦争中の航海で死んでしまったため、洋一は一度も彼に会ったことはない。だが叔父の話を聞いて以来、洋一は叔父のような船乗りになることを夢見ている。そんな洋一は両親が営む魚屋を心底嫌っており、注文の配達も嫌々手伝う。両親もまた洋一の心中を察しているが、長男が家業を継ぐことを当然期待している。長男として求められる役割や責任を重荷に感じている洋一は、姉の豊子に対して「姉さんなんか早く結婚しちゃえばいいんだ。女なんてそれでも済むんだから」（00:12:22～00:12:26）と皮肉ぶる。そんな洋一に対して豊子は、「お前は

魚屋になるんだよ。いいよー、魚屋」(00:12:27~00:12:32)と、洋一の心を抉るようにさらに皮肉の効いた口調で洋一へ目をやりながらからかう。[3] 何も言わずに、ただ姉を見つめ返す洋一を捉えた切り返しを特徴付ける、顔半分に陰のかかった洋一の表情は暗く、憂鬱に映る。その憂鬱さは洋一のなかで静かに溜まり、徐々に強く膨れ上がっていく。

豊子に対する洋一の言葉が示唆する通り、本作が表面上で掲げるジェンダー規範は全く革新的なものではない。それは、長男は家業を継ぎ、柱となって家族を支えるものであり、女の子供は結婚して嫁ぎ、家で無償のケア労働を担う、といったものだ。たとえば、後述する高校の校庭シーンにおいて洋一が原田へ双眼越しに夕方ごろ時折見かける「綺麗な人」の話を共有するとき、原田はその「綺麗な人」が「病人かなんかだ。そんな時間に座ってるのなんて」(00:13:26~00:13:28)であると推測する。原田がその理由に「夕方なんて女は忙しいんだぜ」(00:13:30~00:13:32)と挙げるように、戦後日本社会において、そして二十一世紀の現在においても、炊事などのケア労働が女性の役割分業として結びつけられているからである。他にも、一人暮らしの若い男性客を除けば、魚屋へ買い物に来るのもさまざまな年齢の女性であり、また、夕方の場面では実際に洋一の母親が夕飯を用意する場面が描かれる。ガレットによるエイジングと文化の関係を引用したように、私たちが毎日の時間をどのように過ごすかという点においても、ジェンダーが大きく作用していることが分かるだろう。そして忘れてならないのは、そのような毎日の

[3]『夕やけ雲』公開前に撮影現場を報じる読売新聞の記事では、久我美子が「はじめてくずれた女の役」を演じる点を話題としている(「木下監督の早撮り映画『夕やけ雲』」1956: 2)。

暮らしにおいて反復する時間の過ごし方自体も異性愛規範的な時間性の束縛のなかにある。

豊子の正確な年齢は明言されないものの、彼女は若くて健康な女性が社会から結婚を期待されることを熟知している。豊子は自立願望と自己主張が強く、物事をはっきりと言えない洋一の性格とは対照的だ。豊子には須藤（田村高廣）という金持ちの一人息子の若い恋人がいる。「お嫁に行ったら、こんな貧乏ったらしいとこ、来る気がしないもん」（00: 12: 13～00: 12: 16）という言葉からも分かるように、豊子は経済的に豊かな須藤と結婚して貧乏な実家から抜け出せることに胸を躍らせる。豊子にとって結婚とは、夫になる男性の愛情の深さではなく、財布の重さで量るものだ。だからこそ、喫茶店の場面（00: 13: 45～00: 15: 38）で須藤の親の事業が失敗したと知った途端、彼女は須藤への態度を変える。須藤の喫いかけの煙草を吸っていた豊子は、経済力は大きく低下するが予定通り結婚したいと望む須藤とつないでいた手をするりと離し、須藤に見切りをつけたかのように煙草を灰皿に押しつけて消し、席を立つ。この場面を契機に、豊子は須藤から五十歳を過ぎた財産家の後妻となることを親への相談なく決める。哲学者の佐々木徹は豊子について次のように言う。「自分のことしか考えず、お金のためには恋人も家族も顧みない長女の豊子（久我美子）だけがやや特異なキャラクターだが、何ものにも束縛されない「自由」が第一とされ、女性の自立した生き方があらわれはじめた当時の風潮の反映と見ることができるだろう」（佐々木 2007: 132）。佐々木が述べるように、たとえ須藤や両親に利己的で自分勝手だと考えられようとも、豊子は貧乏な生活から脱し、自分の望む生活環境を手に入れるために能動的に彼女にとって最善と思われる選択をしていく。豊子が「特異」とされるのは、彼女が女性のあるべき姿を制限するジェンダー規範から積極的に外れていると他者の目に映るからだ。

実際に豊子にとって結婚は、貧乏から脱し経済的な余裕を持った生活を満喫するための手段でしかない。岩崎昶の言葉を借りれば、それは「女性のエゴイズムが面皮をはがれてむき出しにされている」と同時に、「男が異性である女を見るのではなく、女が内側から同性を見るような底意地の悪さが、そこにはある」と感じた観客もいるかもしれない（岩崎 1958: 170）。たとえば、豊子は結婚後も須藤との関係を不倫という形態で維持する。四年後の現在軸でもその関係が続いているかどうかは定かではないが、子供への言及も特にないため、豊子はおそらく年上の夫との間に子供も作っていないのだろう。結婚を決めた後、ウエディングドレスで舞う豊子に対して「お前、いいんだろうね」（00: 42: 07）と母親が真剣な面持ちで静かに問うとき、豊子は「金持ちの養子でももらったつもりでいなさい。ふふ、少し萎びちゃってるけどさ」（00: 42: 09〜00: 42: 15）と笑って返す。具体的に何が「萎びちゃって」いるのか。もしその萎びた何かが、加齢して勃起しづらい、あるいは勃起の維持が困難で射精ができないペニスへの揶揄だとすれば、豊子は子供を産まなくても良いかもしれないことすらも見据えていた可能性が残る。もしそうだとすれば、豊子は多くの女性に強要される異性愛規範的なシナリオにある結婚を利用しつつ、そのシナリオに含まれる次世代再生産への期待をもさらっと回避することに成功するのだ。このような解釈が現在可能となるのは、豊子を演じる久我美子が『夕やけ雲』以降に出演する五所平之助の『挽歌』（一九五七年）や川島雄三の『女であること』（一九五八年）などでレズビアン的想像力を喚起する役柄を演じているからでもある。[4] 久我もまた木下映画において原節子や高峰秀子のように異性愛規範的なシナリオを拒絶

［4］久我美子のスター・イメージに付随するクィアネスについては、徐（2021）に詳しい。

する力を発揮し、他の監督作品でその想像力を拡大させていった女優であった。だからこそ、豊子が「お前は魚屋になるんだよ。いいよー、魚屋」と洋一に嫌らしく言ってのけるとき、長男であるという理由だけで洋一が家業を継がなければならないという家父長的なジェンダー規範を馬鹿らしいと批判すると同時に、洋一への情けも幾分か感じさせる。

豊子の結婚は想像していたよりも早く大人になることを洋一に強いる。豊子の結婚に憤慨した父親が心臓発作で倒れたのち、洋一は魚屋を継ぐ決心を求められる。親子全体を狭い居間にぎゅっと押し込めた窮屈なミディアム・ショットにおいて、床に伏せる父親に「洋一、お前魚嫌いだが、魚屋になってくれるか」（00:34:43〜00:34:49）と洋一に弱々しく尋ねる。赤ん坊をあやす妹を後景に、カメラは洋一をバストショットでフレーム中心に捉える。オフスクリーンからは、「姉ちゃん、もうすぐ嫁に行っちゃう。俺も一人じゃ辛いこともある。学校出たら仕出しの腕ぇつけてな。店やってくれや。そうすりゃ母ちゃんだって安楽できら」（00:34:53〜00:35:09）と父が弱々しく頼み、母親もまた「父ちゃん、洋一だって長男だもん。きっといいようにしてくれるよ。心配せんでもいいよ」（00:35:10〜00:35:17）と続ける声が聞こえる。カメラは、両親の言葉を静かに聞き、何も言わずに箪笥の引出しに浮かぶ木目をそっと右手の人差し指で縦になぞる洋一の姿を見せる（図5－2）。どんなになぞっ

図 5-2　木目をなぞる洋一

ても表情を変えることのない木目は、長男として定められた方向から脱することができない洋一の未来のようだ。口をモゴモゴと動かし感情を噛み殺しているような洋一は、「心配せんでもいいよ」という母親の言葉で耐えきれず、二階の自室へ上がり双眼鏡で外を見つめながら涙を流す。豊子の結婚騒動後、居間の入口に腰掛けた洋一を前景、居間に座る両親を後景に置いたミディアム・ショットにおいて、洋一は覚悟を決めて「父ちゃん、俺、魚屋になるよ」(00:46:06~00:46:10) と両親に背中を向けて伝える。後述するように、洋一はまだ十六歳の少年であり、子供であることが強調される。一方で、洋一の覚悟を聞いた両親は洋一の近い未来を想像し、その想像には洋一の結婚も含まれる。だんだんと体力がなくなる父親は、「これから、洋一にみっちり仕出しの腕つけて、いい嫁さん見つけて、二人で店やらせるんだ。いいぜえ」(01:00:25~01:00:36) と想像し、母親もまた「いいねえ」(01:00:37) と理想化された未来の実現を良いものだと信じる。両親が想像する洋一の未来は、家父長制のもとで異性愛者として大人になっていく洋一の未来である。

　この両親の会話の前に、母親と洋一は大人と子供の違いについて話す。豊子と須藤の不倫を目撃した洋一が「分かんないな。どうしてだろう。ねぇ母さん」(00:54:22~00:54:25) と言うとき、「母ちゃんには分かるような気がするよ」(00:54:36~00:54:37)、「そりゃ母ちゃん、お前より大人だもん。なんて言ったって大人だもんね」(00:54:41~00:54:44) と返す場面だ。この場面は母親が洋一へ豊子に対する愚痴をこぼす場面でもあるが、より重要なのは、母親が「好きなことできるのは子供のうちだけだよ。お前ぐらいまでだよ」(00:55:02~00:55:05)、「大人には覚悟っていうものがいるんだよ。お前だってそうだよ。男は覚悟してかからなくちゃいけないよ。好きなことしてもいいけれどもね。踏み出したらもう戻れやしないんだから」（00:55:11～00:55:23）と言うとき、洋一が子供と大人の境界線に位置していることを告げる点だ。「思ったこと、はきはき言えるようでなくっちゃあ」（00:55:27～00:55:29）と心配する母親に対して洋一は、「言ってみようか。俺、あの人が好きだ、好きだ、好きだ」（00:55:30～00:55:33）と布団の上でぐるっと前転してみせ、「だって、子供のうちに言っておかなくちゃ。俺もこれから大人になるんだ！」（00:55:36～00:55:38）と布団に潜り込みながら戯けて言う。石原（1999）が述べるように、木下映画において多くの母親は聖母的な存在で、特に息子に対する愛情は絶対的であり、この場面も例外ではない。

子供と大人の境界線にいる洋一は、彼自身が言うように、洋一はこれからどんどん大人へと成長していく。家父長的な観点から考えれば、大人へと成長する過程において、男の子供は実家や家業を継ぎ、女の子供は他の家へ嫁ぐことが当たり前とされる。たとえば、魚屋の修繕をする資金を出資してもらう代わりに、子供に恵まれない叔父の家へ妹の和枝を養女にすると決めるとき、母親は「いつか嫁にやる子だから。なまじ叔父さんとこの跡取りになった方が安心かもしれん」（00:58:37～00:58:42）と洋一と目を合わせずに感情を殺したように言う。「ひどすぎるよ。親のくせに」（00:58:50）と怒る洋一に対して、「そんなこと言ったっておまえ」（00:58:31～00:58:32）と弱々しく返すしかない母親の表情は、戦後の日本社会で貧しく暮らす一家にとっても、女の子である和枝にとっても、未来へ生き抜くために選びうる最善の選択であったことを示す。

本章はここまで洋一にとって家業を継ぐこと、また豊子にとっての結婚の役割に焦点を当てることで、いかに歳を取る経験および他者から見た性差が戦後日本社会にみる異性愛規範的なシナリオと密接な関係にあるかを考察してきた。十六歳の洋一は豊子の結婚を契機に急に変化していく家族の事情へ敏感に反応し、長男としての責任を果たすための選択を行う。それは子供から大人へと一歩も二歩も踏み出す選択であり、母親がかつて言った通り、「踏み出したらもう戻れやしない」選択なのだ。双眼鏡は、十六歳の自分に「もう戻れやしない」大人の洋一に代わって観客を彼の青春へと戻す装置となる。ここまで家族を軸に洋一の青春を振り返ってきた。しかし、木下のクィアな感性を探求するうえで加えて重要なのは、洋一と原田の友愛の豊かさであり、いかにその豊かさもまた二十歳の洋一が別れを告げる「愛したもの」であったかということだ。次節で述べる公開当時の映画批評や一九九〇代末以降の先行研究が示すように、子供から大人へと踏み出そうとする青春のなかで育まれた少年たちの友愛は、ホームドラマである『夕やけ雲』がそのジャンル的枠組みに内側から斜めに亀裂を入れる。

3　少年たちの友愛

魚屋に育ち、自分の身体に染みついた魚臭さに対する人目を気にしてきた洋一にとって、原田は唯一心を許せる親友である。高校の校庭では双眼鏡越しに見える「綺麗な人」の秘密を共有したこと、風邪で学校を休む洋一を見舞いにくる原田の優しさ、着飾り気取った年上の女性への愚痴、原田の家で食べた桃の缶詰の味、二人で一緒に「綺麗な人」を探しに行った夕暮れどき、『夕やけ雲』はこれらの描写を通じて二人の青春にとって互いの存在が不可欠であることを余すところなく伝えている。『夕やけ雲』において少年たちの友愛を表す視覚的な特徴は、少年たちが交わす身体の接触に現れる。冗談を言ってじゃれ合う接触、元気のない洋一の肩に原田が手をおいて並んで歩く接触、「綺麗な人」を探す道のりで手をとって歩く接触、差し迫る引越しの前に別れを惜しむ少年たちが交わす足先や握手による接触など、少年たちは互いに触れるほどの近さで友情を育んできた。本節では、このように触れることに特徴付けられる少年たちの友愛の仕草がどのようにホモエロティックな解釈の可能性を開いてきたかを見ていく。『夕やけ雲』は、洋一が思春期の子供から大人へと成長する過程で何を失うのかを語る。洋一が失うものの一つが原田の存在だ。石原は、本作のクライマックスでスクリーンにクロースアップで提示される、少年同士がぶつけ合う足先や握手の描写に対して次のように評価する。

木下はここで、ありきたりの〈常識〉の範疇にない何かを、敢えて〈美〉として強調し〈肯定〉したかったのだと考えずにはいられない。それは、かすかに匂いやかな甘さを漂わせつつ、だが二人ともがまだ〈男〉というよりは〈天使〉に近い無垢な存在であるために、〈兄さん〉たちとのあいだにあるようなエロティシズムにはまだ達せず、ほとんど肉体的な官能になる一歩手前で、あくまで、ういういしくすがすがしい。(石原 1999: 212)

ここで石原が述べる「〈常識〉の範疇」とは単に友情を指すものと見えるかもしれない。しかし、石原が『わが恋せし乙女』や『海の花火』に見られるような年齢の離れた同性間のエロティシズムを引き合いに出しながら、洋一と原田の関係性が「ほとんど肉体的な官能になる一歩手前」であると論じるとき、「〈常識〉」とは異性愛規範が想定する常識である。石原はそうした規範から逸脱する可能性を秘めた少年たちの親密さの表象に美しさを見出したのだ。

このような視点を提示したのは石原が初めてではない。一九六三年、劇作家の堂本正樹は「少年愛と平和」という論考にて、木下の特質として少年愛を挙げ、それこそが「追憶の傾斜、人間の純なるものへの愛を無限に許す」とした（堂本 1963: 72）。そして少年愛の表象として、洋一と原田の握手のクロースアップを「日本映画でこれ以上強い愛の表現はなかったにちがいない」とし、今井正の『また逢ふ日まで』（一九五〇年）に代表される異性カップルの接吻を「みみっちい」と厳しく評する（堂本 1963: 72）。石原と堂本の差異は、石原があくまでもプラトニックとしつつも、少年同士のエロティシズムの可能性を提示する一方で、堂本は木下の描く少年愛を「人間に対する愛」に達するための「手がかり」としている点である（堂本 1963: 73）。堂本の批評は、木下のクィアな感性が持つ、愛することに対する関心を詳らかにする革新性を秘めていたのだと考えられる。

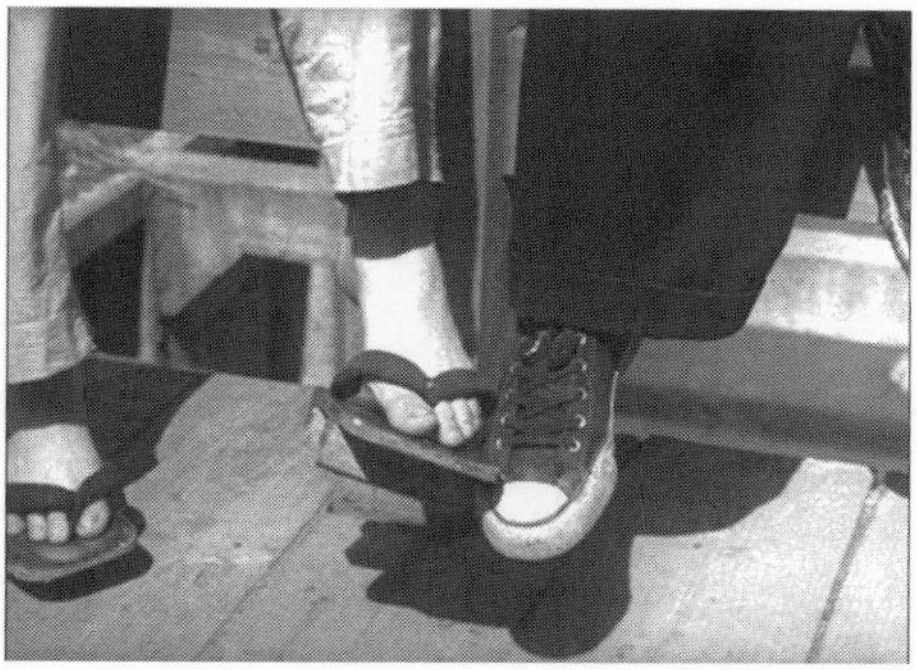

図 5-3　ぶつけあう足先

映画評論家の滝沢一もまた『夕やけ雲』が持つ少年同士のエロティシズムを見逃していなかった。滝沢は楠田芳子による脚本が少年たちの青春の一瞬一瞬を見事に描き出したとして高く評価すると同時に、木下の演出がいかに少年たちの親密さに同性愛的な解釈を可能にする余白を与えたかについて次のように分析した。「自分の身体の魚くさいことをしきりに気にして、親友にそれをきく洋一少年など、台詞そのものは楠田芳子の写生のよさだが、二人の少年がお互いの足をからませ合いながら自分

図 5-4　惜別の握手

達の運命を語るとき、木下演出は一種のエロチシズムを放散させる」（滝沢 1956: 61）。滝沢は「エロチシズム」の内実をこれ以上語らないものの、少年同士の身体接触から醸し出される官能的な強度を公開当時すでに言語化していた。原田が北海道へ引っ越す直前、洋一と原田は橋の手すりに腰掛けて、足先をコッツンコッツンと軽くぶつけ合う（図5－3）。クロースアップで凝視される、少年たちの足が振り子のように揺れる動きは、別れを惜しみ、いつまでも触れ合い続けたいという互いの欲望を描き出すようだ。「遠いなぁ、北海道なんて」（01:13:30～01:13:31）と洋一は寂しそうに言い、「僕だけ君んとこおいてくれないか。下宿だよ」（01:13:32～01:13:34）と原田は俯きながら願う。しかし、他の魚屋へ奉公に行く洋一にもそれは叶えることはできない。二人が唯一できるのは、いつか東京で再会する日を願うことだけだ。迫り来る別れを惜しむように、互いの肌の温もりにすがるように、少年たちはぎゅっと握手を二度交わす（図5－4）。握手を捉えたクロースアップは、触れ合うことに象徴される少年たちの友愛の力強さを示す。

第四章でも例証したように、木下映画における青年と少年、少年と少年の間にみるホモエロティシズムの滲出は、『夕やけ雲』に限ったことではない。たとえば、『夕やけ雲』の次に木下が太陽族映画への批判として製作した『太陽とバラ』（一九五六年）は、木下映画では珍しい強度で若い男女間の性愛を描く。

そのなかでも中村賀津雄演じる主人公・清と石濱朗演じる太陽族の青年・正比呂の間には常にホモエロティックな強度と緊迫感がある。特に、清が正比呂を背後から花瓶で思い切り殴る際に正比呂の頭から溢れる血は、まるで暴力的なアナルセックスで裂傷したアナルからの流血のアナロジーとして読むこともできるかもしれない。

『夕やけ雲』が提示する少年同士の身体の接触および近さによるホモエロティシズムの観点では、次章が分析する『惜春鳥』が従来の木下映画研究では特に注目されてきた。その理由は、カラー映画のワイドスクリーンに提示される男性同士の抱擁、固く握り合う手、一人の青年からもう一人の青年に向けられる眼差しに官能的な欲望を見出すことができるからである。なかでも、二年ぶりに帰郷した同級生との再会を喜び、ある青年が着衣のまま裸の同級生へ抱きつく場面が繰り返し議論されてきた。藤森清はその場面について、「裸体と着衣の人物が接触する視覚的違和感（裸体の強調）や、濡れた身体と乾いた服の接触する触覚的違和感が実感でき、その性的な暗示の衝撃は大きい」と、視覚的および触覚的な違和感から性的欲望を読み解いている（藤森 2012: 19）。スクリーンに刻まれるそのような違和感が『惜春鳥』にみる強いホモエロティシズムを読み解くうえで重要な痕跡として機能してきた。『夕やけ雲』にみる身体接触が形成する「少年同士のエロス」は（藤田 2004a: 17）、『惜春鳥』のそれと比較すると、視覚的な驚きにおいても限定的であり、そこに性的結合までを想像させる深みはない[5]。つまり、洋一と原田の友愛は、前述した石原に従うならば、「ほとんど肉体的な官能になる一歩手前で、あくまで、ういういしくすがすがしい」状態に留まる（石原 1999: 212）。藤田の視点が少年同士の友愛にエロスを読み込むことで同性愛的な解釈の可能性を導くのに対して、石原は彼らの関係を性愛的な感情の存在しない友情として解釈する。このように相反する解釈の共存は、少年たちの親密さに複層的なコードを組み込む。それによって、少年たちの関係に友情という表面上の姿と、同性愛的な欲望という両方の可能性を残す。映画を含む映像メディアに対するクィアな解釈を導き出す力は、もちろん多数派とは異なる非規範的なジェンダー・アイデンティティやセクシュアリティを生きる人々にだけ付与されたものではない。映像にみる演出やカメラワーク、背景音楽、宣伝や配給のあり方、観客のセクシュアリティやジェンダー・アイデンティティ、また人種やエスニシティ、年齢や身体の特徴に加えて観客自身の映画的感性によって決定される。

松竹大船撮影所の体制下で製作された『夕やけ雲』は、当時、他の撮影所も同様に、異性愛規範による理想と竹村の言う「正しいセクシュアリティ」の定義を保持していた。だが、異性愛主義と家父長制を物語の枠組としながらも、男性同士のエロスのパロディ化や規範からの逸脱を映画空間内において実現しようとした木下の試みは、すでに戦中(『花咲く港』、『生きてゐる孫六』)だけなく占領期中の作品(『わが恋せし乙女』、『破戒』、『お嬢さん乾杯』、『少年期』、『海の花火』)にも認められる。ホームドラマには多様な形態があり一概には言えないが、一般的なホームドラマは近代的な家父長制と強制的な異性愛体制を潜在的に維持する傾向にある。たとえば先述したように、結婚や家業を継ぐことに対する止まない言及は、十六歳の洋一がその期待から自由ではない状況に気づかせてくれる。映画冒頭で二十歳になった洋一が「いえ、もう見やしません。どうなるもんでもなし」(00:03:08~00:03:11)と俯きながら言うとき、大人としての責任を果たす重圧に対してすでに降参しているかのようにも聞こえるだろう。ホームドラマが固執する異性愛規範的なシナリオを完成させるには、洋一と原田の間に感知される親密さがフラッシュバックを経由して過去形でのみ語られなければならない。[6] その重要性とは、つまり、少年たちの親密な友愛にみるホモエロティシズムは過去軸においてのみ許容されるものであり、大人になるまでに脱することが求められるということだ。

[5]『夕やけ雲』の公開から一ヶ月後の一九五六年五月、石原慎太郎の同名短編小説を日活が映画化した『太陽の季節』（古川卓巳）が公開され、興行的成功を収めた。日活は続けて七月に『狂った果実』（中平康）、八月に『逆光線』（古川卓巳）を、大映は六月に『処刑の部屋』（市川崑）、東宝は九月に『日蝕の夏』（堀川弘通）を発表した。これらが太陽族映画と呼ばれる映画群である。太陽族映画は性と暴力の問題を提起するのが特徴である。たとえば『狂った果実』では主演の石原裕次郎の筋肉質な肉体美とマチズモをこれ見よがしの態度で観客に見せつける。水着だけを纏い、濡れた男女の身体が重なり合うイメージは強烈な性的興奮を喚起させる。また、兄（石原裕次郎）に恋人を奪われた弟（津川雅彦）が二人の乗ったヨットにモーターボートを衝突させるイメージは極めて暴力的である。

『狂った果実』の性欲だけでなく肉体的にも強い男性像は、裸体を見せることも暴力をふるうこともない『夕やけ雲』のおとなしい少年たちの男性像と対極にある。木下惠介の『太陽とバラ』は他の木下映画よりも若者の性欲と暴力を比較的オープンに描くものの、他社の太陽族映画と比べて、性と暴力性が抑制されている。太陽族映画における（アメリカナイズされた）強い男性像と同時代の木下映画における男性像との比較は別の機会に譲りたい。

[6] ホームドラマというジャンルは、クィアな人物や事象にとって、異性愛主義からの映画的解放区として機能する側面を持つ。たとえば木下と共に戦後の松竹を支えた小津安二郎監督のホームドラマ『麦秋』においても、原節子演じる紀子に内在するクィアネスが指摘されている。戦後日本映画産業にとって一大ジャンルであるホームドラマは異性愛主義を基本的な枠組みとしながら、「正しいセクシュアリティ」から逸脱するとされる人物や事象が同時に存在できるジャンルなのである。現代日本映画から例を出せば、レズビアンのカップルを両親に持つ男子高校生を主人公が、ゲイ男性とバイセクシュアル男性を両親に持つ隣人の少女と対峙しながら自分の出自を問う『佐藤家の朝食、鈴木家の夕食』（月川翔、二〇一三年）は現代でも異性愛家族を前提とする「ホーム」への憧れを示しつつ、それを批判すると同時にオルタナティヴな家族像を提示する。

4　触ること、魚臭さ

本節では、これまでの先行研究が着目してきた少年同士の友愛の強度について、接触と匂いの観点からさらに分析を深めていく。そこから明らかになるのは、木下の演出が映画空間内に築き上げる少年たちの友愛のあり方がいかにクィアな読みを招待しうるかということだ。

高校の校庭シーン（00: 12: 36～00: 13: 45）にて、洋一は原田に自分の名前の由来と遠メガネの女の話を共有する。ここで洋一は遠メガネの女を「綺麗な人」と呼ぶ。この校庭場面で注目すべきは、連続する五回の切り返しの後、洋一と原田を捉えたフルショットの中で起こる出来事である。この場面の冒頭、すでに洋一は手に何か野草を持っており、両手に小石を転がして遊んでいた原田も小石の代わりに足下から野草を二本引き抜く。カメラが二人をフルショットで捉え直すとき、二人の手にはまだ野草が握られていることが分かる。二人の会話が終わりに差し掛かると、原田は野草の一本を右手に持ち、洋一の顔をそれで軽く撫でた後、両方の野草を洋一の胸ポケットに挿し込む。すると、洋一も微笑みながら同じように原田の胸ポケットにこの草を挿し込み返す。そして満足したように、二人が正面を向くと、このシーンは終わる。

十六歳の少年二人に対するこのような演出は何を意味するのか。石原もこの演出の特異性に気がついてはいるものの、具体的な解釈には至っていない（石原 1999: 208）。洋一は遠メガネの女のことが気になってはいるが、本作全体を通して、少年たちが積極的に女性にアプローチすることはない。その代わりに本作が提示するのは、右のような少年同士のじゃれ合いである。洋一にとって、船乗りになる夢も遠メガネの女の秘密も共有できる原田との時間は何よりも楽しいものだ。木下は本作の演出にあたり、『松竹ウイークリー』二七六号掲載の紹介文に次のようなコメントを寄せている。

主人公の多感な少年が過した清く美しい青春の夢や、あこがれというものが、宿命というか、厳しい現実に儚く消えて、やがて大人へと成長して行くという、誰もが少年時代に少なくとも一度は同様の経験をしていると思いますが、そういったものを描いて、広範囲の年令層に夫夫の年令に応じて身近に共感を呼ぶ、地味な、素直な、そして泌々とした作品を作りたいと思っています。（木下 1956b: 6）

観客に自身の青春時代の経験と照らし合わせることを促し、少年たちの青春描写と自己同一化させることが木下の公式目標であった。ただし、これは興行的戦略として書かれた対外的メッセージに過ぎない。少年たちの関係はあくまで友情に見えても、滝沢や藤田が彼らの友情に同性愛的な感情を見出したように、木下の演出にはクィアな読みを可能とするコードが隠されている。

校庭シーンでの野草に立ち戻ろう。少年たちが手に持っていた野草は、その形状からナズナだと推測できる。ナズナの花言葉は「わたしのすべてをあげます」である（木村 2005: 317）。この花言葉の通り、二人はそれぞれ持っていた二本のナズナをお互いの胸ポケットへ挿し込む。胸ポケットに挿されたナズナは、まさに結婚式で用いられるブートニアを想起させる。あたかも二人の少年が互いのすべてを捧げ合う誓いを立て結ばれたかのように見えるのは決して偶然ではないだろう。結婚という儀礼において異性愛者の男女間で交わされるような親密さのパフォーマンスを異なる文脈と異なる関係性でさらっとからかう演出にこそ、『夕やけ雲』における木下のクィアな感性の輝きを見ることができる。

さらに木下は、映画媒体が通常では表現できない嗅覚を意識した演出を用いて、洋一に内在するクィアネスを表現する。父親が倒れ、洋一が涙を流しながら双眼鏡を覗き込むショットについてはすでに言及したが、このショットの直後に続くのが、洋一と原田が時間を過ごす丘の上でのシークェンスである。このシークェンスは二つのシーンから構成されている。一つは苦手な女性のタイプについて話すシーン(00:36:16~00:37:22)であり、もう一つは洋一の魚臭さについてのシーン(00:37:23~00:37:59)である。まず前者において、少年たちは「煙草を吸う女」、「お洒落で気取る女」、「生意気な女」、「爪を赤く塗る女」を嫌う。「まったくやだな、あんな女嫁さんにするの」(00:37:01~00:37:04)と洋一を見つめながら言う原田に、切り返しで洋一も「やだ。生意気な女なんか」(00:37:05~00:37:06)と不機嫌そうに返答し、二人は歩き出す。原田が洋一の右肩に左手を添えたまま歩くのに並行して、カメラは左から右へとトラッキングしながら少年たちをロングショットで捉える。足並みを揃えて歩く動きは、二人が苦手な女性像について共感しながら、同じ価値観を共有していく過程を表す。ジェンダー論の観点から見るならば、二人のやりとりは戦後日本社会にみる男性中心主義的な価値観に基づくと言える。しかし、ここで洋一が容姿の派手な女性に対して見せる嫌悪感は、自分の将来に深刻な影響を与えた豊子の選択に対する怒りに基づくと考える方が妥当だろう。

横移動のトラッキング・ショットは、原田が「どうしたの。今日元気ないよ」(00:37:23~00:37:24)と洋一の前に回り込み歩みを止めることにより中断され、次のシーンへと転換する。厳密に言えば、トラッキング・ショットに続くロングテイクの一部なのだが、横移動の中断により、二人の関心が苦手な女性像から別の何かへ移るきっかけが示される。このフルショットでは、後景には街並み、中景に少年たち、そして前景にフレーム中心軸から少し右に一本の細い木が配置されている。少年たちが中景から前景へ縦移動で歩くことによって、カメラは右へ僅かにパンするものの、基本的に固定で撮影される。洋一が普段より元気がないと心配する原田に、洋一は「お前ね、俺と歩いてると魚臭いだろ」(00:37:26～00:37:28) と訊く。「そう言われりゃ臭いかもしれないけど、平気だよ。もう慣れちゃったもん」(00:37:29～00:37:32) と原田は返す。しかし、洋一は「とっても嫌なんだ。電車に乗っても、映画観に行っても、隣の人がちょっと変な顔すると、どうしていいか分からなくなっちゃうんだ。逃げ出したくなって」(00:37:32～00:37:41) と打ち明ける (図5－5)。このシークェンスの前半では男性が女性をどのように見るか、そして女性が他者に見られることにどう反応するかによって女性の価値を判断するような会話が展開した。一方、後半では、今度は洋一が自分の匂いが原因で他者から投げかけられる視線によって辛い想いをしてきたことが対比される。

図 5-5　魚臭さを気にする洋

実はこの魚臭さへの言及は、楠田芳子によるオリジナル・シナリオには存在しない。松竹大船図書館には、『夕やけ雲』のシナリオが四種類所蔵されている。第一に、一九五五年十二月五日に第六十九回企画審議に提出された『青春』と題された準備稿、第二に、一九五六年三月一日に第七十二回企画審議に提出された『〝青春〟より「」《ママ》』と題された準備稿、第三に、企画審議などに関する詳細が不記載の『一番星見つけた』と題された準備稿、そして第四に、一九五六年四月十四日付けの映倫提出台本である。第一から第三の準備稿には先述した丘の場面での魚臭さに関する記述は含まれていない。また、映画タイムス社から一九五六年三月二十五日に発売された『夕やけ雲』のシナリオ新書にも該当の記述は存在しない。つまり、ここから分かるのは、魚臭さの描写は木下が撮影時に追加したものであるということだ。木下が演出で加えた洋一の魚臭さにはどのような意味があるのか。

　幼少期から身体にまとわりつく魚臭さを嫌ってきた洋一にとって、長男として魚屋を継ぐことでその魚臭さと大人になってからも向き合わなければならない未来は避けたいものであった。現実的に考えれば、船乗りになったとしても魚臭さは当然身体に染みついたままであろう。しかし、大人になった洋一が、船乗りとして他の船乗りたちと広大な海へ航海に出るのと、一人前の腕をつけて誰かと結婚し魚屋を営む選択肢には、生きにくさという点において明確な差異が生じる。石原や藤田が『夕やけ雲』に対して同性愛的な解釈を提示してきた理由の一つは、洋一の魚臭さが『夕やけ雲』と同様に同性愛的な解釈を誘ってきた『惜春鳥』にみる馬杉の不自由な足のように同性愛あるいは非規範的なセクシュアリティの比喩として意味づけられてきたからだ。身体の障害はクィアネスの象徴としてしばしば解釈されてきたが、原田との友愛においてホモエロティシズムを内包する洋一の魚臭さもまた『夕やけ雲』においてクィアネスを暗喩するものだと位置づけられる。[7]先述した洋一と原田の会話が示すように、洋一は魚臭さを他者と自分を明確に分断する特徴として捉えている。その証拠に、どんなに隠そうとしても魚臭さは洋一の身体から放たれ、洋一はその匂いに対する人々の視線や言葉に過敏に反応し、視線を低くし、その姿を消し去りたいと痛切に願っているからだ。木下の意図に関係なく、楠田芳子の脚本には存在しなかった魚臭さを撮影時点で追加し、洋一にそれをカミングアウトさせる演出は、洋一のクィアネスの言語化を通じてそれをフラッシュバックが語る洋一の思春期に、過去の時間性に編み込むのだ。魚屋を継ぐ決心は洋一にとって魚臭さと生き続けることを意味するだろう。もし結婚という手段がセクシュアリティのクィアネスを霧散させ、あるいは隠蔽させるとしても、洋一は自身が抱えるクィアネスを身体に染みついた魚臭さとして、たしかにそこに存在するものとして認識し続けなければならない。原田との友愛においてカミングアウトできたはずの洋一のクィアネスは、フラッシュバックから戻った現在軸において再びクローゼットへと押し戻されてしまう。

だからこそ、このカミングアウトのシーンには洋一に希望を与える瞬間がある。原田による「希望を持たなきゃ」という優しい言葉により洋一の魚臭さは肯定される。原田は洋一にとって親友であり、洋一の魚臭さ＝クィアネスに対する良き理解者なのだ。洋一と原田の間に形成され、育まれる友愛は彼らを強く結びつけている。同性愛的解釈をも可能とする彼らの友情に育まれる友愛は、『夕やけ雲』のフラッシュバックにおいて理想化される人間関係の表現になる。

ホームドラマというジャンル的枠組みは、青春時代の洋一を異性愛規範的なシナリオの中に閉じ込める。そうすることにより、洋一が母親へ「言ってみようか。俺、あの人が好きだ、好きだ、好きだ」と

［7］洋一の姉、豊子にとって魚臭さは経済的な貧困を象徴するものだと考えられる。

子供っぽくはしゃいで言う姿から、洋一の好きな「あの人」が遠メガネの女、つまり女性であることを観客に推察させる。洋一がこの言葉を言う時点で遠メガネの女はすでにどこかへ嫁いでしまっているものの、それでも「あの人」として洋一の中に残り続けているのが分かる。洋一と原田が遠メガネの女の手がかりである美容室を捜しにいく場面を見てみよう[8]。

洋一は遠メガネの女の近くへ寄ることに抵抗を示すものの、原田に手を引かれながら美容室を見つけ出す。美容室の隣の店で休憩する二人は、遠メガネの女がちょうど嫁ぐところを目撃する。原田が推測した通り、遠メガネの女は病弱であったが、残り少ない人生を好きな男と一緒に過ごすために嫁いで行くという。胸が悪く二年の間病を患っていた若い女性が嫁ぐことに対して、隣人女性たちが「まぁ、どうしてそんな人がお嫁に行くの?」(00:48:47~00:48:50)と疑問を呈するが、残された人生を共に生きたいという花婿の言葉を聞いた一人の女性が「まぁ~いいわねぇ~」(00:49:01~00:49:03)と感嘆の声をあげる。立ち話を聞いていた洋一は何かに傷ついたようにその場から急いで去っていく。

この女性たちの会話で重要なのは、彼女たちの驚きの源泉には、病気の女性が嫁いだとしても「正しいセクシュアリティ」を全うできない可能性をめぐる想像力がある。洋一の母親も同様にそのような想像力を共有している。豊子が嫁ぐ前に店先を掃除する場面(00:43:18~00:44:30)では、洋一が母親へ「母さん、病気の人をお嫁さんにしたらどうだろう」(00:43:49~00:43:52)と俯き加減で尋ねる姿をバストショットで捉える。すると、切り返しもなく、母親が「ごめんだよ。病気のお嫁さんなんて自殺するみたいなもんさ。とにかく丈夫に越したことはないからね」(00:43:52~00:43:59)と返す言葉がオフスクリーンから聞こえてくるだけだ。ここで母親の言葉が示唆するのは、遠メガネの女のように病気を患う女性とその身体は異性愛規範のシナリオが特に女性へ期待する次世代再生産やケア労働の役目を果たせない可能性、つまり「正しいセクシュアリティ」から逸脱したとみなされる女性／身体である点だ。また、洋一へ返事する母親を映した切り返しの不在は、豊子の結婚とは異なり、母親にとって洋一の結婚はまだ先のことであるがゆえに、洋一が病気の女性の例え話をしても、それが本心だとは想定されていないことが見出される。

では、本作において遠メガネの女はどのような役割を担っているのか。洋一が双眼鏡を覗きながら遠メガネの女の顔を写生しているところを豊子に見つかるシーン（00:18:44～00:18:49）は、洋一が遠メガネの女を欲望の眼差しで見つめているかのような印象を一時的に与える。しかしながら、双眼鏡越しにその女性の身体が提示されることは一度もないため、そうした性的欲望の力関係からは遠いように考えられる。次に、校庭シーンでの原田との会話で洋一が遠メガネの女を「綺麗な人」と形容することはすでに指摘したが、洋一が「綺麗」と描写する人や物は実家の魚屋にはない。身の回りにはない美しいものを望遠鏡の先に探し求めた結果、洋一の視線が辿り着いたのが遠メガネの女である。洋一にとって遠メガネの女は「ここではないどこか」(somewhere but not here) を夢見させる装置となる。

事実、遠メガネの女の住むパーマ屋の名前は、「ここではないどこか」にある幸せを追求する童話劇を

［8］遠メガネの女を演じるのは、一九五五年に公開された『野菊の如き君なりき』で民子を演じた有田紀子である。有田の相手役として民子の従弟・政夫を演じたのが、他ならぬ『夕やけ雲』で洋一を演じる田中晋二である。民子が政夫より年上であるだけでなく、従姉弟同士でもあるがゆえに、彼らは結ばれることはない。互いを想い続けながらも、他の男の元へ嫁いだ民子の死によって二人の恋は叶わぬまま終わる。

想起させる。「ミチル」という名前を聞いてすぐ原田が「やっぱり青い鳥だ」(00:47:28)と言及する通り、モーリス・メーテルリンクの『青い鳥』(一九〇八年)である。夢の中で、ミチルとチルチルの兄妹が幸福を象徴する青い鳥を探す冒険に出るが、夢から覚めたとき、兄妹は自分たちの家で青い鳥を見つける物語だ。また、メーテルリンクの作品に加え、「青い鳥」(blue bird)はヴィクター・フレミング監督作品『オズの魔法使』(*The Wizard of Oz*、一九三九年)でジュディ・ガーランド演じる少女ドロシーが歌う《虹の彼方に》を連想させる。洋一が双眼鏡越しに「ここではないどこか」にいる遠メガネの女を見つめる行為は、鳥のさえずりを聞きながら、ドロシーが雲の裂け目から差し込む太陽の日差しを見つめ、「ここではないどこか」を切望する行為と酷似している。洋一もまた「ここではないどこか」へと辿り着いたとき、船乗りになる夢へと近づけるかもしれない。洋一は今、その「ここではないどこか」を夢想させ続けてくれた存在の元へと辿り着いたにもかかわらず、洋一はその存在が結婚するために嫁ぐ瞬間に鉢合わせてしまう。洋一は原田と一緒にラムネを飲みながら、その瞬間をただ見守ることしかできない。遠メガネの「綺麗な人」の選択は、立ち話をする女性たちの会話が暗喩するように病弱で子供を産むことも家事炊事すらまともにできないかもしれない身体であるにもかかわらず、たとえ短い間であったとしても、幸せが約束されていると多くの人々が信じる結婚を選ぶ。遠メガネの「綺麗な人」による選択は、異性愛規範的なシナリオから逸脱しない道を選ぶことと同義だと考えられる。[9] しかしそれは洋一にとっては、せっかく到着した「ここではないどこか」への道が目前で炭酸水の泡のように「どこかわからないところ」(somewhere unknown)へと消え去ってしまったことを意味する。

5　霞ゆくフラッシュバックの先に

姉の結婚、父親の死、遠メガネの「綺麗な人」の結婚、養女になる妹との別れなど、十六歳の洋一はさまざまな変化を急速に経験し、子供から大人へと進んでいくことを求められていく。そのような洋一が経験するもう一つの別れが原田の引越しである。少年たちは子供の力ではどうしようもない現実に直面し、別れの岐路に立たざるをえない。本章の最後の論点として、いかに少年たちの友愛がクロースアップを用いてロマンティックに提示されるかについて、先述した橋の上の場面に立ち戻ったのち、少年たちの友愛が内包するホモエロティックな情動や洋一のクィアネスに対するフラッシュバックの役割を分析する。

少年たちが迫り来る別れの瞬間を惜しみ橋の上で過ごす場面において挿入される二度のクロースアップは、少年たちの友愛の深さを最大限に表現する。一つ目は、橋の手すりに腰掛け、無言で互いの足先をぶつけ合うショット、二つ目は、二人が別れる直前に交わす固い握手である。『夕やけ雲』を通じて木下が身体と身体の接触をクロースアップで見せるのは、少年たちの間で交わされる接触のみである。ここで反復される身体接触のクロースアップは、石原が述べるように表面上は非性的なものである一方で、滝沢や藤田が指摘した通り、別れを目前に最高潮に達した少年たちの情動を性的に読み込むこともでき

[9] たとえば、吉永小百合主演の『愛と死をみつめて』（齋藤武市、一九六四年）では、難病を患った若い娘が大人の女性として幸せな人生を歩むことに「失敗」する未来を想像して父親が涙ぐむ場面がある。久保（2020a）を参照されたい。

図 5-6　綺麗に舗装された道＝大人への道

るような深さも有している。同性愛的なエロスを喚起する力を潜在的に持ちつつも、友愛の表現として留まり続ける。少年たちが握手を一度交わし解いた直後、もう一度強く握り合う。まるでお互いの手の温もりを忘れまいと、最後の一瞬まで手を離すことを惜しむようだ。男女間であれば接吻で簡単に表現されたであろう惜別の感情を、手と手の接触をクロースアップで包み込むことで、少年たちの友愛の強度をスクリーンに刻む。

このような現実に直面していくなかで、洋一は大人への道、現在軸への道を比喩的に進んでいかなければならない。原田と別れ、洋一が舗装された広い道の真ん中をフレーム後景に向かって早足で歩いていく姿が挿入された後、本作は現在軸へ戻っていく。本作を通じて、洋一は、雨水に濡れた泥だらけの

道、畦道、舗装されている／されていない道など、その都度に異なる状態の道を歩く。たとえば、仕出しを断りに行った帰り道において、魚屋の息子であることを憎んだ洋一は大通りではなく、狭い泥だらけの路地を選ぶ。また、原田と二人で学校帰りに歩く土手の道は草の生えた畦道だ。妹の和枝を送りながら歩くのも舗装された大通りであり、過去軸が終わる直前に歩く道も綺麗に整備された道だ（図5－6）。十六歳の洋一が最後に歩く舗装された綺麗な道は何を意味するのだろうか。*What's the Use?*（『何の役に立つのか』）においてクィア理論家のサラ・アーメッドが「道は使われれば使われるほど、もっと使われ

る」とし、先人たちが切り拓き、その道が多くの人々にとって幸せや便利さを獲得できる場所へ続くものとして利用されるとき、その道はもっと整備され、さらに多くの人々がその道を選んでいく（Ahmed 2019: 40, 121）。なぜなら、アーメッドが論じるように、多くの人々が使ってきた道はその終着点が望ましい景色であると考えられるものであるがゆえに、あとに続く人々にとっても物理的にも心理的にも安心して通りやすいからだ（Ahmed 2019: 73）。洋一が歩く整備された道は、そのまさに通りやすい、障害物のない安心できる道、つまり多くの人々が「幸せ」だと考える未来へと続く。洋一は少年から大人になる過程で他の同年代の子供たち、あるいはかつての子供たちがしたように、これまで多くの人々たちが繰り返してきた通り、ならしてきた道を選ぶことになる。このショットの直後に現在軸へ映画が戻る展開／編集を考慮すれば、まさにこの整備された道は未来へと導く道となるのだ。

本作の最後、洋一の回想は終わり、観客は現在軸へと引き戻される。夢を諦めて魚屋で母を支えるという現実に生きる洋一は、一九五〇年代半ばの大半の映画観客と同様の選択をしたかのように見える。フラッシュバックの世界は、日々の生活に明け暮れる洋一がふと思い出す束の間の理想化された時間として提示されるのだ。このフラッシュバックはある意味で、J・ジャック・ハルバーシュタムが *In a Queer Time & Place: Transgender Bodies, Subcultural Lives*（『クィアな時間と場所のなかで』）において述べる「引き延ばされた思春期（a stretched-out adolescence）」の形式を彷彿とさせる。ハルバーシュタムは次のように述べる。「引き延ばされた思春期の観念は、たとえば、若者と大人の間に明確な境界線を引くライフ・ナラティヴの慣習的な二元的な形式に挑戦する。このナラティヴは、結婚による子供らしい依存から再生産を通じた大人の責任へと明白な移行を図解化する」（Halberstam 2005: 153）。二十歳になった現在軸の洋一は、異性愛規範的なシナリオに則り、いつか結婚する未来を当然期待されている。夕焼け空を眺め青春時代の思い出を憶う洋一の姿とフラッシュバックによって提示される洋一の青春は、まさに彼自身の大人への移行を少しでも遅らせたいという願望すら示唆するのだ。ハルバーシュタムの議論を援用するならば、本作を構成するフラッシュバックは「若者と大人の間の明確な境界線」をぼんやりとさせる機能を持つかもしれない。

しかしながら、過去軸の時間性が原田との友愛にみるエロティックな接触や魚臭さへの言及を通じて暗示する洋一のクィアネスを考えるならば、フラッシュバックはキース・ヴィンセントが *Two-Timing Modernity: Homosocial Narrative in Modern Japanese Fiction*（『不誠実なモダニティ――近代日本小説におけるホモソーシャル・ナラティヴ』）で名付ける「ホモソーシャル・ナラティヴ（homosocial narrative）」とより近親性を有するだろう。ヴィンセントは次のように定義する。

その結果は、過去における男性のホモエロティシズムを尊く、追憶の価値がある何かとして留める一方で、現在に対して何もさらに要求しないように過去へ隔離しておくという二重の意図である。しかし、後ろ向きのナラティヴの進行として妥協されるものとして位置づけられるとしても、男性間の愛は記憶の琥珀の中でまだ持続しうる。（Vincent 2012: 4）

ヴィンセントの焦点は江戸から明治の小説に当てられているものの、彼が提案するホモソーシャル・ナラティヴの枠組みは、『夕やけ雲』にみるフラッシュバックの活用にも応用できるものだ。洋一の原田との友愛の記憶と彼のクィアネスが過去軸のフラッシュバックに留められなければならない現実は、子供から大人へと成長するなかで、いかに洋一の記憶が過去へ「隔離」されるべき対象となるかを示唆する。原田との友愛の深度と強度は、フラッシュバックの中で制圧されなければならない。石原や他の映画批評家たちが指摘してきた少年たちの友愛に見出すことができる美しさは、青春というごく短い時間性のなかでのみ輝くことが許される。佐々木が明確に表現するように、少年たちの友愛にみるクィアな鼓動は「男女の愛のように一定のゴールをもたず、はかない雲のように消え去る」限りにおいて、ホームドラマのジャンル的枠組みに亀裂を入れ続けることができるのだ（佐々木 2007: 33）。

6　夕焼雲へ寄り添うカメラ

洋一のクィアネスは過去に「隔離」されなければならない。本作の最後、洋一はヴォイス・オーヴァーで「さようなら、俺の愛していたみんな。遠メガネの女も、妹も、友達も、船乗りに憧れていた青春の夢も、さようなら」（01:17:06~01:17:25）と過去に別れを告げる。その愛した人々の中には、洋一の魚臭さの理解者であった原田も当然含まれている。[10] 本作の冒頭で夕焼け空を見つめる洋一が、「もう見

［10］近年、魚臭さを「普通ではない」特徴として物語内で大きく扱った作品に、ディズニー&ピクサー映画『あの夏のルカ』（*Luca*、エンリコ・カサローサ、二〇二一年）が挙げられる。「シー・モンスター」である二人の少年たち（ルカとアルベルト）の深い友愛を描く本作は、ディズニー&ピクサー版『君の名前で僕を呼んで』（*Call Me By Your Name*、ルカ・グァダニーノ、二〇一七年）として、少年たちの関係性が提示するクィアな読みの可能性が注目された。

やしません。どうなるもんでもなし」と言っていたことを思い出そう。本作が丁寧にフラッシュバックを通して語った青春の一頁を振り返らないという言葉は、魚屋の若旦那として邁進していくという決意の表れであり、それは異性愛規範のシナリオを受け入れる近い未来も示唆する。戦後の日本社会が経済成長を遂げていくなかで、洋一もまた社会が前へ前へと進んでいく前向きの動きに押し流されていくだろう。彼が後ろを振り返り、かつての青春を、かつての夕焼雲を思い出すことはできるのだろうか。

本作の最後、フレームアウトする洋一の代わりに、カメラは夕焼雲へゆっくりとトラックインしていく。洋一のヴォイス・オーヴァーと壮大な物語外音楽によって構築される悲観的な響きに対して、現在軸にみるこのようなカメラワークに木下のクィアな感性が滲み出す。木下のクィアな感性は、過去もフラッシュバックを超え、「ここではないどこか」を求めていた洋一の視線と永遠に共にあるだろう。洋一はこれまでのように過去の思い出に浸ることはないかもしれない。しかし、夕焼けの暖かい光はいつの日か、洋一へ原田と交わした握手の暖かさを思い出させるだろう。青春時代に交わした友との触れ合いによって築き上げられた少年たちの友愛は、洋一の中に記憶として留まり、それは決して色褪せることなく夕焼けの暖かい光のように洋一の内側でずっと琥珀色に輝き続けるのだ。

第六章　クィアな感性の結実——『惜春鳥』再考

1　『薔薇族』に読む、かつての映画スクリーン

『薔薇族』は、第二書房の経営者であった伊藤文學が編集長として商業的な目的で立ち上げた日本初の男性同性愛専門誌であり、一九七一年七月に創刊された。伊藤文學によれば、『薔薇族』発刊の起源にあるのは、一九五二年に刊行され、廃刊した一九六二年まで男性同性愛者にもっとも支持された会員制雑誌の一つであった『アドニス』であった（伊藤 2006: 19）。社会学者の前川直哉によれば、創刊期の『薔薇族』は、手記や小説、読者投稿や座談会、結婚や性の目覚めなど特定のトピックに関する意見交換、そして読者同士の文通欄が主な内容であった（前川 2017: 162）。興味深いのは、読者や編集者が一九七〇年代やそれ以前・以降に映画館で観た映画や男性映画スターに関する言及も時折確認できる点だ。読者層に想定された男性同性愛者たちがどのように日本映画や外国映画に親しんでいたのかを知ることができる、映画史の視点からはまだ十分に吟味されていないメディアである。

ここに一九七五年四月に刊行された『薔薇族』がある。『薔薇族』以前に『風俗奇譚』で同性愛に関する記事を書いていた編集者の藤田竜による連載「想い出の映画手帖」の第一回は、木下恵介の『惜春鳥』を取り上げていた。長くなるが、藤田の言葉を引用する。

会津若松を舞台に、仲のよかった高校生5人組が、卒業してそれぞれの人生を歩みはじめ、やがて友情が崩壊するまでの話であり、つまり去りゆこうとしてる青春をいとしく思うという意味がこめられてるのですね。

川津裕介、山本豊三、小坂一也、石浜朗それに凄い人気だった津川雅彦が日活より移っての出演で、彩りとして佐田啓二と有馬稲子の心中事件が入る、そのころの話題の青春大作だった。

回想シーンで五人が飯盛山で白虎隊の剣舞をしたりして（後日、この映画の影響で会津若松に旅した僕は、憧れの飯盛山では現実にはみやげもの屋の女店員が扮装して踊るので閉口した）多感な年頃を美しくとらえていた。

中でも忘れられないのは、東京の大学に進んだ川津が、何か失敗して故郷に戻ってきた日のシーン。小坂だか津川だかの家が旅館で、その風呂に川津が入ってる。全裸で洗っていたカットもあったように思うが、これは正確ではない。

山本豊三は足が悪く、そのため高校時代川津がよくかばっていた。からだが悪いせいで少しいじけた役が、腺病質な山本には似合っていたし、少し暗いかげを持ってしまった感じも川津にあったと思う。その二人のつながり、特に山本のひたむきさは今にして思えば純粋な愛だったのだけど、画面では深い友情ということになっている。

川津が帰ってきたときいて、足をひきずりながら山本は懸命に走って、そのままジャンパー姿で風呂場に入ると、湯につかっていた川津に力いっぱいに抱きつく。腰をうかして川津が筋肉質の大きなからだで、細い山本を受けとめ、しばし無言（であったと思う）。

そんな間柄の兄貴を欲しいと思っていた純情少年？ の僕には、何ともショックなシーンだった。

木下恵介はテレビでも、一般にはそうとさとらせずに男と男の愛情をドラマにもぐりこませるのがうまいけれど、これは風呂場だからね、衝撃が大きかったんですよ。（藤田 1975: 64）

「センチのかげに男あり」と題されたこの評論において、藤田竜は執筆時から約十五年前に見惚れた川津祐介の出演作品の中から『惜春鳥』を選んだ。自身も男性同性愛者であったと知られる藤田の評論が明らかにするのは、『惜春鳥』にみる青年たちの接触や身体の描写を通じて、木下が同性愛的な欲望を喚起する想像力を映画スクリーンに刻むことに成功していたという事実だ。

『惜春鳥』は、アメリカ留学から帰国したばかりの津川雅彦の松竹移籍一作品目であり、ゴールデンウィーク興行を目指して製作された「青春大作」であった[1]（図6-1）（藤田 1975: 64）。公開第二週目の

［1］公開当時の『読売新聞』に掲載された映画宣伝広告には、津川の横顔が大きく写っている。プレスシートやパンフレットにも、津川を中央に五人の若い俳優たち（小坂一也、川津祐介、津川雅彦、山本豊三、石濱朗）が配置されていた（「『惜春鳥』広告」1959a: 6）。

図 6-1 『惜春鳥』広告

一九五九年五月四日の『読売新聞』夕刊では「全女性陶酔！　絶賛に応え第二週へ！」とも宣伝されており、津川を中心とした若い俳優陣は本作を特に女性観客へ売り出すうえで重要な商業価値を有していたことが分かる（「『惜春鳥』広告」1959b: 8）。メディアにおける若者の表象を研究するキャサリン・ドリスコルが整理するように、青春映画を定義するための物語的慣習の一つは「若い異性愛を中心とした内容」に見出すことができる（Driscoll 2011: 2）。若い男性俳優を使った映画製作は、異性愛を前提とした「青春大作」を女性客へマーケティングする面で効果的だったのだろう。後述するように、本作は十朱幸代が演じるヒロインの蓉子をめぐる牧田（津川）と手代木（石濱朗）のライバル関係が目玉の一つであり、並行する牧田の叔父の英太郎（佐田啓二）と芸者みどり（有馬稲子）の大人の恋愛とともに、若い青年たちの白虎隊剣舞も含めて、ワイドスクリーンのカラー映画という視覚効果を駆使して女性客を集客するための青春映画であったと考えられる。

しかし同時に、序章や第五章でも先行研究を引きながら述べたように、『惜春鳥』は木下のフィルモグラフィのなかでもっとも強く同性愛的な欲望をめぐる想像力を掻き立ててきた作品であることは間違いない。実際、一九七五年に藤田竜が鮮明に想起して詳述する一九五九年の映画体験は、そのような想像力が確かに存在し、藤田や他の男性同性愛者の視線をスクリーンに惹きつけたであろう可能性を示唆する。木下を戦後日本映画史におけるクィアな映画作家の一人として再評価する作業は、日本中のさまざまな年齢層の男性同性愛者に広く読まれていた『薔薇族』に残された男性同性愛者の声から導き出されるものでもある。『惜春鳥』が「日本メジャー映画初のゲイ・フィルム」として公に再発見されるには石原の指摘を待たざるをえなかった（石原 1999: 226）。木下映画の再評価は遅くとも一九八〇年代半ばに佐藤忠男と吉村英夫によって促されていたにもかかわらず、なぜ『惜春鳥』は四十九本の木下映画において長らく見過ごされてきたのか。

その大きな要因はひとえに木下映画をめぐる批評に見られた同性愛嫌悪とセクシズムである。『惜春鳥』に関する評価で、特にその性格を帯びていたのが吉村の『惜春鳥』論である。吉村は『惜春鳥』を『この天の虹』（一九五八年）、『風花』（一九五九年）、『今日もまたかくてありなん』（一九五九年）と並ぶ木下のスランプ期における作品だと見なし、その原因を「現実から遊離しセンチになっている木下がはっきりみえる」からだけでなく、「弱々しい面が表面に出て女性的な側面がくっきり浮かびあがってくる」からだとする（吉村 1985: 188）。吉村は『惜春鳥』に対して具体的に以下の評価を下す。

『惜春鳥』などは、会津若松を舞台に若い男性四人の友情を描いた作品であるから、男らしいものが描写されてくるのかと思ったら、いかにもめめしい映画なのである。飯盛山で白虎隊の剣舞をする若者たちから立ちのぼるのは勇壮よりも一種妖気に満ちたエロティシズムであり、飯島正流にいうならば「グロテスコ趣味」が表面に出てきて辟易した記憶がある。青年が大人になっていくには、友情もあり、得るものも失うものもある、それらをトータルしたところに人間の生というものがあるということなのであろう。（吉村 1985: 188）

吉村はここで『惜春鳥』にみる男らしさの欠落だけでなく、「妖気に満ちたエロティシズム」とやらに対する嫌悪感、あるいは恐怖すらも露呈する。木下映画の再評価を目指そうとしつつ、木下映画がもつ非規範的な雰囲気に対して慄くのだ。それゆえに、自身が内面化した同性愛嫌悪とセクシズムを直視できないまま、『惜春鳥』をスランプ期の作品として軽視する。本書の序章で老年の木下の言葉を紹介したように、吉村もまた同様に「愛して愛して愛しぬく」木下の態度に共感しつつも、『惜春鳥』論においてその共感を切り捨ててしまう（吉村 1985: 34, 184）。

そのような吉村の同性愛嫌悪とセクシズムに抵抗するかのように、石原は『惜春鳥』を「日本メジャー映画初のゲイ・フィルム」と正面から挑戦し、異性愛中心主義的な映画的慣習が健在であった時代における松竹大船撮影所の中で「初めてゲイの青年が〈可視〉のものとなった、と言ってもいい」と主張した（石原 1999: 226–227）。さらに石原は、同性愛者の青年として想定する足の不自由な馬杉と他の登場人物のセクシュアリティの形態をなぞっていった。馬杉のキャラクターが明白な男性同性愛者として設定されているわけではないものの、一つの解釈において、日本映画史におけるセルロイド・クローゼットの一例として『惜春鳥』を取り上げ、石原の論考以前に大々的に論じられることの少なかった作品に光を当てたことは有意義である。

石原が残した影響は大きい。藤田亘は、「ホモエロティシズム」の概念を中心に、男性同性愛者の観客の立場からテクスト分析を用いて『惜春鳥』に見られる「脱異性愛的な「色」の表象」について、石原の論考をさらに発展させた（藤田 2004a: 15–16）[2]。しかし、藤田は『惜春鳥』が男性同性愛者のコミュニティや男性同性愛のアイデンティティの問題を主題にしていないことを念頭に置く。そのため、藤田は本作を「ゲイ・フィルム」とみなす石原の視点を採用することに対しては慎重である。藤田は、あくまでも作品とそれが前提とする「異性愛規範性の中にセクシュアル・マイノリティの欲望を位置づける作業」を優先する（藤田 2004a: 21）。さらに藤田は、作品の表面下に存在するジェンダーとセクシュアリティの揺らぎと曖昧さに着目することで、佐田啓二と有馬稲子の演じるキャラクターに見られる内面化されたトランスジェンダー性についても示唆に富む分析を行っている（藤田 2004a: 24）。

藤田に続き、藤森清は『惜春鳥』が会津若松を舞台としている点に注目し、異性愛体制のコミュニティに見られる「かなり濃い友情表現、男性同性愛的ともとれる表現の歴史的意味について考察」した（藤森 2012: 12）。藤森は四つの視点から『惜春鳥』を論じる。第一に、本作がテレビに抵抗するための青春映画として公開されたこと、第二に、本作で展開される三つの物語――「五人の青年（二十歳）の友情物語、男性二人と女性一人からなる三角関係の恋愛物語、芸者と壮年期の男性との心中物語」（藤森 2012: 14–15）――の基本的構造について、第三に、二つの異性愛物語とそのうちの一つに見られるホモソーシャルな

[2] 藤田によるホモエロティシズムの定義は「（前略）表面上はホモソーシャルな描写もホモセクシュアルと解釈しようと思えばできてしまうという、セクシュアリティにおける揺らぎのようなものが引き起こされてくる。こうしたエロス、つまりホモソーシャルでもホモセクシュアルでもない、あるいはホモソーシャルともホモセクシュアルともとれるような〈揺らぎ〉のエロス」を指す（藤田 2004a: 16）。

三角関係の分析、そして最後に、五人の青年の物語の中に見られる友情と同性愛の表象について検証する。藤森は藤田よりもさらに直接的に青年たちのセクシュアリティを脱異性愛的なカテゴリーに細分化しようと試みる。さらに藤森は女白虎隊の歴史を紐解きつつ、ジェンダー論の視点から、会津若松のローカリティに根付く白虎隊神話に内在する「少年身体の集合性」を体現するのが女性であることの重要性を指摘する（藤森 2012: 24）。

以上、三人の論者が木下の『惜春鳥』に見られるジェンダーとセクシュアリティの多様性と非規範性を異なる角度から主張してきた。これにより、『惜春鳥』は木下映画のなかでももっとも議論が交わされてきた作品の一つとなっているだけでなく、日本映画に関するクィア映画批評の要の一つとなっている。石原による木下のカミングアウト説を藤田と藤森が採用しないことはすでに述べた通りだが、藤森はさらに進んで、木下が「近代的か、伝統的かにかかわらず、男性同性愛そのものにはあまり興味がなさそうである」と断じている（藤森 2012: 24）。たしかに、藤森が指摘するように木下は男性同性愛自体を直接的に描くことを『惜春鳥』の主題に据えていない。むしろ、木下が関心を寄せるのは、異性愛を軸に置く青春映画において、ジェンダーとセクシュアリティの規範を揺るがすことにある。

本章の目的は、石原をはじめとする先行研究を援用し、『惜春鳥』における接触にみるホモエロティシズム、フラッシュバックの役割、歌と舞にみるジェンダー・ノンコンフォーミティ（gender non-conformity）の可能性、白虎隊神話が強く根付く会津若松でのロケーション撮影の観点から本作をクィア映画として再考することである。本章の分析で明らかになるのは、『惜春鳥』は本書が対象としてきた作品だけでなく、それ以前の作品で縦横に駆使してきた映画修辞法の集大成であり、本書が一貫して論じてきた木下のクィアな感性の結実であるということだ。

2　演技としてのホモエロティシズム

『惜春鳥』は、東京の大学へ通う岩垣（川津祐介）が故郷の会津若松へ帰郷するところから始まる。会津へ向かう列車のなかで、岩垣は同級生牧田（津川雅彦）の叔父・英太郎（佐田啓二）に出会う。英太郎も東京から数年ぶりに故郷へ戻る途中である。会津へ着いた岩垣は同級生峯村（小坂一也）の好意で峯村家の温泉宿に滞在する。岩垣の帰郷を聞きつけ、馬杉（山本豊三）、牧田、そして手代木（石濱朗）が温泉宿に集まり、二年ぶりの再会を祝う。東京の大学へ通っていた岩垣は東京で同郷の鬼塚宅で居候をしていたが、そこの女中に手を出し追い出されたという。映画の結末を先取りして述べると、故郷の人々に知れ渡っているこの噂の裏には、岩垣が実際には詐欺事件の共犯者であり、逃亡の資金作りを目的に帰郷した事実が潜んでいた。

藤田と藤森が指摘するように、岩垣は対峙する人物によって姿を変化させる演技者である（藤田 2004a: 24; 藤森 2012: 21）。そんな岩垣が標的とするのが旅館経営者の息子の峯村、そして自分をもっとも慕う馬杉である。峯村と馬杉は両者ともに岩垣と身体接触を行うのだが、その身体接触が実のところ友情の証なのか、それとも偽りの親密さを表すものなのかどうかが分からない点に、岩垣の演技性が表出する。以下では、岩垣が二人と接する際に見せる芝居に対する木下の演出を構図の観点から考察していく。

岩垣の最初のターゲットとなるのが、本作においてもっともお人好しな人物である峯村だ。大滝旅館の一室で展開される岩垣と峯村の会話（00:03:59〜00:05:05）は、四ショットで構成されている（以下、Sはショットの略である）。S1では、峯村が部屋のカーテンを開け、部屋に光を入れる。S2では、岩垣と峯村がこたつを囲み、峯村が他の友人たちにも岩垣の帰郷を知らせた報告をする。S3では、岩垣が峯村の手を取り握手する。S4では、戸惑ったような峯村の顔がバストショットで映る。

一分強の短い再会シーンで注目したいのが、岩垣と峯村の間の距離とショットサイズの変化である。まずミディアム・ショットのS1は、客間に通された岩垣が遠慮する様子を描く。S2は、こたつを囲んで座る岩垣を画面中心に、峯村を画面右側へ配置したミディアム・ロングショットで捉える。「合わす顔がないよ、皆に。知ってるんだろ？ 俺のこと」（00:04:22〜00:04:26）と言う岩垣に、「聞いたよ。誰にだって失敗はあるさ」（00:04:28〜00:04:31）と峯村は間を置きながら返す。峯村の方をまっすぐ見ている岩垣の表情と声のトーンには後ろめたさを感じさせつつも、相手をうまく自分の望む方向に誘導する話し方を会得しているように聞こえる。

また、岩垣は話し方に限らず、人との距離を思うように詰め、心を動かす仕草を熟知している。S2の終わりから、S3へのアクションつなぎがその一例である。一緒に風呂へ入ろうと「さ、着替えろよ」（00:04:59）と言う峯村に対して、岩垣が左手で峯村の右手を取ると同時にS3へつながれ、岩垣は峯村の目をまっすぐに見つめながら固く握り締める。手を握るアクションだけでなく、視線の一致もS2からS3へと繋がれる。藤田は、岩垣による峯村の手の握り方にエロスの一片を見出しているものの、なぜこの手と手の接触にエロスを読み取ることができるのかを論じていないため、後に続く入浴場面に基づく遡及的な判断とも考えられる（藤田 2004a: 18）。

図6-2　不意に握られる手

ここで藤田が触れていない点が二つある。一つは、S2で岩垣が学生服のボタンを外す演出だ。「とにかく風呂に入ろう、一緒に」(00:04:49)と峯村が言うと、岩垣は左手で第二ボタンまで外す。岩垣は窮屈さから自由になったかのように首筋を左手でさする。まだ首元の体温と汗の湿り気を残しているであろう、この左手こそが峯村の肌に直接触れる。もう一つはショットサイズの変化である。本作は松竹グランドスコープ（ワイドスクリーン）で撮影されている。そのため、たとえばS2のミディアム・ロングショットでは、のちに仲居が入ってくる画面左側、画面後景、画面上半分の空間を大きく目立たせる構図になっている。S2からS3へと続くとき、ショットサイズがミディアム・ロングショットからバストショットへとぎゅっと縮小されることで、しっかりと握りしめられた手が画面中心で強調されることになる（図6-2）。これら二点があるからこそ、S3における手の接触にエロスを見出すことができるのではないか。さらに同時に、ショットサイズの縮小化は峯村の動揺を示唆する。岩垣に「懐かしいな」(00:05:04)とまっすぐに見つめられる峯村は、S4において、ただただ「うん」(00:05:05)と頷くことしかできないだけでなく、まばたきの瞬間的な反復運動は岩垣に対して峯村が抱える気まずさを暗示する。しかも、S4の画面左側にはオフフォーカスで側面から撮られた岩垣の顔があり、峯村が岩垣の毒牙から逃れられない未来を予見させる。

このように物理的な距離感は、精神的な近接性を測る尺度となる。客間場面に後続する入浴では岩垣と峯村は肌を突き合わせるほど近くで湯船に浸っている。先行研究は広い風呂の中で彼らのように入浴する男たちの姿を異質としてきたが、ここで重要なのは前述の客間場面で縮められた身体的な近接性が維持されていること、そしてその近接性およびそれによって生成される視覚的な異質性が風呂場を大きく捉えたロングショットによって強調されていることである。

このようなミザンセヌは、二年ぶりの再会で生じたぎこちなさが和らいだ変化を示すだろう。二人は本作の主題歌《惜春鳥》[3]を合唱するのだが、その間も、岩垣は峯村をしっかりと見つめる。岩垣が逃亡資金を工面するために帰郷していることを考慮すると、「懐かしいな」という言葉と共に身体的および心的距離を縮める行為は、親切な峯村から友情という感情を引き出すための演技であるとも考えられる。本作の中盤、客室で岩垣は生活苦から「卓ちゃんだから頼めるんだけど。他の誰にも言いたくないんだ。二年ぶりに帰ってきて、いくら友達だからってすぐ金のことなんて言えないよ」(00:33:20~00:33:31)と峯村に一万円を貸してくれと頼み込む。峯村は少し戸惑った様子を見せるが、お金を用意する頼みを引き受け、申し訳なさそうにする岩垣に「いいんだよ。困ってるときに助け合うのが友達じゃないか」(00:33:50~00:33:52)と返す。峯村がビールを取りに部屋を去ると、カメラは岩垣の横顔をクロースアップで捉えるのだが、そっと憫笑する岩垣を目の当たりにするとき、観客は峯村との友情が悪用されていると気づくのだ。風呂場の場面における岩垣には、のちに露見するシニカルさはなく、すがすがしい青春映画を体現するような笑顔と溌剌な歌声が強調されている。

木下は主題歌を友情と郷愁を掻き立てるために用いる。登場人物が主題歌を歌うのは、この入浴場面のみに限定されているが、その効果は絶大だ。この主題歌は過ぎ去った青春の思い出のかけがえのなさについて語る。これを歌う行為は、過去を振り返る行為とも同義だろう。身体的な距離が縮まった岩垣と峯村は、今度は歌唱によって共通の思い出に——風呂の水の中のように——浸っているのである。彼らの歌唱は風呂場という限定された空間から、馬杉と牧田を乗せ旅館へ向かうタクシーを捉えたロングショットへと物語世界外音楽としてブリッジされる。歌唱が途切れて旋律のみに移行したこの主題歌は、馬杉が岩垣と再会する場面まで続けられ、音響的に青年たちを包み込んでいく。観客はメロディを頭の中で口ずさみ、主人公たちと同一化するように聴覚的に誘われる。

岩垣と峯村が入浴中だと聞くと、馬杉は興奮した様子で風呂場へ急ぐ。階段を上がる際に牧田に腕を借りていた馬杉が不自由な足を引きずりながら一人で階段を下る様子は、旧友に今すぐに会いたいと思

[3]《惜春鳥》の歌詞は以下の通りである。木下忠司『海の聲と共に歩んで』（非売品）二十三頁参照。
流れる雲よ／　朝空に　朝空に／　輝く遠き／　山々よ　山々よ／　若き命の　喜びを（悲しみを）／　知るや　大空晴れ渡る／　あゝ青春の　花咲けば／　どこかで鳥が　鳴いている
流れる歌よ／　春の日の　春の日／　風の調べか／　草笛か　草笛か／　恋の命の　せつなさを／　知るややさしく　鳴り渡る／　あゝ青春の　花かおれ／　どこかで鳥が　鳴いている
流れる春よ／　夕空に　夕空に／　願いし夢よ／　思い出よ　思い出よ／　清きいのちの　囁きを／　知るや　入り陽が消え残る／　あゝ青春の　花散れば／　どこかで鳥が　鳴いている

図 6-3　風呂場での抱擁

う気持ちと、障害を持つ足ゆえの動作の緩慢さによるもどかしさをみずみずしく伝える。馬杉が階段を下る縦の運動をカットすることなく捉えることで、旧友との再会を今かと願う青年の動きが余すことなく表現される。馬杉が風呂場のドアを開け、「岩垣！」と声をかけると、切り返しのバストショットで裸の岩垣が振り向き「馬杉か！」と大きな笑顔で応える。続くスリーショット（図6－3）では、馬杉は「会いたかったよ」（00:06:20）と言いながら裸の岩垣の首元に首をうずめるようにして抱きつく。岩垣も「会いたかったさ、俺だって」（00:06:21）と馬杉の抱擁に応える表情がクロースアップされる。このクロースアップが終わる直前、二人の顔がわずかに右へ動くのだが、もしもショットが継続していたら彼らの唇が合わさるのではないかと思うほど、彼らの密着度は高い。藤田によるホモエロティシズムの定義を援用して、藤森は『惜春鳥』の入浴場面において岩垣と馬杉の間に交わされる抱擁について、「裸体と着衣の人物が接触する視覚的違和感（裸体の強調）や、濡れた身体と乾いた服の接触する触覚的違和感が実感でき、その性的な暗示の衝撃は大きい」と述べた（藤森 2012: 19）。ワイドスクリーンで画面いっぱいに提示される二人のクロースアップは、『お嬢さん乾杯』の圭三と五郎のダンス以上に、観客が慣習的に抱く視覚的な安心感に背き、二人の青年の接触をホモエロティックに印象づける。

　ここで馬杉の身体的特徴について木下映画の流れのなかで確かめておきたい。木下映画における身体的な障害は常に足に付随する。『わが恋せし乙女』の野田（増田順二）、『女』の町田正（小沢栄太郎）、『永遠の人』の小清水平兵衛（仲代達矢）など、木下映画には足の不自由な男性がたびたび登場する。[4] 足が不自由になることで命の尊さに気付けたという増田の役柄を除けば、小沢や仲代の演じる戦争で足を負傷した男性たちにとって、不自由な足は男性性の弱体化であり、萎えたファルスの象徴として扱われる。では馬杉はどうか。幼い頃から不自由とされる馬杉の足は、『惜春鳥』において他の青年たちが体現する身体的な健常性からの逸脱を明示する。先行研究では、馬杉が女性に興味を示さない反面、同級生の岩垣に対して友情以上の心情を抱えているように見える奇妙さが映画空間に可視化されたものとして、馬杉の不自由な足は理解されてきた。後述するように、こうした馬杉の身体的な障害はホモソーシャルな青年たちの絆に同性愛的解釈の矢を射るクィアネスを象徴することになる。

　『惜春鳥』に関する先行研究が岩垣と馬杉の抱擁にホモエロティシズムを指摘してきたことはすでに触れた通りである。峯村との再会においては、岩垣は身体的および心的距離を縮めるために自分から近づく。一方、馬杉との再会において岩垣は馬杉の情熱的な喜びを抱擁の形で受け止める。馬杉からの抱擁を受けるとき、岩垣は馬杉に覆い隠されるような構図になっている。「会いたかったよ」という馬杉に対して鸚鵡返しのように返す岩垣は、相手が望むものを瞬時に察し、それを与えることに長けたキャラ

［4］女性登場人物では、『笛吹川』で高峰秀子演じるおけいが例に挙げられる。

クターなのだ。それゆえ、岩垣にとって馬杉の性的指向自体は大した意味を持たない。何よりも重要なのは、馬杉による自分への絶対的な信頼であり、岩垣が馬杉の感情につけこみ、巧妙に逃亡資金の調達のために利用するためには、その信頼が不可欠なのである。

その顕著な例として、岩垣が馬杉に卒業した先輩からもらったカメラを牧田の親が営む質屋に入れてほしいと頼むまでのシークェンス（00:34:31〜00:37:50）がある。二人は会津若松の町へ出かけ、腕を組んで歩き出す。《惜春鳥》が物語世界外音楽として流れ、カメラは超ロングショットで固定から移動ショットへ変化しながら捉えられる姿は『夕やけ雲』の洋一と原田を想起させる。馬杉が昔岩垣の住んでいた家の方向をオフスクリーンで指差し、北海道へ越した母親の異なる兄の様子を聞くが、岩垣の反応は芳しくない。次のロングテイク（00:35:44〜00:36:47）では、岩垣は家庭状況の悪かった彼にとって学問が家から脱出する方法であったことを明かし、馬杉は「こんな足だもんなあ。何をするにも臆病になっちまって。結局一番嫌えなうちの仕事をするしかなかったんだ。ちょうどいいんだ。びっこに座る仕事は」（00:36:18〜00:38:30）と左太ももを摩りながらこぼす。「寂しい者同士が仲良くなっちゃったんだな」（00:36:32〜00:36:34）と言う岩垣に、馬杉は小学生時分に馬杉がいじめから守ってくれたことを懐かしそうに話す。ロングテイクから切り替わったバストショットで「俺、忘れねえよ」（00:36:49〜00:36:51）とオフスクリーンを見つめながら言う馬杉の表情は、青春時代の思い出へ別れを告げる『夕やけ雲』の洋一とは対照的に映るだろう。馬杉がこのように少年時代での岩垣との思い出に浸る様子から、馬杉が岩垣を心から慕っていることは明確である。馬杉は岩垣のカメラを手元に置いておくために、ある嘘をつくのだが、木下はその嘘に当時の漆産業が抱えていた政治的問題を絡ませる。明治中期以降、日本の漆産業は中国産漆に大きく依存してきた。しかし、その輸入は、一九五八年の長崎国旗事件による日中貿易の中止が原因で断たれてしまった。中国産漆の輸入断絶は会津の漆産業にも大打撃を与えた。木下はそのような政治的・産業的背景をもとに、家業である会津塗りの状況が不振だとして、馬杉が実家の貴重な短刀を質に入れる行為に信憑性を持たせる。小さな町のコミュニティでは嘘もすぐに親にバレてしまうものの、「これにはこれで貸してやりてぇ気持ちがあんだべ」(00:56:24〜00:56:36)、「ともだつって、よっぽどいいもんなんだな」(00:57:18〜00:57:21) と父親は理解を示す。

3　会津若松のローカリティと白虎隊の歴史

かつて川本三郎は、「黄金時代の日本映画には、地方都市を舞台にした作品が多い。東京一極集中の現代とはだいぶ趣が違う」と一九九四年時点の日本映画との違いを示した (川本 1994: 72)。指摘の通り、一九五〇年代の日本映画は、木下に限らず、日本国内のさまざまな場所を舞台とする作品が多かった。『惜春鳥』にみる同性愛的な要素を多少は読み解いていた川本はこの作品を例に挙げ、「現代ではとても成立しないような物語も、この時代の会津若松ではあり得たかもしれないという、不思議なリアリティがある。古い町は、時間がたってもさびれることがないためだろう」と述べた (川本 1994: 75)。では、『惜春鳥』は特定の空間だからこそ喚起できる「リアリティ」と青年たちの友情物語をどのように結びつけたのか。

『惜春鳥』は会津白虎隊のエピソードをもとに、一九五九年の会津若松で育った二十歳の青年たちの絆を描く。彼らの再会には、女性嫌悪と同時に同性愛嫌悪としても解釈できるやりとりが挿入されており、彼らの関係性はホモソーシャルなものとして理解できる。集団自決まで果たした会津白虎隊の十六、十七歳の少年たちの絆をモチーフにすることで、会津若松という特定のローカリティが『惜春鳥』の青年たちのホモソーシャリティを強化する役割を果たす。

ここで用いるローカリティとは、端的に表せば、特定の社会的・文化的・歴史的背景を含有した土地空間を指す。本作は磐梯山、鶴ヶ城、東山温泉、飯盛山など会津若松を代表するランドマークに彩られている。木下は脚本執筆段階でロケハンのために会津を何度も訪れており（長部 2013: 429）、これらのランドマークを映画のロケ地とすることで、ローカリティの真正性（authenticity）の確保に成功したのだ。このローカリティを活かすうえで、もっとも重要なのが神話化された会津白虎隊の物語である。[5]

白虎隊は、十六歳から十七歳の少年たちで構成された青年戦士隊の総称である。会津藩は年齢によって異なる歩兵隊を設けており、白虎隊の他にも玄武隊（五十歳以上）、青龍隊（三十六〜四十九歳）、朱雀隊（十八〜三十五歳）が存在した（畑 2002: 18）。本来、予備兵力であった白虎隊は、戦況悪化に伴い、会津戦争に投入された。しかし、苦戦を強いられ、白虎士中二番隊のうち二十人が飯盛山へ敗走した。鶴ヶ城から火の手と煙が上がるのを見た二十人は、城が陥落したと勘違いして飯盛山で自刃する。飯沼貞吉のみが生き残り、残りの十九人は死亡した。『惜春鳥』において飯盛山にある白虎隊の墓前の前で「十九人が同じ気持ちになれるなんて」（01:26:43〜01:26:47）と佐田啓二演じる英太郎が言及するのが、これらの十九人である。

白虎隊士十七回忌にあたる一八八四年、十九人の白虎隊士の霊を鎮魂する目的で飯盛山の墓前で白虎隊剣舞が奉納された。剣舞には白虎隊の少年たちの間に育まれた信頼の絆を語る、佐原盛純による漢詩「白虎隊」が詩吟として歌われる。一九四五年から一九五三年まで占領期の影響を受けて一時的に廃止されたものの、一八八四年以降、白虎隊剣舞は毎年春秋に飯盛山で執り行われてきた。白虎隊剣舞の誕生から一世紀を記念して、会津高等学校の剣舞会が一九八三年に刊行した『白虎隊剣舞百年』には白虎隊剣舞の形式や歴史に関する詳述はもちろんのこと、剣舞会の卒業生たちの集合写真も多く含まれている。そのうちの数枚は、あどけなさを残した子供らしい笑顔をカメラに向かって見せるものもあるが、ほとんどが白い鉢巻を身につけ刀を手に持つ袴姿の少年たちの勇ましい姿を写している。漢詩「白虎隊」が「少年団結白虎隊」と始まるように、彼らは一丸となってカメラを見つめる。何が彼らを強い連帯で結んだのだろうか。

その答えは、『白虎隊剣舞百年』への祝辞や寄稿文、またその三分の一以上を占める剣舞会ＯＢの回想に見出される。すなわち、白虎隊の「精神」だ。人々の記憶が歳月を経て美化されやすい傾向に留意する必要はあるが、白虎隊剣舞に関わった男性たちは共通して「精神」という言葉を用いて、郷愁とともに少年時代を回顧している。

その傾向は終戦直前の卒業生の回想において特に顕著であり、一九四四年に卒業した高橋一男は次のように言う。「我々の青春時代――戦中――は「君の為」が絶対で、白虎隊精神は何の抵抗もなく受け入れられており、主君の為に命を抛った白虎隊士の墓前で剣舞を奉納することは、最高の誇りに思って

［5］木下は白虎隊に対して長年関心を抱いていた。木下は、久板栄二郎を脚本家に迎え、白虎隊をテーマにした田宮虎彦の短編小説を原作にした『落城』の製作を目指していた。しかし、十分な興行成績を得られないだろうという会社の判断によって作品化は叶わなかった。

いました」（高橋 1983: 124）。戦前・戦中の軍国主義が白虎隊精神を「戦争を進めるための精神的支柱」として利用した歴史について、会津出身の大塚實が明らかにしたように（2002: 71）、高橋の回想が示すのは、敗戦前に白虎隊剣舞を舞った少年たちが疑うこともなく、白虎隊士の勇壮さを理想化し、また詩吟と剣舞を通して白虎隊士の霊と自己同一化していたという事実である。

占領期においても白虎隊精神は引き継がれ、一九五三年には剣舞は完全復活を遂げた。[6] 一九六〇年にもなれば、剣舞会のメンバーではない学生が白虎隊精神を十全に理解していないケースは珍しくなかったようである（好川 1960: 131）。だが、それでもなお、白虎隊精神は少年たちの剣舞と詩吟、つまり身体と音声という媒体によって、会津若松という土地空間に今も深く息づいている。木下はこのような白虎隊精神を『惜春鳥』における青年同士の強い友情の構築にとって重要な要素として扱う。だからこそ、木下はロケーションとして会津若松のランドマークをスクリーンに提示する必要があったのだ。特定のローカリティを設定することは、映画観客にとって映画の物語が描く男たちの強い友情が可能だと信じさせるための装置となる。以上を踏まえて、『惜春鳥』に見られる白虎隊の継承と剣舞、過去の美化について論じていく。

4　みどりの白虎隊剣舞

『惜春鳥』で初めて白虎隊の名前が言及されるのは、岩垣の帰郷に合わせて同級生たちが集う酒の席であり、芸者のみどりが白虎隊剣舞を披露する。[7] この場面は十八ショットで構成されている。S1のエスタブリッシング・ショットでは、宴会が開かれている客間全体を捉える。画面後景には《会津磐梯山》に合わせて芸者二人と円になって踊る峯村と牧田、画面中景には芸者がそれぞれ左右に一人ずつ、そして画面前景には馬杉と岩垣が映っている。S2は踊る四人をミディアム・ショットで、S3は手拍子をする馬杉と岩垣をミディアム・ロングショットで映す。S4は宴会を聞きつけたみどりが「ようようよう、景気がいいぞ」（00:07:51〜00:07:52）と客間に入り、踊りに加わる様子をカメラが左パンした後にミディアム・ショットで捉え直す。S5はみどりをバストショットで映し、S6は牧田をミディアム・クロースアップで映す。牧田の体はやや斜めに構えられているものの、視線は画面外の何かに注がれており瞬き一つしない。続いてみどりをミディアム・クロースアップで映すS7は、牧田のPOVショットだ。S8とS9は、それぞれ馬杉と岩垣をクロースアップで映す。S10はS1同様に客間全体を捉えたロングショットに戻り、踊りを終え、それぞれが席につく。S11では、「いやに陽気だと思ったら、戦後派のドライばっかりじゃないのかし。若旦那の悪友ってとこね」（00:08:53〜00:08:59）とみどりが言いながら、馬杉に酒を注ぐ。「さぁ二枚目！」（00:09:07）とみどりが手を差し伸ばし、アクションつなぎでS12へと移る。画面全体にぎっしりと人が詰まっており構図がやや複雑だが、観客が展開の焦点を見失うことはない。

---

［6］この断絶は表面上のものにしか過ぎなかった。一九五一年四月二十日の早朝、剣舞会OBが奉納を行っている（高橋 1983: 124）。

［7］楠田浩之の証言によれば、木下は白虎隊剣舞を『二十四の瞳』撮影で小豆島に滞在中に宿泊していた宿の女中に見せてもらい、そこからその踊りに惹かれ続けていたという。特典映像『第8回 日本の悲劇　惜春鳥　笛吹川』（01:54:13）。

図 6-4　牧田の肩に置かれる岩垣の手

図 6-5　みどりの肩に置かれる岩垣の手

画面前景にいるみどりが同じショット内で牧田と岩垣の間に移動するとき、きわめて示唆的なやりとりが展開される。前節で岩垣が対峙する人物との身体的および心的距離を縮める術に長けたキャラクターだと論じたが、このショットの前半（図６‐４）では岩垣が牧田の肩に右手を置いている。彼らの間にどのような会話がなされたのかは省略されているが、牧田は岩垣に心を許しているように見える。続いてＳ12の後半（図６‐５）では、みどりが隣に座ると同時に、岩垣は彼女の肩に手を置く。牧田が自分の恋人英太郎の甥であることにみどりが驚いている間に、岩垣は彼女の左手をそっ

図 6-6　みどりの白虎隊剣舞

と握る。握られた手は机の下に隠されてよく見えないが、みどりが牧田からの酌を受ける際に離される。ここで重要なのは、岩垣が巧みに他者との接触を試みるという点だけでなく、みどりはそうした岩垣の特質を瞬時に見抜く判断力を持った人物であるという点だ。この点については第五節でさらに論じるとして、シーン構成の分析を続ける。

峯村からの求めに応じて、みどりは白虎隊剣舞を披露する。S13で「みどり、踊れよ、白虎隊を。友遠方より来たるだ。見してくれよ」(09:47〜09:50)と峯村が頼み、S14では「よし、見せてやるぞよ」(00:09:53〜00:09:54)と酒を飲み干し、みどりが立ち上がる。みどりと入れ替わりで手代木が入室し、旧友五人が揃う。「手代木、しばらくだな」(00:10:04〜00:10:05)と言う岩垣をクロースアップで捉えたS15に、五人全員をロングショットで映したS16が続く。ストライキに参加している手代木に対して、牧田が「会津魂で戦ってるんだろ、全滅するまでけりがつかんさ」(00:10:15〜00:10:18)と言う。牧田のセリフは、会津士族の末裔である手代木と会津という土地の関係に光を当てる。S16の終わりに、オフスクリーンから三味線の音が響き始め、青年たちはカメラの向こう側にいるみどりを見つめながら拍手を送る。S17が客間全体をロングショットで設定し直し、画面中心にはみどりの姿がある（図6－6）。青年たちは膝を正し、口を揃えて民謡《白虎隊》を歌い出す。S18は刀を携えて舞うみどりをミディアム・ショットで映し、S18はフルショットでみどりの身体全体を捉え、一分十一秒かけてじっくりと彼女の舞いを見せる。

みどりの舞に関して重要な点が二つある。一つは、彼女の舞が『カルメン故郷に帰る』でリリィ・カルメンが展開したようなパロディ化された性的パフォーマンスではなく、正統な伝統芸能の一つであるということだ。リリィ・カルメンのストリップのように部分的に身体が隠されることもなく、彼女の舞は全体像が提示される。

無論、みどりの舞が女性搾取から自由というわけではない。英太郎と駆け落ちしたみどりは強引に東山へ連れ戻されており、彼女は芸者として旅館だけでなく、土地にも縛られている。会津若松を舞台にロケーション撮影した『惜春鳥』にとって、彼女の舞をじっくりと見せることは観光面の効果があるだけでなく、カメラのフレームに閉じ込められ、逃げる場所のない女性の無力を強調することにもなる。もう一つは、藤森が指摘するように、『惜春鳥』において会津若松に継承される白虎隊神話を舞という形で表現するのは、他でもないみどりが最初だという点である（藤森 2012: 23）。『惜春鳥』の撮影中にロケ地の木下を訪れた岡田晋は、東山温泉において芸者が「女白虎隊」を踊るのを鑑賞したと記している。岡田の証言によれば、女白虎隊は薙刀を持って踊り、白虎隊は白ハチマキに抜刀が基本だという（岡田 1959: 74）。そうだとすれば、刀を持ったみどりの舞は男踊りに近いことになる。本シーンに後続する飯盛山のシークェンスにおいて青年たちが白虎隊剣舞を踊るという物語の流れを考慮すると、彼女の舞は青年たちにとって——とりわけ馬杉にとって——中学時代の剣舞の思い出を振り返るための媒介となっていると言えるだろう。それは英太郎との過去を剣舞によって思い出すみどりもまた同じである。次節では、青年たちの剣舞と詩吟がどのように青年たちの絆を現在と過去へ行来させる媒介となるかを検証する。

5　青年たちの白虎隊剣舞

みどりの舞に合わせた民謡歌唱は、飯盛山の白虎隊の墓前へ続く階段を青年たちが上る姿に重ねられる。カメラは超ロングショットで青年たちの後ろ姿を捉え、次のショットでは緩やかに右にパンして白虎隊の墓を映す。歌唱はここまで画面外の音楽として続き、飯盛山での青年たちの剣舞に向けて舞台設定が完了する。自ら詩吟を引き受け、剣舞を提案する馬杉は、中学時代の墓前祭を思い出し、当時の先生を説得してくれた岩垣に感謝を述べながら、彼の右手を自分の両手で包み込む。岩垣は馬杉の言葉を否定することなく、自分の左手を馬杉の手に重ね合わせ、馬杉の顔をまっすぐに見つめる。手代木が思い出話を続ける馬杉を遮ることについて、藤田亘は、手代木が岩垣に対する馬杉の「〈友情以上の思い〉に気づいている」からだと推測する（藤田 2004a: 22）。

馬杉による詩吟に合わせて、四人の青年たちは剣舞を踊る。この場面こそが、吉村が同性愛嫌悪と女性嫌悪を発動した場面である。そのような吉村の批評に対して、藤田はこの剣舞場面におけるどの動きが女性性や色（エロス）を喚起させるか、日本舞踊などにおける振り付けと剣舞の振り付けを対比させて検証する（藤田 2004a: 19）。本節では、この剣舞場面の特徴であるフラッシュバックに着目する。

第五章で論じたように、木下映画においてフラッシュバックは重要な映画話法である。『野菊の如き君なりき』、『夕やけ雲』以降も、木下はフラッシュバックの実験を続けており、とりわけ『風花』における現在軸と過去軸が流動的に交錯するようなフラッシュバックの活用は圧巻である。『惜春鳥』においてフラッシュバックが挿入されるのは剣舞場面のみであるが、青年たちが共有する過去と中学卒業後の生活を描く直近の準現在、そして飯盛山で剣舞を踊る現在という三つの異なる時間軸が交錯する。

以下、剣舞場面をショット毎に解体していく。まず、馬杉の詩吟は白虎隊人形のイメージに被さる形で始まる。S2は馬杉をクロースアップで映し、続くS3は俯瞰ロングショットで斜め一列に並ぶ青年四人と背後に立つ馬杉を捉える。青年四人はゆっくりと立ち上がり、木刀を腰に構える。膝を曲げ、右手を大きく前方に振り出した方向に体重移動させ直立する。身体を再び後方へ動かす瞬間にアクションつなぎでS3へ切り替わり、中学時代の墓前祭で剣舞を踊っていた過去が提示される。S4は再び俯瞰から現在の剣舞を映す。S5は漆塗りの家業を手伝う馬杉を見せ（準現在）、S6は地面に近く低いアングルから片膝立ちする青年たち（現在）、S7では同じ姿勢の少年たち（過去）へと続く。S8とS9は白ハチマキ姿の牧田（過去）とバーで働く牧田（準現在）を連続させる。S10はS6と同じ角度から青年たちを、S11は俯瞰ロングショットで過去の少年たちが上段の構えから刀を振り下ろす姿を捉える。S12は白ハチマキ姿の馬杉（過去）から、やや俯瞰からのS13へと移る（現在）。S14は過去の少年たちをややローアングルから映し、腕をぐるぐると回す動きからS15で顎を上げ空を見つめる岩垣を見せ（過去）、そしてS16で肉体労働のアルバイトで険しい顔をした岩垣の姿が挿入される（準現在）。S17で再び現在へ戻り、直立する青年たちの姿がＳ18で過去の少年たちへとマッチカットされるＳ19は白ハチマキ姿の峯村から（過去）、旅館の厨房で働く峯村へ（Ｓ20：準現在）、そしてＳ21で現在へ戻る。額に右斜めに曲げて構えた右腕を天高く伸ばすアクションがＳ22へつながり（過去）、今度はクローズアップでえび反り姿の手代木の姿を捉え（Ｓ23：過去）、労働組合のハチマキをつけた手代木がストライキに参加する様子を描く（Ｓ24：準現在）。Ｓ25で現在へ戻り、滝沢峠の石柱（Ｓ26：現在）、「白虎隊奮戦の地」と記された木柱（Ｓ27：現在）へと続いていく。以上のように、剣舞場面は現在、準現在、過去を円のように回りながら展開していく。

ここで披露される剣舞には本来白虎隊の魂を鎮魂する目的がある。『白虎隊剣舞百年』の刊行当時、会高剣舞会会長であった高瀬喜左衛門は、「鎮魂に最も必要なことは、吟ずる者、舞う者が白虎隊士になり切ること」で、「白虎隊が腹を切った気持に自分自身がなって」みることで、「感情移入に徹する」ことができると主張している（高瀬 1983: 頁数なし）。たしかに、過去において墓前祭の場で踊られる剣舞には鎮魂の意図があったと推測できる。それに対して、本来墓前祭などの公式の場以外で披露してはならぬはずの剣舞を現在軸で踊る意味は何であろうか。現在から過去へ、あるいはその逆といった単純なカットバックの連続ではなく、準現在をときおり挿入することで生まれる意味とは何であろうか。

そのヒントは『お嬢さん乾杯』における圭三から泰子への視線や『夕やけ雲』に見られる洋一と原田の深い友愛を表象可能としたフラッシュバックの効果に隠されている。それはすなわち、手の届かぬ理想化された美しさである。実際、観客が『惜春鳥』の青年たちに関して知っていることは、現在と準現在の軸において提示される情報のみであり、中学時代に剣舞を踊った過去は主に馬杉の発言を通して知るのみである。準現在においてそれぞれの青年たちは労働に従事しており、現実の厳しさや不条理を目の当たりにしている。そのような現状を抱える彼らにとって、ここではとりわけ馬杉にとって、過去は皆が団結していた美しい青春の日々を象徴する。過去軸で提示される記憶は、恐ろしいほどに美化された映像である。木下は、白虎隊剣舞の詩吟と舞を媒介として、過去と準現在と現在軸を巧みに交錯させて、もはや手の届かぬ過去を理想化させることに成功した。

6　ホモソーシャルな空間

終戦直後、日本では性の解放運動が起きた。「変態性欲」に関する議論は一九二〇年代と一九三〇年代にかけてすでに存在していたが、軍国主義の興隆は男性同性愛に関する出版を厳しく検閲した。しかしながら、GHQによる検閲下において、それらの出版物に対する制限は緩和された。マーク・マクレランドの調査によれば、「変態性欲」関連の出版物の刊行は「早くて一九四六年に始まり、一九七〇年代初期における男性同性愛者とわずかながら女性同性愛者に向けたメディアの発展まで続いた」とあり、「変態性欲」に関する執筆物は主に一人称で語られていた（McLelland 2005: 10）。

本章の冒頭で触れた『アドニス』のような会員制同人誌[8]の刊行は、戦後日本社会における「変態性欲」に対する寛容を意味したのか。『アドニス』の四十号刊行記念号のなかで、一九五八年の日本において同性愛者として生きることの現状を原比露志は次のように伝えている。「戦後は性の解放が説かれて、同性を愛する心理も、ジヤーナリズムのテーマにすらなつてきましたが、まだまだ世間のみる目も異常への好奇心にとまどり、また当の本人達も一種のコンプレックスから脱し切れていないように思われます」(原 1958: 2)。原の発言は、一九五八年時点における同性愛者や他の性的マイノリティをめぐる世相だけでなく、当事者たちが抱える不安や問題の存在に光を当てる。『惜春鳥』が公開された一九五九年時点の日本社会における性的マイノリティに対する視線は、一九五八年から劇的に改善されたとは想像し難い。序章で触れたように、一九五九年時点の映画倫理管理委員会の自主規制条項には同性愛も含まれていたことを思い出そう。吉村の評価に見出されるような同性愛嫌悪は一九五九年当時の観客の一部にも共有されていた可能性は高い。『惜春鳥』において一九五〇年代の同性愛嫌悪はどのように現れるのか。

青年たちが白虎隊剣舞を踊った後、鬼塚の女中に手を出したという噂を岩垣が認める場面において、青年たちの友情関係を強固にする二つの要素が見られる。一つは女性嫌悪であり、もう一つは同性愛嫌悪である。戸ノ口原で展開するこのシーンは、岩垣が泣いている姿から始まる。「おい、泣くなよ。女々しいぞ」(00:18:58~00:19:01) と牧田に言われ、岩垣は泣き止み (嘘泣きのようにも見える)、女中との間にあった出来事を吐露する。真相を確かめようとする手代木と牧田とは対照的に、馬杉は「聞きたくねえよ」(00:19:59) とフレームアウトする。しかし、「だけど聞いてくれよ」(20:02) と岩垣は馬杉の背中越しにオフスクリーンから語り続ける。岩垣は女中にひとつひとつの所作に文句をつけられたことだけでなく、会津訛りを馬鹿にされたことに怒りを露わにする。岩垣の言葉は、まるで丸暗記した台詞に感情を

[8] 購読者のみが入手することができた。第四十号の裏表紙には「この雑誌は会員相互の意思と協力により刊行されるもので一般には販売されません」とある。

込めて語っているような印象を与えるが、他の青年たちは疑うこともなく聞き入れる。牧田が「自分を傷つけて、相手を倒したってことか。偉いよ、会津の男らしいよ」(00:21:00~00:21:05) と讃える一方で、手代木は教育を受ける機会をくだらない女のために捨てたと批判する。ここで注意しなければならないのは、彼らの口から女性を擁護する言葉が出てこないこと、そして肉体的に攻撃を加えることに男性性を見出している点である。

岩垣のために激怒する馬杉に対する手代木の冷ややかな反応は、馬杉の同性愛的志向に気づいている可能性を示唆する。「馬杉は岩垣のことになるとすぐムキになるからな」(00:21:28~00:21:31) と言う手代木に対して、「お前はムキになれないのか。友達として」(00:21:33~00:21:34) と牧田は尋ねる。切り返しで牧田の方を見つめる手代木は「友達としてか?」(00:21:35) と言い、小さく声に出して笑う。その反応に対して怒る馬杉が峯村が間に入って止める。『惜春鳥』を通して、誰一人として「同性愛」や「変態」という言葉を口にしない。だが、岩垣に対する馬杉の愛着は一体どのように理解すべきか。そのような感情を同性愛と呼んで、手代木のように嘲りの対象にすることもありえる。

本作は一九五九年という同性愛嫌悪の強い時代、また会津若松という家父長社会を背景に製作された作品である。だとすれば、本作において同性愛嫌悪と女性嫌悪がどのように会津若松のローカリティおよび白虎隊精神と結びつき、青年たちにおけるホモソーシャルな関係性の構築につながっているかを考える必要があるだろう。

本作における友情の形と青年たちのセクシュアリティの複雑さを十全に理解するためには、一つの解釈に拘束されない開かれた姿勢が不可欠である。しかし、このような視点は先行研究においては一般的に欠落している。たとえば、佐藤忠男は本作を次のように説明する。

> 高校時代に一緒に〝白虎隊〟の舞いを舞った友人同士が、あるいは大学に行き、あるいは職業について、再会しても気持はバラバラになっている。それを悲しみながら、なんとか友情を復活させたいと願う若者たちの物語であり、若者の純情は社会の荒波にもまれてどこまで保てるか、ということが主なモチーフだと思う。いつまでも純情であろうとする若者が、純情を失ったように思える友を嘆く姿が美しい。（佐藤 1984a: 198）

たしかに、岩垣の無慙な裏切りに悲観する馬杉や、友情が失われないことを一途に願う峯村の姿には「美しい」という言葉がふさわしいかもしれない。しかし、佐藤の視点は本作の表層的な部分のみに光を当てたものであり、登場人物たちのセクシュアリティや感情の複雑さを見過ごしている。その結果、佐藤は木下が「地方都市を描くことを好む」とするだけで、会津若松というローカリティに潜む異性愛規範の支配とホモソーシャルなコミュニティの特質を分析することから遠ざかっている（佐藤 1984a: 198）。

石原や藤田の指摘に従い、岩垣に対する馬杉の感情に同性愛的な欲望が潜んでいると仮定した場合、愛情と友情の差異を見つけることは可能なのか。ホモソーシャルな関係に常に潜むホモセクシュアルな欲望はどのように滲み出すのか。これらの問いに答えるためには、本作における異性カップルである牧田と蓉子、そして二人と三角関係を結ぶことになる手代木について検証していく必要がある。

議論を進める前に、ホモソーシャルという言葉の定義を確認しておきたい。ホモソーシャルとは、端的に言えば「同性間の社会的絆を表す」（セジウィック 2001: 2）。セジウィックが『男同士の絆』において検証するように、男性間のホモソーシャルな関係においては、「ホモソーシャルとホモセクシュアルとが潜在的に切れ目のない連続体を形成」する（セジウィック 2001: 2）。ホモソーシャルな欲望は、政治的に家父長制を維持するためのものであり、男性による女性支配の構造を連帯して強化していく。そのような男性支配的なコミュニティを継続していくためには強制的異性愛が要請される。こうしてホモソーシャルな欲望は男性だけの社会を指すのではなく、女性を含んだうえで排除するミソジニーを発動することで成立する。つまり、映画や文学においてホモソーシャルな欲望が働くとき、男性は女性を一度受け入れ、そしてなんらかの理由で愛している女性を拒絶するプロットがとられる。そして、強制的異性愛の価値観を保持すると同時に同性愛的欲望を回避しながら、他の男性との社会的絆を深める。セジウィックのホモソーシャル理論の卓越した点は、「女性の交換を推進する原動力に、男性のホモフォビア（同性愛嫌悪）がある、と看破した」だけでなく、それによって「男性はこの同性愛的なるものを隠蔽するために、女性を交換する」という三角関係の構造を示した点にある（上原 2001: 358）。

五人の青年のなかで、牧田と手代木のみが異性愛規範的なシナリオに関わっている。牧田は蓉子に惚れており、蓉子は牧田に対して気持ちを直接伝える。蓉子は会津の成金である桃沢（伴淳三郎）の養女である。牧田の母親は桃沢の妾であり、牧田は二人の間の子供だ。牧田は蓉子を愛しているが、両家の争いのために彼女を諦めようとしている。一方、会津士族の三男である手代木に蓉子との縁談が持ち上がる。手代木は牧田と蓉子が想い合っていることを知っている。だが、士族でありながら貧乏な家庭で育った手代木にとって裕福な家系の養子になることはより良い生活を得る絶好の機会である。より重要なのは、蓉子が「わがままな可愛い、とても貧乏人のわれわれじゃ付き合うことのできなかった人」(01:33:58~01:34:02)であることだ。

手代木にとって蓉子と結婚することは、金持ちの牧田が所有するものを所有するという欲望の実現である。それはつまり、藤森の分析に従えば、「手代木は牧田と競合的な関係に入っており、そのなかで蓉子が欲望の対象として現れるのだ。手代木には、牧田のようになりたいのか、蓉子がほしいのか自分でも判断できないのである」(藤森 2012: 17)。このような手代木の心理をセジウィックの理論に当てはめれば、手代木は牧田に対する同性愛的欲望を隠すことに失敗しているということになる。手代木は蓉子がどう思うかよりも牧田がどう思うのかという点をより気にしている。手代木にとって、蓉子は牧田のような金持ちになるための媒介であり、また金持ちの牧田が付き合える女性を獲得することは牧田のようにならんとする欲望が働いていると解釈できる。

先行研究が指摘する通り、馬杉がクィアなキャラクターだとすれば――馬杉は岩垣の所有していたカメラを質に入れずに自ら所有することを選択する――牧田が所有するものを所有しようとする手代木もまたクィアな存在だと言えないだろうか。[9] 蓉子との縁談の了承を牧田から「友だちとして」得ようとするとき、手代木は牧田に笑いの対象にされる。同じ「友だちとして」というフレーズを使って、岩垣に対する馬杉の過剰な友愛を手代木が笑ったことを思い出そう。手代木の欲望を岩垣に対する馬杉の欲望と比較するとき、異性愛ロマンスにおいてホモソーシャルとホモセクシュアルな関係性の境界が曖昧に

［9］藤田竜は「またしても今思えば、石浜はいじわるオネエだったのかもしれない」と指摘している(藤田 1975: 64)。

なる。そしてこの曖昧な境界線にいる手代木によって、岩垣が詐欺師である事実が警察に密告されることで青年たちの友情物語は大きく動き出す。

木下映画においてもっとも強烈で愛に溢れた移動ショットの一つが、岩垣が警察に捕まる前にと駅へ急ぐ馬杉の姿に見出される。足を引きずりながら走る馬杉をフレームの中心にロングの移動ショットが展開する。前へ前へと急ぐ馬杉をどんどんと自転車や車が皮肉のように追い越していく。ショットサイズがウエストショットへ切り替わり、焦る馬杉の表情がより鮮明にワイドスクリーンに提示される。このシーンの開始と同時に、映画冒頭で流れるアップテンポに編曲された《惜春鳥》が物語世界外音楽として流れる。この《惜春鳥》が鳴き終わるまでには馬杉が到着できるのではないか、と幾らかの観客は期待するだろう。しかし馬杉が駅へ着くのは、《惜春鳥》はすでに去り、岩垣が警察へ連行された直後である。

7 みどりと英太郎——二枚目と心中物語

牧田は手代木に対して同様の欲望を抱いているだろうか。みどりと東京へ駆け落ちをし、体調を崩し敗残者となった叔父の英太郎に対する牧田のある種の憧れに着目した藤森は、「牧田の蓉子への欲望は、叔父英太郎からやってくる」と主張する（藤森 2012: 17）。たしかに、牧田が一度諦めた蓉子への恋心を燃え上がらせるには、英太郎とみどりの心中が転機となる。好きな女性と駆け落ちし、そして最後には心中までしてしまう英太郎のような男に牧田は憧れるのだ。ここで本章が振り返らなければならないのが、二枚目としての佐田啓二のスター・イメージである。

本章の最後の論点として、ここではみどりと英太郎の心中を扱う。英太郎とみどりはともに会津若松の出身であり、駆け落ちした先の東京で暮らしていた。しかし、みどりは強制的に故郷へ連れ戻され、英太郎も務めていた会社が倒産し、肺結核を患って故郷へ戻ってきた。岩垣の逮捕後、本作のプロットはみどりと英太郎の再会に注力する。二人の心中が別の異性愛的欲望を喚起させることはすでに述べたが、本節ではまず先に英太郎とみどり、それぞれのキャラクターについて検証したい。

英太郎を演じる佐田啓二は、『惜春鳥』に至るまで十本の木下映画に出演した。佐田は『喜びも悲しみも幾歳月』や『風前の灯』で結婚し、子供を持つ男性を演じる一方で、『お嬢さん乾杯』の五郎のように押されれば転げるような不安定な男性性に特徴付けられた男性も演じてきた。第二章で見た通り、佐田は二枚目俳優として弱々しくて頼りない一方で、女性に優しい声をかけ相思相愛になることのできる男性を演じてきた。そのようなスター・イメージは、封建的な男性像を引き継ぐ戦前の男性スターとは異なる新しい戦後の二枚目俳優のものであった。

本作の主要登場人物である青年たちは全員戦後にデビューした俳優たちによって演じられている。とはいえ、彼らが演じる役柄は白虎隊精神を、つまり会津戦争からの封建的なイデオロギーを同時に内面化している人物たちであると言えよう。なかでも津川雅彦演じる牧田康生は、親世代の封建的な価値観を批判する一方で、恋人の蓉子から「封建的なのは康生さんじゃない。女、女って。一八なら一人前よ」(00: 42: 22~00: 42: 27) と自身が内面化している家父長制的な価値観を指摘される。そのような牧田は、自由に異性への恋心を語ることのできる叔父の英太郎に憧れる。たとえば、みどりの白虎隊剣舞について

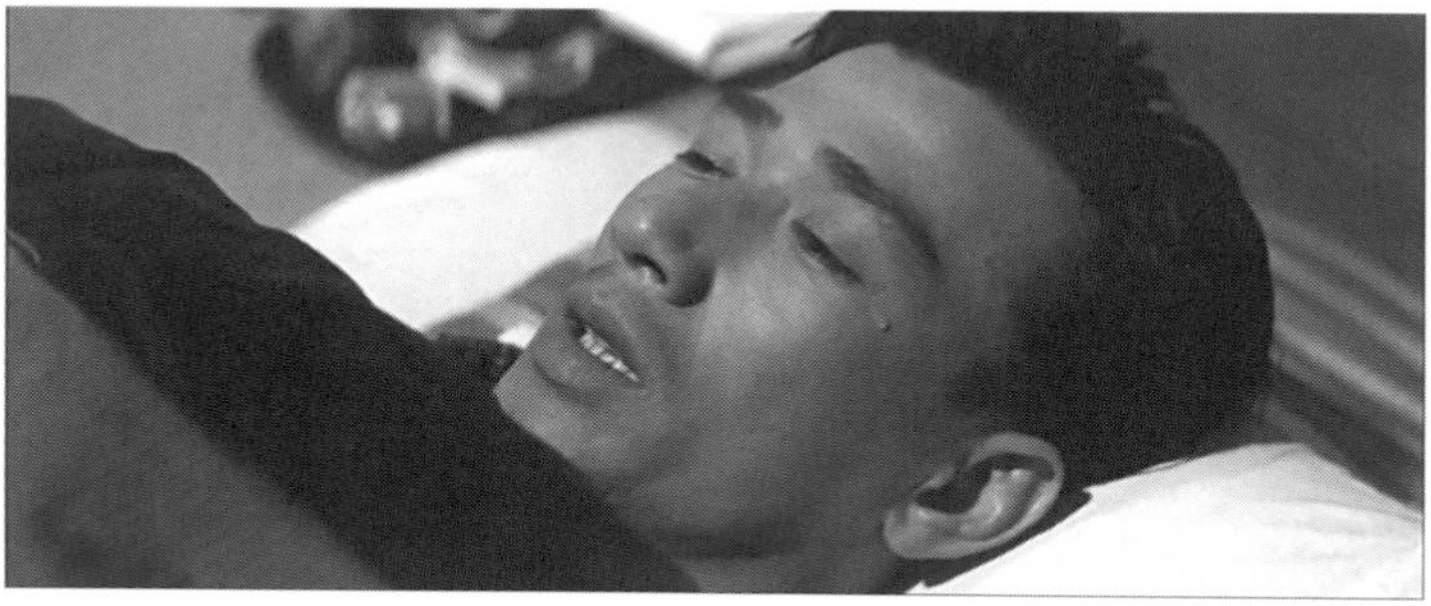

図 6-7　英太郎の涙

話をするシーン（00:22:24〜00:26:08）を見てみよう。ここでは、牧田と英太郎の横顔を捉えたショットが交互に繰り返されるのだが、英太郎の横顔は牧田のPOVショットである。英太郎の横顔のクロースアップは、牧田が英太郎の話に聞き入るほどに少しずつアップしていく[10]。

青年たちの理想化された共有過去は、白虎隊剣舞を通じてフラッシュバックの形式で提示された。一方、東京でのみどりとの生活を英太郎が思い出すとき、フラッシュバックが挿入されることはない。その代わりに、英太郎は《白虎隊》を弱々しく口ずさみながら涙を流す（図6－7）。みどりとの思い出は英太郎の頭の中でのみ繰り返し再生され、英太郎の感情を揺れ動かすのだ。また、「踊っているうちに目がうるんできて、感じが出てた」と牧田が証言する通り、みどりもまた白虎隊の踊りを通じて英太郎との過去を思い出し、涙を浮かべるのである。白虎隊剣舞における馬杉の詩吟と他の青年たちの剣舞の動きが理想化された共有過去へ立ち戻るための媒介であったように、英太郎とみどりにとっても、歌と踊りは過去への入り口となるだけでなく、会津若松の家父長制の規範の拘束からの解放を経験する媒介となる。

木下映画において佐田は弱々しい男性像を演じてきたが、『惜春鳥』において佐田は病身で立ち上がることもできない敗残者を演じる。その意味において、英太郎は会津若松という家父長社会における男性の枠に当てはまらない、異性愛規範において求められる男らしさから逸脱した存在なのである。これは映画観客の自己同一化においても重要な観点である。英太郎は男性だけが自己同一化する対象ではなく、女性やノンバイナリーの観客にとっても自己同一化が可能なジェンダー・イメージを有している。それはスクノーヴァーとガルトが指摘するように、ジェンダーの境界を越えた自己同一化は映画体験の基本的な要素であり、またどのような映画でもクィア映画となる潜在力を示す（Schoonover & Galt 2016: 6）。たしかに、女性やノンバイナリーの観客による男性主人公に対する弱々しさを接点とした自己同一化は、男性優位社会におけるジェンダー二項対立を打破する手段とはなりえないという批判もあるだろう。しかしここで重要なのは、英太郎があくまでも男性でありながら、観客へジェンダー・アイデンティティに束縛されない自己同一化の機会を与えることのできる存在ということだ。

二枚目としての佐田は、『君の名は』三部作（大庭秀雄、一九五三年〜一九五四年）における岸恵子との関係にも見られたように、じっと忍耐強く我慢していればいつか理解されるという姿勢を取り、うなだれ、戦うことをしない。一方、みどりは英太郎も東山に帰ってきていることを知ると、積極的に会いたいと言い、行動を起こす。彼女は芸者として家父長社会にがんじがらめにされているが、典型的な女性像に押し込められることを拒絶できる意志の強い女性である。たとえば、峯村の部屋に移動した岩垣が、床

［10］英太郎の横顔を見つめる牧田の視線は、『お嬢さん乾杯』でギターを弾く五郎の横顔を見つめる圭三の視線と重なる。

図 6-8　心中前に踊る白虎隊剣舞

に仰向けになり、みどりの手を握りながらまるで子犬のように甘えたぶらかそうとするときも、彼女は瞬時に岩垣の本質を見抜く力を持っている[11]。

みどりは、恋の成就に向けて二枚目を引っ張る女性である。みどりと英太郎の物語は近松門左衛門の浄瑠璃や歌舞伎における心中ものと同様に女性中心に展開する。そもそも、佐藤によれば、「とくに心中ものは、女の自己主張が認められていない封建社会において、命と引きかえに自己を主張する女の物語である」（佐藤 1984b: 92）。この意味において、『惜春鳥』の女性観客は、引っぱられる男性である英太郎だけでなく、男性を引っぱる女性にも多重同一化することができる。『惜春鳥』は観客性におけるジェンダーの流動性を内包した映画作品なのである。

最後に、みどりと英太郎の心中場面を着目しよう。画面左側に英太郎が正座して詩吟を歌い、月明かりに照らされた画面中央の雪原の上でみどりが舞う（図6－8）。藤田は、詩吟を歌う英太郎が「〈受動〉」であり「〈女制〉」、剣舞を踊るみどりが「動作主」であり「〈男制〉」であるとして、本場面に見られるジェンダーの揺らぎを指摘した（藤田 2004a: 25）。藤田の議論の有効性を認めつつ、ここで注目したいのは舞台設計の意義である。『惜春鳥』は全体を通して会津若松のローカリティの真正性を維持・主張するために、現代劇のリアリズムを基本に製作されている。しかし、木下千花が指摘するように、みどりと英太郎の心中場面の設計は視覚的な異質性を生成する。「ロングの固定キャメラが捉えた月夜の雪原はあたかも『楢山節考』(58)の一ショットが混入したかのようで、異物として屹立している」(木下 2011: 248)。

この視覚的な異質さこそが重要であり、みどりと英太郎にとって極限まで理想化・様式化された幻想空間として理解可能となる。それはすなわち、青年たちにとってのフラッシュバックと類似している。この場面でみどりが見せる剣舞は、前述の窮屈な客間で踊る芸者としてではなく、あらゆるしがらみから解放され、純粋に恋人である英太郎の詩吟に合わせて踊っている。この舞台様式化された空間がリアリズム的映画のなかで呈する視覚的な異質性は、二人が手にする自由の悲しさ、家父長制社会からの逃避の絶望的な困難を際立たせる。その意味において、表面的には男女という異性カップルでありながら、両者ともにジェンダー規範に囚われることのないみどりと英太郎は、リアリズムから離れた空間においてのみ再び結ばれることが許容されると言えるだろう。

英太郎とみどりの心中は牧田にどのような変化を与えるのか。心中の知らせを受ける直前、峯村と風

[11] 本書では十分に検討できなかったが、岩垣の流動的な演劇性に秘められたバイセクシュアリティやパンセクシュアリティの表現可能性についても深く分析する必要があるだろう。映画におけるバイセクシュアリティについては、San Filippo (2013) に詳しい。

呂の縁で寝そべっているシーンにおいて、「俺、一晩中叔父さんのこと考えた。なんだか叔父さん、今は一番楽しい思いをしているんじゃないかって思えてきちゃった」(01:32:09~01:32:19) と言う牧田は、不安と羨望が入り混じったような声で「どうせ長くない命を命懸けで逃げたんだからな」(01:33:08~01:33:12) と、みどりと駆け落ちした英太郎の心情に思いを馳せる。この台詞は蓉子との恋を諦めかけている牧田にとって、叶わぬ恋を実現させた叔父に対する憧れの表れと読める。ここで重要なのは、二人の心中が牧田の気持ちを突き動かすことだ。裏磐梯の中ノ沢で雪の中で抱き合って死んだ二人の姿を想像しながら、死の事実を受け止めようとする牧田の顔には悲痛がうかがえる。このショットにおいてオフスクリーンに向けられた彼の視線は頭の中で想像された英太郎とみどりに向けられているのだろう。また視線を落とし、少し猫背気味に座る牧田の姿は病身の英太郎の姿を彷彿させる。しかし、牧田は何かを決心したようにさっと立ち上がり着替え活力を取り戻し、力強く宣言する。「俺も、叔父さんみたいに恋に生きたくなった。蓉子が好きだ。むざむざ手代木にやってたまるもんか」(01:36:53~01:36:56) と。牧田は英太郎の意志を継ぎ、しがらみを振り払い、蓉子への恋心を突き通すことを決心する。木下はここで松竹移籍一本目である津川雅彦に花を持たせる形で、男女の心中に掻き立てられ、異性愛に沸る若者の欲望で画面を満たす。

8　愛の表現

しかし、『惜春鳥』を締めくくるのは異性愛の勝敗をめぐる決闘ではなく、岩垣への同性愛的な感情も十分に含みうる友情をかけた馬杉と手代木の決闘である。戸ノ口原にて、馬杉は岩垣を警察に密告した手代木と木刀で闘う。「会津魂を叩き込んでやるぞ！」（01:33:55）と斬りかかる馬杉の太刀を受け流しながら、手代木はいとも簡単に馬杉を投げる。それでも諦めずに、馬杉は何度も立ち向かい投げ続けられる。堂本正樹はこの描写について、「もし愛というものが真実であるならば、この場面にこそその昂められた姿があった」とし、手代木は足に障害を持つ馬杉に対して遠慮せず「対等に闘」うことで、馬杉の中で燃える「友情という無償の愛によって鎧われた精神」と「彼の愛を賞賛する」と評価した（堂本 1963: 73）。堂本が分析する通り、たとえ馬杉の足に障害があろうとも、手代木は手加減することなく馬杉を打ちのめす。そして馬杉もまた、何度も何度も立ち上がり、木刀に岩垣への愛情を込め、何度も何度も太刀を振るう。堂本はその行為が言葉によって否定されるのではなく、身体的に打ちのめされることで肯定されるのだと説く。それは岩垣に対する馬杉の友愛に表出する同性愛的な感情もまた肯定されているような印象を抱くかもしれない。だからこそ、堂本はこの場面を愛が「昂められた姿」だと述べるのだ。このシーンでもう一つ見逃してならないのは、岩垣のカメラが盗品であったことが明らかになった馬杉は、「俺にはこの足だけが信じられるよ」と左足に触れ、岩垣が残した赤いマフラーを脱ぎ捨てる決断だ。馬杉がその足に思い出として秘めてきた過去に築いた岩垣との友愛は大人になって再会した岩垣によって利用され傷つけられた。自分が生きる身体に残る青春時代の岩垣との思い出、馬杉にとって、その痕跡だけが唯一信じられるものとして存在する。それは彼の身体同様に消えることのない、確かにそこに存在し続けるのだ。

木下惠介におけるクィアな感性という観点に立つとき、『惜春鳥』は「異性愛中心主義の罠」に絡め取られない友愛や情愛を、木下が一九四〇年代から一九五〇年代にかけて洗練させてきたミザンセヌ、映画技法や話法を総動員して描き上げた作品であることがわかる。また、『惜春鳥』は会津若松というローカリティをリアリズム的装置として扱うことで、土地に根付く白虎隊精神と青年たちの友情を連関させ、青年たちのセクシュアリティの多層性と流動性を探求している。さらに、『不死鳥』以降、木下映画には欠かせない男性像としての佐田啓二は『惜春鳥』において、表象だけでなく観客性において、ジェンダーを超越する潜在力を体現することに成功している。理想化された空間を構築するために設計された舞台場面もまた、ロケーション撮影的なリアリズムから逸脱する異質性として、家父長社会から決別したクィアな関係を探求できる空間との提示に貢献している。この意味において、本書は『惜春鳥』を木下恵介におけるクィアな感性の探求の一つの結実点として位置づけた。

『惜春鳥』において、会津若松に脈脈と受け継がれてきた白虎隊精神は剣舞を媒介して過去を召喚する装置として機能する。それは青年たちの剣舞および英太郎とみどりの剣舞からも明らかである。英太郎とみどりの剣舞は、愛に生きた過去を召喚し、死は二人にとって土地のしがらみから解放され、愛を追求する究極の方法であった。過去に囚われた結果の死ではあるが、それは同時に二人で共に「生きる」未来へと開かれたものである。ここで重要なのは、英太郎とみどりの間に共有されたクィアな感性が、愛する者への自らの感情に対する誠実さとして、牧田へと受け継がれることである。『夕やけ雲』の最後、カメラが夕焼け空を洋一の代わりに見つめ続けるように、『惜春鳥』の結末も、牧田が恋に生きる姿を、そして青年たちが未来へ向かって進んでいく姿を、そっと見守るのである。

終章　読みの快楽から、体温のある存在へ

「あなたにとって、映画監督木下惠介はどのような人物ですか」と聞かれるたびに、私は答えに困る。私は木下惠介に直接会ったことがないからだ。しかし、木下が監督した四十九本すべての映画が現存している幸運によって、少なくとも木下が描いた／描かざるをえなかった四十九の物語を通じて、木下がどのように世界を見ていたのかについて、ほんの少しばかりだが想像できるようにはなった。それは二十世紀を通じて発展した数々の映画製作や上映の技術だけでなく、映画の修復や保存をめぐる知識と実践のおかげでもある。木下もまた全作品ではないものの自身の関わった商業映画やホームムービーを保存していたことは第一章で述べた通りだ。また、図書館や資料室をはじめとするアーカイヴによって収集することのできた木下映画をめぐる声だけでなく、木下自身による声を聴くことで、映画監督木下惠介という人物に少しは近づけたはずだ。その時空間を超えた接近には、クィアな観客の一人である私自身のセクシュアリティの経験と欲望を積極的に介入させていくクィア批評の実践が必須であったことは改めて強調するべきだろう。

木下惠介は、愛の人である。愛を信じ、愛に溺れ、愛に怯えた人、それが木下惠介だ。序章の冒頭で引用した通り、老年の木下は「誰かを愛して、愛して、愛しぬこう」という気持ちを忘れていなかった。老年の木下は幾人かの親しい人々に囲まれて亡くなったが、それでも私は「誰かを愛して、愛して、愛しぬこう」という木下の言葉を思い出すたびに、その言葉にまとわりつく困難と孤独に想いを馳せずにはいられない。誰かに愛されるのを待つのではなく、誰かを愛することを欲望し、それゆえに愛することに傷つき、それゆえに愛することを恐れる。木下と木下映画にとって愛とは何だったのかについては、本書の枠を超えて考え続けたいと願う問いである。

本書が分析対象とした木下のホームムービー、『お嬢さん乾杯』、『カルメン故郷に帰る』、『カルメン純情す』、『海の花火』、『夕やけ雲』、『惜春鳥』に共通するのは、戦前から戦後の日本社会における特定のコミュニティや文脈で「正しく」、「普通」だと規範化されたセクシュアリティ、ジェンダー、身体、老いのあり方に対して表面的には迎合の姿勢を見せつつも、抑圧的な規範に対して違和感を抱く人々の経験を描く点である。本書では、クィアな感性は木下の作家性においてどのような様態や形式に立ち現れ、いかにその感性が異性愛中心主義的な近代社会で不条理を受ける被抑圧者ないし逸脱者の抵抗と創造の諸相を描く上で重要なものであったのかをクィア批評を軸にした映画分析を通じて明らかにした。以下、各章をまとめながら結論を述べていきたい。

第一章は、木下のホームムービー『我が家の記録』について、撮影時期前後の木下の活動を参照しながら、十二本それぞれの映像に映る内容をカタログ化した。一九三六年から一九四九年までに不定期に撮影されたホームムービーには、浜松の家族だけでなく、木下組のスタッフや出演者たちが「擬似家族」として登場する。木下のホームムービー自体は、日本の映画人が撮影し、映画フィルムはなくとも映像が現存している点に歴史的な重要性と価値を有する。その一方で、木下にとってホームムービーは、撮影助手として得た映画技法に関わる知識と技術を実践する場として機能しただけでなく、家族との旅行や撮影所の人々との関係を記録し、両親や親しい人たちと共有する手段であったはずだ。ホームムービーは二〇世紀を通じて異性愛規範の強化と再生産に加担してきた小型映画であった。木下自身の意図がどうであったかは関係なく、木下の性的指向／セクシュアリティを考慮したとき、木下によるホームムービーの撮影と上映を通じて形成された愛の表現には、ホームムービーが歴史的に想定してきた異性愛規範的な慣習を打ち破るクィアな感性の力強い萌芽が秘められていた。そのようなクィアな感性の芽吹きに光を当てるのがクィア批評の実践であり、第二章以降はその実践を軸にクィアな感性が結実する過程を探求した。

第二章では、結婚喜劇として宣伝された『お嬢さん乾杯』において身分差カップルの結婚が最終的に回避される描写を本作に対するクィア批評の出発点とした。これにより、主人公とヒロインには異性愛とは別次元のつながりが存在することを明らかにした。戦前からの新派俳優のスター・イメージを引きずる佐野周二が演じる圭三は、恋愛と結婚という観点において模範的な男性性を満たすことのできない男性であった。対照的に、圭三の弟分五郎を演じる佐田啓二は、戦後民主主義社会において女性と接吻し、女性の欲望を受け止める新しい二枚目俳優のスター・イメージを有していた。佐野と佐田のスター・イメージを比較することで、彼らが互いの男性性を補い合う関係にあることが分かったが、同時に、石原郁子が指摘したように、彼らの関係には同性愛的解釈の可能性を開く余白も浮上した。一方、ヒロインを演じた原節子は戦後民主主義の象徴であった接吻を拒絶した女優として映画スター研究で認識されており、異性愛規範からの逸脱の可能性を内包していた。そのような可能性は泰子の曖昧なセクシュアリティとして立ち現れる。木下が男女の結婚を期待させる結末を用意しながらも、二人に一度も接吻させず、また再会させないという演出の選択は、結婚という異性愛規範に回収されない関係を目指したものであると結論づけた。

GHQによる占領下日本において派生したカストリ文化は一九四〇年代後半にかけて、額縁ショーやストリップ・ショーを誕生させた。これらの性産業においては、白人女性を想起させる白い肌と豊満な身体をもった女性が人気を博した。高峰秀子演じる「カルメン」二部作の主人公リリィ・カルメンは、このような文化的背景のもとで誕生した。第三章では、斉藤綾子の論文を主軸に、「戦後日本のアイコン」であり「矛盾の落とし子」であるリリィ・カルメンの表象を論じるために、まず占領終結後の一九五二年を舞台にした『カルメン純情す』におけるヒロインの労働者としての側面に焦点を合わせた。カルメンが雑踏へ消えゆく結末は、芸術(ストリップ)を実践する場を失ったことが理由であるとし、カルメンにとって芸術は規範に抗いながら生き残る手段であると仮定した。その仮定をもとに、フジカラーを用いた日本映画初の長編総天然色映画『カルメン故郷に帰る』を色彩、音楽、演技、受容の四点から論じた。カラー映画としての本作の視覚的および技術的な性質は、コミュニティでの彼女の異質性を視覚的に示した。シューベルトによる歌曲は、表層的にはコミュニティを夢と希望に溢れた空間(規範に縛られる必要のない空間)に見せる(聞かせる)一方で、《鱒》や《野ばら》、《菩提樹》を通して、カルメンたちが異性愛規範からまったく自由ではない状況を表現した。他方、誇張されたキャンプ的演技は規範に足を取られることなく、自由に跳ね回る力をカルメンに与えた。それはクィアな感性に託された生きるために未来を切り拓く力に対する木下の希望の表れと見ることができる。

第四章では、なぜ『海の花火』の結末は青年と少年の間に見る強い愛情を喚起する触覚的な表現によって圧倒されるのかという問いに答えるために、切り返しの編集技法、ショットサイズの変化、そして演出方法に着目して解明を試みた。公開当時の新聞広告は、男性主人公とヒロインが結ばれることを期待させる構図や惹句を用いていたが、三國連太郎演じる主人公毅が女性と結ばれる結末は用意されていなかった。本作を通して、毅の顔と切り返しを行う回数がもっとも多いのは他の誰でもない孤児の少年一平である。主人公と少年の親密性が主人公と女性登場人物の親密性よりもはるかに濃厚に描かれ、豊かな意味が付与される、その様態を詳細なテクスト分析によって明らかにした。ただし、本作は第四章で扱った以上に豊富な要素が詰まった作品である。特に、東京編における男女間の切り返しの検討は十分にできなかったため、さらに追求する必要があるだろう。加えて、本作に店名として登場する「ドリアン・グレイ」は明らかにオスカー・ワイルドの『ドリアン・グレイの肖像』へのオマージュである。木下は他にもクィアな作家として注目されているアンドレ・ジッドの『狭き門』を『遠い雲』の重要な小道具としてだけでなく、作品全体のモチーフとして用いている。木下は同様にジャン・ジュネの作品に対しても惹きつけられていたことから、木下自身による他のクィアな作家たちへの関心についても検証していかなければならない。

第五章では、『夕やけ雲』における子供から大人への成長過程において取捨されるクィアネスについて、エイジングの観点から検討した。主人公で魚屋の長男である洋一の身体に染み付いた魚臭さをクィアネスの一つの形と仮定し、魚臭さをひっくるめて洋一を受け入れる親友と洋一との友愛にクィアネスを温かく抱擁する関係性を見出した。石原や藤田亘によって、これまで洋一と親友の間で展開する身体の触れ合いにおいて滲み出すエロティシズムが指摘されてきた。本作はホームドラマという映画ジャンルに属する以上、たとえ潜在的であったとしても同性愛的関係性が異性愛規範の価値観を上回ることはないように見える。しかしながら、木下は本作の物語の九割を広義のフラッシュバックで語ることで、洋一と親友の友情だけでなく、洋一が憧れる遠メガネの「綺麗な人」が比喩的に体現した「ここではないどこか」への欲望に対する視線を、異性愛規範の枠組みから自由な理想化された関係性として提示しようとした。木下におけるクィアな感性という視点からフラッシュバックの効果を検討するとき、それは現在軸では失われた、あるいは実現困難な世界へのオルタナティヴな可能性が託されていることが明らかになった。

第六章では、『惜春鳥』が一九四〇年代から一九五〇年代にかけて木下が探究したミザンセヌ、映画技法や話法を結実させた作品であることを、テクスト分析を用いて論証した。会津若松でロケーション撮影された『惜春鳥』は、会津に伝わる白虎隊精神と青年たちの友愛を連関させた。リアリズム的撮影方法に基づいて構築されたローカリティの真正性は、構図や演出に支えられ、青年たちの絆の表象にセクシュアリティの多層性と流動性を探求する余白を残した。『不死鳥』以降、木下映画において弱い男性像を体現してきた佐田啓二は敗残者という役柄を通じて、家父長的な異性愛中心主義社会が求める男性性を超越した存在となった。そのような佐田が男性的な有馬稲子と「カップル」として組み合わせられることで、女性客がそのジェンダー・アイデンティティに制限されずに男女どちらにも自己同一化できるというジェンダー・ノンコンフォーミングな感情移入の磁場の構築が可能となった。さらに、現在および準現在を行き来する過去へのフラッシュバックが、手の届かぬ理想化された友愛を映像化する空間として、『夕やけ雲』とは異なる強度を有した精緻な形で用いられた。理想化された空間を構築するために設計された舞台場面もまた、ロケーション撮影的なリアリズムから逸脱する異質性として、家父長社会から決別したクィアな関係を探求できる空間としての提示に貢献している。この観点から、本書は『惜春鳥』を木下恵介におけるクィアな感性の探求の一つの到達点として位置づけた。

一九六四年に『香華』を撮り終えた木下は、木下組で育てた脚本家や助監督たちを養い、彼らの活動の場を拡大させるためにテレビドラマ産業へと進んでいく。一九六四年から一九七七年にかけて製作・放映された『木下恵介劇場』、『木下恵介アワー』、『木下恵介・人間の歌シリーズ』では、木下は演出や脚本を担当するエピソードもあったが、基本的には山田太一など木下組の面々が主に製作の主体となっていく。木下のクィアな感性の全盛期は一九五〇年であり、松竹を去るまでの間に段々と弱まっていったように考えられる。一九五八年を頂点に映画産業自体が緩やかに衰退の道を辿り始め、木下が松竹の利益を向上させるためにさまざまな要請と期待に応えるなかで、だんだんと異性愛規範に対する抵抗をめぐる表現の選択肢が狭まったのだ。ただし、第六章で引用した『薔薇族』の記事は、テレビドラマにおいても、木下のクィアな感性の一片が見られる可能性が残ると示唆している。今後の研究範囲として木下が関わったテレビドラマ・シリーズも視野に入れることは必須であろう。

以上、本書は木下の作家性におけるクィアな感性を軸に、一九三〇年代から一九五〇年代にかけて木下が制作／製作した小型映画と商業映画が示したセクシュアリティ、ジェンダー、身体、老いに関する規範に対する抵抗の可能性を浮き彫りにした。本書が目指したのは、一人のクィアな観客として木下映画に抱いた好奇心を出発点に、石原に代表される先行研究が整地してきた足取りを辿りながら、可能な限り公開当時の映画批評や製作関連資料を参照しつつ、木下が用いた映画修辞法に着目し、映画分析で得られた細かな証拠をもとに、木下映画のクィア批評を実践することであった。もちろん、本書が扱った六本の作品群は非常に限定的なものであるため、このように範囲を限定した分析では木下映画研究の体系的な再構築に向けた土台として不十分であるという批判も予想される。『惜春鳥』以降の作品群は言うまでもなく、木下映画の研究において不足している娘と母の関係性をめぐる視点も求められるだろう。また、本書が依拠したクィア批評の方法論は英語文化圏で主に形成されたものである点を考慮すると、戦前から戦後の日本文化、あるいはより広範的な日本文化や東アジアという文脈に根付いた歴史性や理論を応用する必要があるだろう。クィア映画研究における男性中心主義への批判など、将来的にさらなる理論的な発展と分析作品の拡大が要求される限界を認めつつ、本書は木下の作家性に内在するクィアな感性の在り方を分析対象作品において探求した。木下映画にみるクィアな感性の諸相を単純に木下の性的指向／セクシュアリティに関するゴシップのみに帰属させるのではなく、本書は序章で作業定義として提示したクィアな感性が実際にどのような映画修辞法のもとで成立するかについて、具体的な分析方法を示した。観客のセクシュアリティやジェンダー・アイデンティティに関係なく、隠蔽された欲望を浮き彫りにするクィアな読みの実践戦略を提供できたはずだ。

現在の日本映画研究／日本映画史研究の再構築に向けて、クィア批評にはどのような可能性があるだろうか。現在の日本映画研究／日本映画史研究が抱える課題の一つは、性的マイノリティの生きた経験を描く作品や異性愛規範に対して違和感を示す日本映画が近年多少なりとも増えてきた一方で、それらがどのような映画史の延長線上に発展・停滞・後退してきた結果であるかについては、十分に全体像が把握できていない点である。たとえば、私がキュレーションに関わった早稲田大学演劇博物館の企画展「Inside/Out――映像文化とLGBTQ+」は、日本映画史をクィアな視線から振り返り、異性愛規範のもとで抑圧され、隠蔽され、不可視とされてきたセクシュアリティ、ジェンダー、身体、老いの表象を提示したものの、それは一つの視点に過ぎない点を強調しておかねばならない。今後の日本映画研究／日本映画史研究に求められるのは、たとえば木下千花や他の映画研究者が進める「日本映画における女性パイオニア」プロジェクトのように、社会、文化、歴史において周縁化されてきた人々の生きた経験をさらにしっかりと記述することだ。それによって、田中純一郎をはじめとする映画史家によって言語化されてきた従来の日本映画史において気に留められなかった人々の存在を可視化させることができるはずだ。本書が木下映画を対象にしたクィア批評は、欲望を隠蔽することなく、日本映画史の外部と内部を交錯しながら貪欲かつ創造的に読み替えていく、挑発的な可視化に向けた実践の一つでもあったはずだ。さらに付け加えれば、日本映画史をクィアに再編するためには、国立映画アーカイヴや神戸映画資料館といった国内の映画アーカイヴのコレクションを利活用する際にも、積極的にクィアな視線を介入させていくことが求められるだろう。それは個人的な欲望がより大きく公的な空間や歴史へ食い込んでいく、政治的な試みでもあるはずだ。

本書の序章でも英文学者の村山敏勝の言葉を借りたように、「批評とは、プライヴェートな体験をパブリックな場に開く作業」である（村山 2005: 7）。木下映画の研究を始めて一年ほどが経った頃に参加した表象文化論学会にて、なぜ自分が木下映画をクィアに読もうとするのかという趣旨の質問を受けた。うまく言葉が思いつかず、正確な表現は思い出せないが、私は自分が同性愛者だからだと答えたように思う。今振り返ると、なんてナイーヴな大学院生だったのだろうと反省するが、本書を執筆するうえで、映画分析に客観的な視点を保とうとすると同時に、その分析の視点の中心には常にクィアな映画観客の一人である自分がいることに気づかされたのも事実である。おそらく、このような言葉自体もナイーヴな発話だと考えられるが、本書で扱った木下映画について考える経験において、自らのセクシュアリティやジェンダー・アイデンティティが映画体験に与える影響を考えなかった瞬間はない。それは私個人の読みの快楽を軸とした「プライヴェートな体験」を積極的に日本映画史へ刻む実践であった。ある観客から見れば、本書がここまで提示した解釈はとんでもない「誤読」であり、「失敗」だと考えられるかもしれない。「失敗」と戯れ、読みの快楽を軸にした積極的な「誤読」の実践は、少なくとも私にとっては、「昔の映画」である戦後日本映画に少しでも近づき、物語に描かれる登場人物たちの経験を体温のある存在として想像する経験でもある。本書が探求した木下の作家性におけるクィアな感性をさらに拡大することは、映画産業、映画批評、そして映画研究に強靭に根付く異性愛規範に抵抗し続ける力を観客と共有するための一歩につながると信じている。そのような想像力の拡大において、これまで声や身体を与えられてこなかった人々の生きた経験をひとつひとつ紡ぎだしていく。そのように映画史と映画作品を内側から織り直していく行為にこそ、クィア映画批評の閃光が夕焼雲の彼方から観客の愛と欲望を照射する瞬間が訪れるのだ。

あとがき

二〇一四年四月、京都大学大学院の博士後期課程で木下惠介監督について調査を始めてすぐの頃、私は北鎌倉の円覚寺に木下の墓があると知った。円覚寺にある映画人の墓といえば小津安二郎のものが有名で、他にも田中絹代や佐田啓二など、松竹映画に縁のある映画人たちが眠る。人と食事をしたり、麻雀をしたり、酌み交わすのが大好きだった木下のことだ、それだけの人々が周りにいれば、きっと寂しくはないだろうと想像した。いつか博士論文が完成した折には墓参りをしよう、そう誓ってバケットリストに加えた。

博士後期課程を二〇一七年三月に修了して、一年間、非常勤講師として京都大学と京都造形芸術大学（当時）で英語と映画学の授業を担当した後、私は二〇一八年四月から早稲田大学坪内博士記念演劇博物館で助教として働き始めた。東京へ越したタイミングで木下の墓のことは頭の隅にチラッと横切ったが、東京から鎌倉にはいつでも行けるから、と三年しかない任期がまるで永遠に続くかのような余裕をなぜか心に持っていた。Twitter で毎月の初めに記録として残していた「東京生活〇カ月目」というツイートには、その月にやりたいことを書くことにしていた。けれども、〇の中の数がどれだけ増えようとも、木下の墓参りがそこに現れることはなく、そのまま二年以上の月日が流れた。

だが、墓参りの機会は意外とあっさりと訪れた。ある夜、中華料理屋で小籠包をつつきながら木下の墓の所在について触れた折、「それは久保さん、行った方がいいよ」とある人に背中を押され、二〇二〇年九月十五日、残暑の厳しい快晴の日、私は人生で初めて北鎌倉駅へ降り立った。木下映画研究を始めてから六年が経ち、ようやく円覚寺に足を踏み入れる。ちょうど演劇博物館の二〇二〇年度秋季企画展「Inside/Out──映像文化とLGBTQ+」で最初に紹介する映画監督が木下でもあったため、木下への墓参りはその挨拶と報告を兼ねることにした。遠足気分で向かった円覚寺は緑が豊富で陰もたくさんあったとはいえ、その日は数歩動けば汗が滴り落ちるほどの湿気と気温だった。息をつきながら、高台に向かう坂道の階段をゆっくりと進む。これから木下に墓参りができるのか、とワクワクしながら一歩一歩踏みしめていた。

木下の墓前に立つと、なぜだか気恥ずかしくなってしまった。久しぶりに会う友人と目が合わせられない、そんな類の気恥ずかしさだ。木下とは生前に一度も会ったことがあるわけでもないのに、何度も、何度も直に話をしたことがあると錯覚するような感覚を味わったことがある。私はそれまで写真を通じて幼少期の木下の姿に微笑み、ホームムービーを通じて二十代から三十代の野心と創造性に溢れた青年期から壮年期の木下を知り、映画作品を通じて木下の感性に震え、そしてテレビ番組に映った愛を渇望する老年の木下の声と視線に涙してきた。木下映画に対して多くの人々が述べてきたように、私が持つ木下のイメージもまた絶えず流動的かつ多層的で、一つのものとしては捉え難い。映画だけでなく、木下が残した文章を読むことを通じて、複数の木下が私の中に生きている。しかし、墓前に立った際に私が対面した木下はその誰でもないのかもしれないとも思った。同時に、まったく同じである必要すらもないだろうと気がついた。木下の墓前でそんな風に考えながら、合わせていた手を降ろし、目を開けたとき、心地よい風が吹いていた。

本書は、二〇一七年三月に京都大学から博士号（人間・環境学）を授与された博士論文『木下恵介におけるクィアな感性の探求――一九五〇年代の作品を中心に』を増補改訂したものだ。本書は平成二十六～二十八年度の日本学術振興会科学研究補助金「日本映画史における人間精神関係の表象の歴史研究」（特別研究員奨励費）および令和二～三年度の「映画雑誌『キネマ旬報』にみるエイジングをめぐる産業的・批評的言説に関する基礎研究」（若手研究）による研究成果の一部である。また出版に際しては、「令和三年度京都大学人間・環境学研究科人文・社会系若手研究者出版助成」による助成を受けている。本書の内容や分析の責任はすべて私にあるが、本書を完成させるにあたり、数多くの方々に大変お世話になった。この場をお借りしてお礼を申し上げたい。

まずは、修士課程では副指導教官として、博士後期課程二年目からは指導教官として懇切な助言・指導を賜った松田英男先生に厚くお礼を申し上げる。適度に放牧的な関係は私にとってちょうど良い距離感で、ときどき基礎をすっ飛ばしがちな私に呆れることなく喝を入れてくださり、映画史を把握することの重要性と観客の一人としての自分の感性を信じる大切さを常に思い出させてくださった。博論のタイトルにある「探求」は、クィアな観客の一人である自分自身の感性を木下映画の分析を通じて「探求」するためでもあるのだから、と励ましてくださったのはとても嬉しかった。

博論審査の副査を担当してくださった田邊玲子先生と木下千花先生にも数多くの助言をいただき、深く感謝申し上げる。修論審査も務めて下さった田邊先生には、家族至上主義に疑問を投げ続けること、また、女性表象に対する批評眼の大切さを教わった。木下先生には京都大学へ着任される以前から研究会や表象文化論学会でさまざまな助言をいただいただけでなく、博論以降も、Society for Cinema and Media Studiesでの発表（二〇一七年）へ誘ってくださり、研究者として国際的に活躍・貢献することの意義を実践的に共有してくださった。博論審査でいただいた「クィア映画研究ならもっと毒々しく尖った文章を目指そう」という助言を本書で活かせたかどうかは定かではないが、今後も精進し続けたい。

同志社大学の菅野優香先生には、博士後期課程から現在に至るまでさまざまな機会において、国内でクィア映画研究を続けるにあたり勇気と刺激をいただいている。二〇一七年三月に国際基督教大学で開催されたシンポジウムで木下の『遠い雲』について発表した際、明治学院大学の斉藤綾子先生と揃って「久保さんは遠慮し過ぎ。遠慮せずに書くべき」と仰っていたのをときどき思い出す。本書が採用したアプローチは、遠慮をすることで埋もれてしまうかもしれない木下のクィアな感性を日本映画史にきちんと、この時代に刻もうと思えたからこそ選ぶことができた。

京都大学のミツヨ・ワダ・マルシアーノ先生からは、研究者として、そして同時に一人の人間として、あらゆることに好奇心を抱き、その声をじっくりと真摯に聴き続けることの楽しさと面白さについて実践的に教わってきた。国際日本文化研究センターでお目にかかって以来、対等な「colleague（同僚）」として叱咤激励してくださっている。また、現在も京都の大学院生たちとのオンライン読書会に誘っていただき感謝している。

本書は学部時代を過ごしたマサチューセッツ州のフラミンガム州立大学での学びなくして書き得な

かった。映画学の道を示してくださったアーサー・ノレティJr先生からは、謙虚さが人と学び続ける経験の軸になることを教わった。期末試験の度に焼いてくださったチョコチップクッキーの味や映画上映会での興奮は今でも忘れていない。リサ・エク先生からはサルマン・ラシュディやイサク・ディネセンの小説の難解さをセクシュアリティとジェンダーの側面から積極的に語る面白さを学んだ。二人から吸収した探究心は私の学問に対する現在の姿勢にとっても非常に大きい意味を持つ。アメリカでの生活を支えてくれた叔母家族とロング・ファミリーのみんなには、新型コロナウイルスのパンデミックが落ち着いたら、本書を届けに行きたいと願っている。

大学院からこれまで、すでにお名前を挙げた方々の他、故・加藤幹郎先生、谷川建司先生、板倉史明先生、小川順子先生、塚田幸光先生、馬然先生、清水晶子先生、アール・ジャクソンJr先生、ジム・レン先生、冨田美香先生、杉野健太郎先生、田代真先生、須川いずみ先生、石田美紀先生、志村三代子先生、藤田糸子先生、故・河野真理江氏、北村匡平氏、木村智哉氏、花田史彦氏、堀あきこ氏、前川直哉氏、ジェニファー・コーツ氏、ラウリー・キツニック氏、ダニエル・オニール氏、小川佐和子氏、近藤和都氏、藤城孝輔氏、長門洋平氏、白井史人氏、片岡佑介氏、正清健介氏、角尾宣信氏、宮永隆一朗氏、福田安佐子氏、アルノー・ストッキンガー氏、ティム・ポロック氏、柴田幹太氏には、研究上のご助言を数多くいただいた。早稲田大学演劇博物館では岡室美奈子先生、児玉竜一先生、李思漢氏、柴田康太郎氏、宮信明氏、木原圭翔氏、埋忠美沙氏、飛田勘文氏、後藤隆基氏、向井優子氏、橋本恵子氏、藤谷桂子氏、木村あゆみ氏、張宝芸氏、中西智範氏、矢澤大吾氏、山崎健太氏、川崎佳哉氏から、映画研究を続けるにあたり、歌舞伎・文楽・演劇・落語・音楽・テレビドラマ・写真といった他芸術にも精通する必要性だけでなく、研究発信の方法としての企画展示、イベント運営、アーカイヴ構築のイロハを教わった。静岡県浜松市にある木下惠介記念館の館長・村松厚氏およびスタッフの皆さんには、木下寄贈の貴重な所蔵物を閲覧させていただいた。木下惠介の姪御である成島安子氏と原田忍氏からは、木下一家の思い出と木下のホームムービーについてお話を伺わせていただいた。

京都大学で過ごした五年間の大学院生活では、映画ゼミを通じて出会ったたくさんの人々に支えられた。川本徹、須川まり、アナスタシア・フィオードロワ、植田真由、北浦寛之、羽鳥隆英、佐藤順平、有森由紀子、木本早耶、押田友太、山田峰大、イレネ・ゴンザレスの先輩諸氏には、奨学金や学振のノウハウなど、大学院生活で知るべき情報を余すことなく共有いただいた。そのおかげで大学院での学びを安心して続けることができた。同期の下梶健太、山本純也、藤井達也の同期諸氏との雑談や冗談はいつも心を和ませてくれた。伊藤弘了、雑賀広海、藤原征生、松田奈穂子、松田健太郎、松山のぞみ、真鍋公希、西岡かれん、竹内信吾、今井瞳良、原田麻衣、宮本法明、國永孟といった後輩諸氏には木下映画やクィア映画以外のさまざまな映画や視覚文化に対する視野を広げる刺激を共有いただいた。特に、本書の第三章は藤原征生氏による映画音楽に関する助言なくしては完成させることはできなかった。この場を借りて、あらためてお礼申し上げる。

資料の収集・調査では主に以下の図書館・アーカイヴを利用した。京都大学図書館、神戸映画資料館、演劇博物館、早稲田大学図書館、国立国会図書館、松竹大船図書館、国立映画アーカイブ（旧フィルムセンター）、金沢大学中央図書館、British Film Institute、Berkeley Art Museum and Pacific Film Archive。また、ヨミダスや聞蔵など、新聞データベースも活用した。図書館間相互賃借システム文献複写・図書借用を含め、各機関の運営に携わる担当者の方々に感謝する。演劇博物館を含め、これらの機関は例外なく、有期雇用・非正規雇用の職員の貢献によって支えられている。彼女ら・彼らの労働に対する不合理な待遇差の是正を求めるために今後も声を上げていきたい。

本書刊行にあたって、ナカニシヤ出版の由浅啓吾氏は、遅筆な私に最後まで根気強く付き合ってくださった。また、デザイナーの畑ユリエ氏には「Inside/Out」展に引き続き装丁デザインをご担当いただいた。刊行に向けて伴走してくださり感謝申し上げる。

最後に、本を読むきっかけを与えてくれた生みの両親、高校卒業後の渡米に向けて背中を押してくださった大倉明子先生と『アリー my Love』を通じて英語の楽しさを教えてくださった上村恵先生、アメリカからの帰国後に二年間勤めた京都のゲストハウスで親身に支え大学院時代にも応援してくださった清水慶治・洋美夫妻、帰る場所を温かいご飯で作ってくれた育ての両親、そして決して器用ではない私の他愛ない話を飽きずに笑って聴いてくれたYに、あらためて心より謝意を表したい。

ウクレレでユーモアと愛を。

二〇二二年二月

久保 豊

Mining the Home Movie: Excavations in Histories and Memories, edited by Karen L. Ishizuka and Patricia R. Zimmerman. Berkeley: University of California Press, 2008, 1–28.

図版出典一覧

『海の花火』木下惠介監督、1951 年（DVD、松竹、2012 年）。

『お嬢さん乾杯』木下惠介監督、1949 年（DVD、松竹、2012 年）。

『カルメン故郷に帰る』木下惠介監督、1951 年（DVD、松竹、2012 年）。

『カルメン純情す』木下惠介監督、1952 年（DVD、松竹、2012 年）。

『惜春鳥』木下惠介監督、1959 年（DVD、松竹、2012 年）。

『不死鳥』木下惠介監督、1947 年（DVD、松竹、2012 年）。

『夕やけ雲』木下惠介監督、1956 年（DVD、松竹、2012 年）。

『我が家の記録』木下惠介監督、1936 年～ 1949 年（DVD、木下惠介記念館、不明）。

Metz, Christian. *Film Language: A Semiotics of the Cinema*, translated by Michael Taylor. Chicago: The University of Chicago Press, 1991.

McLelland, Mark. *Queer Japan from the Pacific War to the Internet Age*. Oxford: Rowman & Littlefield Publishers, 2005.

Meyer, Moe, ed. *The Politics and Poetics of Camp*. London: Routledge, 1994.

Mulvey, Laura. *Visual and Other Pleasures*. Second Edition. New York: Palgrave Macmillan, 2009.

Newton, Esther. *Mother Camp: Female Impersonators in America*. Chicago: The University of Chicago Press, 1979.

Phillips, Alastair and Julian Stringer, eds. *Japanese Cinema: Texts and Contexts*. London and New York: Routledge, 2007.

Rich, B. Ruby. *New Queer Cinema: The Director's Cut*. Durham and London: Duke University Press, 2013.

Russo, Vito. *The Celluloid Closet: Homosexuality in the Movies*. Revised Edition. New York: Harper & Row, Publishers, 1987.

San Filippo, Maria. *The B Word: Bisexuality in Contemporary Film and Television*. Bloomington: Indiana University Press, 2013.

Schatz, Thomas. *Hollywood Genres: Formulas, Filmmaking, and the Studio System*. New York: McGraw-Hill, 1981.

Schoonover, Karl and Rosalind Galt. *Queer Cinema in the World*. Durham: Duke University Press, 2016.

Tambling, Jeremy. "Ideology in the Cinema: Rewriting Carmen." *Opera, Ideology and Film*. Manchester: Manchester University Press, 1987, 13–40.

Turim, Maureen. *Flashbacks in Film: Memory & History*. London: Routledge, 1989.

Tyler, Carol-Anne. *Female Impersonation*. London: Routledge, 2003.

Vincent, J. Keith. *Two-Timing Modernity: Homosocial Narrative in Modern Japanese Fiction*. Cambridge: Harvard University Asia Center, 2012.

Wood, Robin. *Sexual Politics and Narrative Film: Hollywood and Beyond*. New York: Columbia University Press, 1998.

Zimmerman, Patricia R. *Reel Families: A Social History Amateur Film*. Bloomington and Indianapolis: Indiana University Press, 1995.

————."The Home Movie Movement: Excavations, Artifacts, Minings."

the Politics of the Midlife. Charlottesville: University Press of Virginia, 1997.

Halberstam, J. Jack. *In a Queer Time and Place: Transgender Bodies, Subcultural Lives*. New York: New York University Press, 2005.

———. *The Queer Art of Failure*. Durham and London: Duke University Press, 2011.

Hall, Donald E. *Queer Theories*. New York: Palgrave Macmillan, 2003.

Hanson, Ellis, ed. *Out Takes: Essays on Queer Theory and Film*. Durham: Duke University Press, 1999.

Hayward, Susan. *Cinema Studies: The Key Concepts*. 4th Edition. London: Routledge, 2013.

Hess, Linda M. *Queer Aging in North American Fiction*. London: Palgrave Macmillan, 2019.

Kanno, Yuka. "Implicational Spectatorship: Hara Setsuko and the Queer Joke," *Mechademia,* vol.6, 2011, 287–303.

———." Queer Resonance: The Stardom of Miwa Akihiro." *The Japanese Cinema Book*, edited by Hideaki Fujiki and Alastair Phillips. London: British Film Institute, 2020, 179–191.

———. "The 'Eternal Virgin' Reconsidered: Hara Setsuko in Contexts." *ICONICS*, vol.10, 2010, 97–118.

Kato, Kenta. "A Man with Whom Men Fall in Love: Homosociality and Effeminophobia in the *Abashiri Bangai-chi* Series." *Japanese Studies*, vol.41, no.1, 2021, 59–71.

Kirby, Lynne. *Parallel Tracks: The Railroad and Silent Cinema*. Durham: Duke University Press, 1997.

König, Regula and Marianne Lewinsky. *Keisuke Kinoshita: Entretien, Études, Filmographie, Iconographie*. Locarno: Editions du Festival international du film, 1986.

Kubo, Yutaka. *An Analysis of the Significance of Japanese Home Movie through Consideration of the Relationship between the Filmmakers and the Subjects*. 2014. Kyoto University, Master's Thesis.

———. "Lingering Warmth of Touch: Male Intimacy in the Films of Kinoshita Keisuke." *NANG*, Issue 7 (The Scent of Boys), 2019, 41–47.

Love, Heather. *Feeling Backward: Loss and the Politics of Queer History*. Cambridge: Harvard University Press, 2009.

Editions, 1982.
Cohan, Steven. *Incongruous Entertainment: Camp, Cultural Value, and the MGM Musical.* Durham and London: Duke University Press, 2005.
Creekmur Corey K. and Alexander Doty, eds. *Out in Culture: Gay, Lesbian, and Queer Essays on Popular Culture.* Durham and London: Duke University Press, 1995.
DeAngelis, Michael. *Gay Fandom and Crossover Stardom: James Dean, Mel Gibson, and Keanu Reeves.* Durham and London: Duke University Press, 2001.
Dinshaw, Carolyn. *Getting Medieval: Sexualities and Communities, Pre- and Postmodern.* Durham and London: Duke University Press, 1999.
Doane, Mary Anne. *The Desire to Desire: The Woman's Film of the 1940s.* Bloomington and Indianapolis: Indiana University Press, 1987.
Doty, Alexander. *Flaming Classics: Queering the Film Canon.* New York: Routledge, 2000.
Driscoll, Catherine. *Teen Film: A Critical Introduction.* Oxford: Berg Publishers, 2011.
Dyer, Richard. *Heavenly Bodies: Film Stars and Society.* 2nd Edition. New York: Routledge, 2003.
Edelman, Lee. *No Future: Queer Theory and the Death Drive.* Durham: Duke University Press, 2004.
Freeman, Elizabeth. *Time Binds: Queer Temporalities, Queer Histories.* Durham and London: Duke University Press, 2010.
Furman, Nelly. "The Language of Love in Carmen." *Reading Opera,* edited by Arthur Groos and Roger Parker. New Jersey: Princeton University Press, 1988, 168–183.
Ganseforth, Sonja and Hanno Jentzsch. "Introduction: Rethinking Locality in Japan." *Rethinking Locality in Japan,* edited by Sonja Ganseforth and Hanno Jentzsch. London and New York: Routledge, 2021, 1–17.
Gever, Martha and John Greyson, eds. *Queer Looks: Perspectives on Lesbian and Gay Film and Video.* New York and London: Routledge, 1993.
Grossman, Andrew, ed. *Queer Asian Cinema: Shadows in the Shade.* New York: Harrington Park Press, 2001.
Gullette, Margaret Morganroth. *Declining to Decline: Cultural Combat and*

日：2022年2月28日）

「『惜春鳥』広告」『読売新聞』、1959年a、4月28日夕刊、6頁。

「『惜春鳥』広告」『読売新聞』、1959年b、5月4日夕刊、8頁。

「フランスへゆく　木下惠介監督」『近代映画』、7巻12号、1951年、80–81頁。

「野心に負けた大作『海の花火』（松竹）」『読売新聞』、1951年、10月26日夕刊、2頁。

「『夕やけ雲』広告」『読売新聞』、1956年、4月14日夕刊、4頁。

「夕やけ雲」『読売新聞』、1956年、4月17日夕刊、6頁。

「私の発想法3　映画監督木下惠介　恋心と絶望の間」『朝日ジャーナル』、1巻3号、1959年、62–63頁。

英語文献

Ahmed, Sara. *The Promise of Happiness*. Durham and London: Duke University Press, 2010.
——————. *What's the Use?: On the Uses of Use*. Durham: Duke University Press, 2019.
Anderson, Benedict. *Imagined Communities: Reflections on the Origin and Spread of Nationalism*. Revised Edition. London and New York: Verso, 2006.
Babuscio, Jack. "Camp and the Gay Sensibility." *Gays and Film,* edited by Richard Dyer. London: British Film Institute, 1977, 40–57.
Bad Object-Choices, ed. *How Do I Look?: Queer Film and Video*. Seattle: Bay Press, 1991.
Benshoff, Harry and Sean Griffin. "General Introduction." *Queer Cinema: The Film Reader,* edited by Harry Benshoff and Sean Griffin. New York: Routledge, 2004, 1–15.
Boellstorff, Tom. "When Marriage Falls: Queer Coincidences in Straight Time." *GLQ: A Journal of Lesbian and Gay Studies*, vol.13, no.2/3, 2007, 227–248.
Bordwell, David, and Kristin Thompson. *Film Art: An Introduction*. 8th Edition. New York: McGraw-Hill, 2008.
Chalfen, Richard. *Snapshot Versions of Life*. Bowling Green: Bowling Green State University Popular Press, 1987.
Coe, Brian. *The History of Movie Photography*. Westfield: Eastview

吉村英夫「木下恵介監督逝きて作品を振り返る――『木下恵介の世界』(補遺)」『シネ・フロント』、24巻2号、1999年、42–46頁。

――――『木下惠介の世界』シネ・フロント社、1985年。

淀川長治「惜春鳥」『キネマ旬報』、234号(通号1049号)、1959年、73頁。

四方田犬彦「総論　ふたたびいう、映画は生きものの記録である」黒沢清・四方田犬彦・吉見俊哉・李鳳宇編『日本映画は生きている　第8巻――日本映画はどこまで行くか』岩波書店、2011年a、1–4頁。

――――『日本映画史110年』集英社、2014年。

――――『李香蘭と原節子』岩波書店、2011年b。

劉文兵『証言　日中映画人交流』集英社、2011年。

若杉慧『朝旅夕旅』東都書房、1960年。

渡辺裕「音楽における引用の認定」『国立音楽大学研究紀要』、17巻、1982年、151–165頁。

渡辺浩『映画キャメラマンの世界』岩波書店、1992年。

渡辺芳敬「カルメン幻想」『学術研究(複合文化学編)』、57号、2008年、31–42頁。

ワダ・マルシアーノ、ミツヨ「戦後日本のメロドラマ――『日本の悲劇』と『二十四の瞳』」、岩本憲児編『日本映画史叢書7　家族の肖像――ホームドラマとメロドラマ』森話社、2007年、285–310頁。

――――『ニッポン・モダン――日本映画1920・30年代』名古屋大学出版会、2009年。

ワダ・マルシアーノ、ミツヨ編『「戦後」日本映画論――一九五〇年代を読む』青弓社、2012年。

資料・ウェブサイト

「『海の花火』広告」『読売新聞』、1951年a、10月20日夕刊、4頁。

「『海の花火』広告」『読売新聞』、1951年b、10月24日夕刊、2頁。

「『お嬢さん乾杯』広告」『読売新聞』、1949年、3月11日朝刊、2頁。

「木下監督の早撮り映画『夕やけ雲』」『読売新聞』、1956年、3月26日夕刊、2頁。

『木下恵介生誕100年』、https://www.cinemaclassics.jp/kinoshita/kinoshita_100th/index.html(最終閲覧日:2022年2月8日)

「木下惠介生誕100年プロジェクト」『日活』、2012年11月15日、https://www.nikkatsu.com/100th/2012anniversary/kinoshita.html(最終閲覧

マルヴィ、ローラ「視覚的快楽と物語映画」斉藤綾子訳、岩本憲児・武田潔・斉藤綾子編『「新」映画理論集成 1　歴史／人種／ジェンダー』フィルムアート社、1998 年、142–167 頁。

三國隆三『木下恵介伝——日本中を泣かせた映画監督』展望社、1999 年。

水口紀勢子『映画の母性——三益愛子を巡る母親像の日米比較』彩流社、2009 年。

水原文人「木下惠介試論——大胆な、あまりに大胆なエモーション」『素晴らしき巨星——黒澤明と木下惠介』(キネマ旬報、通号 1262 号)、1998 年、99–103 頁。

溝口彰子『BL 進化論——ボーイズラブが社会を動かす』太田出版、2015 年。

御園生涼子『映画と国民国家——1930 年代松竹メロドラマ映画』東京大学出版会、2012 年。

————『映画の声——戦後日本映画と私たち』みすず書房、2016 年。

南弘明・南道子『シューベルト作曲　歌曲集冬の旅——対訳と分析』国書刊行会、2005 年。

宮本三郎他「『カルメン故郷に帰る』を語る」『キネマ旬報』、12 号（通号 827 号)、1951 年、22–28 頁。

村山匡一郎編『映画史を学ぶクリティカル・ワーズ』フィルムアート社、2013 年。

村山敏勝『(見えない）欲望へ向けて——クィア批評との対話』人文書院、2005 年。

望月優子『生きて愛して演技して』平凡社、1957 年。

森卓也「作家の二つの顔——木下惠介のコメディ・序説」『素晴らしき巨星——黒澤明と木下惠介』(キネマ旬報、通号 1262 号)、1998 年、60–65 頁。

森山至貴『LGBT を読みとく——クィア・スタディーズ入門』筑摩書房、2017 年。

モデルモグ、デブラ『欲望を読む——作者性、セクシュアリティ、そしてヘミングウェイ』島村法夫・小笠原亜衣訳、松柏社、2003 年。

山内昶『ジッドの秘められた愛と性』筑摩書房、1999 年。

山本喜久男『日本映画におけるテクスト連関——比較映画史研究』森話社、2016 年。

横堀幸司『木下恵介の遺言』朝日新聞社、2000 年。

好川忠「わが校の名物　白虎隊剣舞　福島県立会津高等学校」『新体育』、1960 年 9 月号、131–132 頁。

吉田喜重・舩橋淳『まだ見ぬ映画言語に向けて』作品社、2020 年。

原比露志「四十号を迎えて」『アドニス』、40 号、1958 年、2 頁。

ハルプリン、デイヴィッド・M.『聖フーコー――ゲイの聖人伝に向けて』村山敏勝訳、太田出版、1997 年。

広岡敬一『戦後性風俗大系――わが女神たち』小学館、2007 年。

平野共余子『天皇と接吻――アメリカ占領下の日本映画検閲』草思社、1998 年。

福田定良「木下恵介のリアリズム――『この天の虹』から『今日もまたかくてありなん』まで」『映画芸術』、7巻12号、1959 年、23–26 頁。

藤田亘「木下映画における「色」の表象――『惜春鳥』のホモエロティシズム」『演劇映像』、45 号、2004 年a、14–27 頁。

――――「木下映画における国策と逸脱」、岩本憲児編『日本映画史叢書 1 日本映画とナショナリズム――1931–1945』森話社、2004 年b、295–318 頁。

――――「木下惠介の戦争美学――試論」（小特集　木下恵介）『映画学』、14 号、2000 年、21–29 頁。

藤田竜「センチのかげに男あり　木下恵介の『惜春鳥』」『薔薇族』、1975 年 4 月号、64 頁。

藤森かよこ編『クィア批評』世織書房、2004 年。

藤森清「異性愛体制下の男性同性愛映画――木下恵介『惜春鳥』」『金城学院大学論集　人文科学編』、8 巻 2 号、2012 年、12–26 頁。

ブランドフォード、スティーヴ他共編『フィルム・スタディーズ事典――映画・映像用語のすべて』杉野健太郎・中村裕英監修・訳、フィルムアート社、2004 年。

ボードウェル、デヴィッド『小津安二郎――映画の詩学』杉山昭夫訳、青土社、2003 年。

ポーレン、ジェローム『LGBT ヒストリーブック――絶対に諦めなかった人々の 100 年の闘い』北丸雄二訳、サウザンブックス社、2019 年。

マーサー、ジョン他『メロドラマ映画を学ぶ――ジャンル・スタイル・感性』中村秀之・河野真理江共訳、フィルムアート社、2013 年。

前川直哉『〈男性同性愛者〉の社会史――アイデンティティの受容／クローゼットへの解放』作品社、2017 年。

マクレアリ、スーザン『フェミニン・エンディング――音楽・ジェンダー・セクシュアリティ』女性と音楽研究フォーラム訳、新水社、1997 年。

松田修・小川徹「ホモセクシュアルの心理と生理を論ず」『映画藝術』、335 号、1980 年、105–113 頁。

津村秀夫「木下惠介の女性」『映画評論』、9巻10号、1952年、28–31頁。

戸井田道三「木下恵介の特質」『映画藝術』、4巻1号、1956年、68–71頁。

東京国立近代美術館フィルムセンター「インタビュー／プロデューサー・脇田茂氏に聞く木下惠介監督の思い出「木下さんの頭の中にはまだ見ぬ映画が映っていました」」、東京国立近代美術館フィルムセンター編『NFCニューズレター　特集「偉大なる“K”（3）——木下惠介」』、33号、2000年、2–7頁。

堂本正樹「少年愛と平和」『現代の眼』、4巻10号、1963年、71–72頁。

冨田美香「総天然色映画の超克——イーストマン・カラーから「大映カラー」への力学」、ミツヨ・ワダ・マルシアーノ編『「戦後」日本映画論——一九五〇年代を読む』青弓社、2012年、306–331頁。

中川和郎「『遠い雲』と木下恵介」『映画評論』、12巻12号、1955年、108–109頁。

永戸俊雄「うつくしい少年物『夕やけ雲』［松竹］」『毎日新聞』、1956年4月19日夕刊2頁。

長門洋平『映画音響論——溝口健二映画を聴く』みすず書房、2014年。

中村秀之『敗者の身ぶり——ポスト占領期の日本映画』岩波書店、2014年。

那田尚史「日本個人映画の歴史　戦前篇7——俳句映画の試み　世界に名を馳せたロマンティスト岡本達一」『Fs』、7号、Fs編集部、2000年、105–120頁。

西本正美『小型映画——歴史と技術』四海書房、1941年。

挾本佳代「二つの『楢山節考』——木下惠介の「様式の美」、今村昌平の「リアリティの醜」」、宮脇俊文編『映画は文学をあきらめない——ひとつの物語からもうひとつの物語へ』水曜社、2017年、137–160頁。

長谷正人『映画というテクノロジー経験』青弓社、2010年。

波多野哲朗「木下惠介の「家」——木下映画はなぜ忘れられたか」『素晴らしき巨星——黒澤明と木下惠介』（キネマ旬報、通号1262号）、1998年、88–93頁。

畑敬之助「白虎隊の輪郭と寄合白虎隊」、小桧山六郎編『会津白虎隊のすべて』新人物往来社、2002年、16–38頁。

バトラー、ジュディス『ジェンダー・トラブル——フェミニズムとアイデンティティの攪乱』竹村和子訳、青土社、1999年。

バトラー、ジュディス・オズボーン、ピーター（原著1994年）「パフォーマンスとしてのジェンダー」、竹村和子訳『批評空間』、2期通号8号、1996年、48–63頁。

ダイアー、リチャード『映画スターの〈リアリティ〉——拡散する「自己」』浅見克彦訳、青弓社、2006年。

高瀬喜左衛門「白虎隊剣舞百年にあたって」、会高剣舞会編『白虎隊剣舞百年』、1983年、頁数なし。

高橋一男「白虎隊剣舞」、会高剣舞会編『白虎隊剣舞百年』、1983年、124頁。

高峰秀子『コットンが好き』文藝春秋、2003年。

————（斎藤明美編）『高峰秀子かく語りき』文藝春秋、2015年。

————『にんげん住所録』文藝春秋、2005年。

————「わたしの弔辞」『オール讀物』、54巻6号、1999年、74–78頁。

————『わたしの渡世日記　上巻』新潮社、2012年a。

————『わたしの渡世日記　下巻』新潮社、2012年b。

瀧澤修・木下惠介・佐藤敬「顔について」『藝術新潮』、1巻3号、1950年、56–69頁。

滝沢一「山田五十鈴と木暮實千代」『映画評論』、8巻4号、1951年、36–39頁。

————「夕やけ雲」『映画評論』、13巻6号、1956年、60–61頁。

竹村和子『愛について——アイデンティティと欲望の政治学』岩波書店、2002年。

田中純一郎『日本映画発達史IV——史上最高の映画時代』中央公論社、1976年。

田之頭一知「映画における“歌”の働き——市川崑、木下惠介、黒澤明の3作品を例に」『芸術：大阪芸術大学紀要』、36号、2013年、61–72頁。

ダワー、ジョン『増補版　敗北を抱きしめて——第二次世界大戦後の日本人　上巻』三浦陽一・高杉忠明訳、岩波書店、2004年。

丹野達弥「木下映画の役者たち」『素晴らしき巨星——黒澤明と木下惠介』（キネマ旬報、通号1262号）、1998年、176–180頁。

千葉伸夫『原節子　伝説の女優』平凡社、2001年。

茶園敏美『パンパンとは誰なのか——キャッチという占領期の性暴力とGIとの親密性』インパクト出版会、2014年。

中央大学人文科学研究所編『愛の技法——クィア・リーディングとは何か』中央大学出版部、2013年。

塚田幸光「「性」を〈縛る〉——GHQ、検閲、田村泰次郎『肉体の門』」『関西学院大学先端社会研究所紀要』、11巻、2014年、47–60頁。

塚本閤治『小型映画撮影と映写』誠文堂新光社、1938年。

都築政昭「巨匠たちの日本映画　木下惠介『野菊の如き君なりき』（2）」『映画テレビ技術』、482号、1992年、52–56頁。

斎藤卓編『KEISUKE』木下惠介記念館、2011年。

坂本佳鶴恵『〈家族〉イメージの誕生——日本映画にみる〈ホームドラマ〉の形成』新曜社、1997年。

佐々木徹『木下恵介の世界——愛の痛みの美学』人文書院、2007年。

佐藤忠男『木下恵介の映画』芳賀書店、1984年a。

————「木下惠介論」『映画評論』、10巻11号、1953年、67–69頁。

————『増補版　日本映画史3（1960–2005）』岩波書店、2006年。

————『二枚目の研究——俳優と文明』筑摩書房、1984年b。

シオン、ミシェル『映画にとって音とはなにか』川竹英克・ジョジアーヌ・ピノン訳、勁草書房、1993年。

————『映画の音楽』伊藤制子・二本木かおり訳、みすず書房、2002年。

品田雄吉「反撥精神からモラルの城へ——木下恵介論」『映画評論』、15巻8号、1958年、26–29頁。

芝木好子「遠い雲」『映画評論』、12巻10号、1955年、50–51頁。

清水晶子・垂水千恵・中川成美他「座談会「クィア・リーディングとは何か——読む・闘う・変革する」」『昭和文学研究』、77集、2018年、2–30頁。

徐玉「母性幻想とレズビアン感性——『挽歌』と『女であること』における久我美子」『映画研究』、16号、2021年、4–26頁。

白井佳夫・植草信和「キネマ旬報元編集長対談 今野雄二のデビューの頃とその時代」、今野雄二『今野雄二映画評論集成』洋泉社、2014年、406–409頁。

新城郁夫「日本クィア映画論序説——大島渚『戦場のメリークリスマス』を光源として」、黒沢清・四方田犬彦・吉見俊哉・李鳳宇編『日本映画は生きている　第四巻——スクリーンのなかの他者』岩波書店、2010年、113–139頁。

杉山平一「女の園」『映画評論』、11巻5号、1954年、58–59頁。

スパーゴ、タムシン『フーコーとクイア理論』吉村育子訳、岩波書店、2004年。

関口宏「自分に厳しく演技に忠実な、根っからの映画人」、野沢一馬編『三羽烏一代記——佐分利信・上原謙・佐野周二』ワイズ出版、1999年、67–88頁。

セジウィック、イヴ・K.『男同士の絆——イギリス文学とホモソーシャルな欲望』上原早苗・亀澤美由紀共訳、名古屋大学出版会、2001年。

曽我静太郎「黒澤明に次いで逝った映画界の巨匠　木下惠介監督のホモ美学映画人生」『噂の眞相』、1999年3月号、42–47頁。

ソンタグ、スーザン『反解釈』高橋康也他訳、筑摩書房、1996年。

楠田浩之「撮影の経緯と結果について――『カルメン故郷に帰る』技術報告」『映画技術』、14号、1951年、19-21頁。

楠田芳子「兄・木下惠介の家族愛」『潮』、481号、1999年、342-347頁。

――――『夕やけ雲』映画タイムス社、1956年。

久保豊「興行戦略としての「青春余命映画」――『愛と死をみつめて』と吉永小百合」、谷川建司編『映画産業史の転換点――経営・継承・メディア戦略』森話社、2020年a、79-97頁。

――――「「渋ジイ」が描く女性の老い――『もず』の淡島千景を代表例に」、志村三代子・角尾宣信編『渋谷実――巨匠にして異端』水声社、2020年b、275-301頁。

久保豊編『Inside/Out――映像文化とLGBTQ+』早稲田大学演劇博物館、2020年。

具珉婀『都会喜劇と戦後民主主義――占領期の日本映画における和製ロマンチック・コメディ』水声社、2021年。

黒岩裕市『ゲイの可視化を読む――現代文学に描かれる〈性の多様性〉?』晃洋書房、2016年。

河野真理江「上原謙と女性映画――1930年代後半の松竹大船映画における女性観客性の構築」『映像学』、87号、2011年、24-43頁。

――――『日本の〈メロドラマ〉映画――撮影所時代のジャンルと作品』森話社、2021年。

児玉斗「木下恵介の映画――覆い隠すヴェール:「涙」「良心的」「反戦平和」」『京都大学文学部哲学研究室紀要 Prospectus』、8号、2005年、30-51頁。

小林和作『風景画と随筆』美術出版社、1959年。

小林勝「木下惠介のシナリオ」『映画評論』、13巻1号、1956年、30-33頁。

小山静子・赤枝香奈子・今田絵里香編『セクシュアリティの戦後史』京都大学学術出版会、2014年。

斉藤綾子「失われたファルスを求めて――木下惠介の「涙の三部作」再考」、長谷正人・中村秀之編『映画の政治学』青弓社、2003年、61-117頁。

――――「カルメンはどこに行く――戦後日本映画における〈肉体〉の言説と表象」、中山昭彦編『ヴィジュアル・クリティシズム――表象と映画=機械の臨界点』玉川大学出版部、2008年、83-126頁。

――――「ホモソーシャル再考」、四方田犬彦・斉藤綾子編『男たちの絆、アジア映画――ホモソーシャルな欲望』平凡社、2004年、279-309頁。

斎藤一郎・木下忠司他「「映画音楽」という名の音楽(座談会)」『キネマ旬報』、60号(通号875号)、1953年、50-57頁。

島正他『映画の見方に関する十二章』中央公論社、1954年、54–66頁。

――――「絆」『文芸春秋』、34巻9号、1956年a、51–52頁。

――――「木下恵介　とっておき十話」、萩本欣一他『とっておき十話』新日本出版社、1985年、141–171頁。

――――『松竹ウイークリー』、276号、1956年b、6頁。

――――「随想　すこしむかむかして」『映画評論』、4巻4号、1947年、9頁。

――――『戦場の固き約束』主婦の友社、1987年a。

――――「そのときどき　幸運のスター」『世界』、147号、1958年b、195頁。

――――「野菊のような少女を花嫁に――ある映画監督の学生時代」『随筆』、3巻1号、1956年c、38–41頁。

――――「“輸出映画”慾情す」『丸』、6巻3号、1953年、126–132頁。

――――「旅情」『文芸春秋』、41巻10号、1963年、57–59頁。

――――「私の履歴書 一一　妹の友達に淡い恋心」『日本経済新聞縮刷版』、1987年b、496頁。

――――「私の履歴書 一二　勉強嫌って映画の道」『日本経済新聞縮刷版』、1987年c、548頁。

――――「私の履歴書 一三　“見習い”でかばん持ち」『日本経済新聞縮刷版』、1987年d、624頁。

――――「私の履歴書 二五　「製作の自由」おう歌」『日本経済新聞縮刷版』1987年e、1190頁。

木下惠介・木下順二「日本映画の課題――海外より帰つて」『映画藝術』、4巻10号、1956年、32–38頁。

木下惠介・白井佳夫「日本映画名作劇場　番外対談　松竹大船の黄金時代」『別冊文藝春秋』、191号、1990年、360–378頁。

木下惠介・原節子「木下惠介・原節子對談」『映画ファン』、1948年3月号、4–5頁。

木下千花「木下惠介への斜めの眼差し」、斎藤卓編『KEISUKE』木下惠介記念館、2011年、235–250頁。

――――「シミと跛行――高峰秀子と木下惠介」『ユリイカ』、47巻6号、2015年、186–195頁。

――――『溝口健二論――映画の美学と政治学』法政大学出版局、2016年。

木下忠司『海の聲と共に歩んで』非売品。

木村陽二郎監修・植物文化研究会編『図説　花と樹の事典』柏書房、2005年。

日下渉・伊賀司・青山薫・田村慶子編『東南アジアと「LGBT」の政治――性的少数者をめぐって何が争われているのか』明石書店、2021年。

ィア映画を読む』パンドラ、2005年、94-99頁。

長部日出雄『新編　天才監督　木下惠介』論創社、2013年。

帰山教正『映画製作法』東方書房、1931年。

風間孝・河口和也『同性愛と異性愛』岩波書店、2010年。

加藤幹郎『映画ジャンル論——ハリウッド的快楽のスタイル』平凡社、1996年。

————『日本映画論 1933-2007——テクストとコンテクスト』岩波書店、2011年。

紙屋牧子「占領期「パンパン映画」のポリティックス——一九四八年の機械仕掛けの神」、岩本憲児編『占領下の映画——解放と検閲』森話社、2009年、151-185頁。

河口和也『クイア・スタディーズ』岩波書店、2003年。

川本三郎『映画の昭和雑貨店』小学館、1994年。

菅野優香「クィア・シネマの歴史——『パンドラの箱』に見る可視性と共時間性」、菅野優香編『クィア・シネマ・スタディーズ』晃洋書房、2021年、13-29頁。

菊地夏野・堀江有里・飯野由里子「クィア・スタディーズとは何か」、菊地夏野・堀江有里・飯野由里子編『クィア・スタディーズをひらく 1——アイデンティティ、コミュニティ、スペース』晃洋書房、2019年、1-14頁。

北丸雄二『愛と差別と友情とLGBTQ+——言葉で闘うアメリカの記録と内在する私たちの正体』人々舎、2021年。

北村匡平『スター女優の文化社会学——戦後日本が欲望した聖女と魔女』作品社、2017年。

貴田庄『高峰秀子——人として女優として』朝日新聞出版、2012年。

————『原節子——あるがままに生きて』朝日新聞出版、2010年。

————『原節子——わたしを語る』朝日新聞出版、2013年。

ギデンズ、アンソニー『親密性の変容——近代社会におけるセクシュアリティ、愛情、エロティシズム』松尾精文・松川昭子訳、而立書房、1995年。

木下惠介「生命の「はかなさ」を描く——新らしい仕事への構え」『キネマ旬報』、188号（通号1003号）、1957年、58-59頁。

————「映画と歌舞伎の間」『演劇界』、16巻4号、1958年a、88-90頁。

————「映画をつくる魅力」『キネマ旬報』、273号（通号1088号）、1962年、130-141頁。

————「演出　「うまい」か「へた」か演出はそのどちらかしかない」、飯児編『家族の肖像――ホームドラマとメロドラマ』森話社、2007年、104–138頁。

伊藤文學「『アドニス』は『薔薇族』の原点だ！――同性愛文学に思うこと」『彷書月刊』、通巻245号、2006年、18–19頁。

稲川方人「Inside Camerawork――並走した二人の天才『素晴らしき巨星――黒澤明と木下惠介』編集の後に」『映画撮影』、139号、1998年、6–7頁。

猪俣勝人・田山力哉『日本映画俳優全史　男優編』社会思想社、1977年。

今村三四夫「木下惠介監督に訊く」『映画評論』、6巻6号、1949年、4–10頁。

岩崎昶『日本映画作家論』中央公論社、1958年。

岩本憲児「日本映画に見る家族のかたち――小市民映画からホームドラマへ」、岩本憲児編『家族の肖像――ホームドラマとメロドラマ』森話社、2007年、7–46頁。

上野一郎「お嬢さん乾杯」『キネマ旬報』、51号（通号787号）、1949年、35頁。

上原早苗「訳者あとがき」、イヴ・K・セジウィック、上原早苗・亀澤美由紀共訳『男同士の絆――イギリス文学とホモソーシャルな欲望』名古屋大学出版会、2001年、357–362頁。

宇野真佐男『小型映画の世界――8ミリ・サウンド・16ミリの撮り方』金園社、1976年。

映画管理委員会『映画倫理規程　附　映倫管理委員長覚え書　審査上の具体的了解事項』1959年。

映画保存協会『戦前小型映画資料集』映画保存協会、2012年。

大木裕之「惜春鳥」、東京国立近代美術館フィルムセンター編『NFCニューズレター　特集「偉大なる“K”（3）――木下惠介」』、33号、2000年、10–11頁。

大島渚『戦後映画――破壊と創造』三一書房、1963年。

大塚實「自刃した白虎隊は十六士か、十九士か」、小桧山六郎編『会津白虎隊のすべて』新人物往来社、2002年、71–81頁。

小笠原清・梶山弘子編『映画監督　小林正樹』岩波書店、2016年。

岡田晋「会津と雪と白虎隊――『惜春鳥』のロケ地に木下監督を訪ねて」『キネマ旬報』、231号（通号1046号）、1959年、74–75頁。

岡田秀則「彩られた冒険――小津安二郎と木下惠介の色彩実験をめぐって」、黒沢清・四方田犬彦・吉見俊哉・李鳳宇編『日本映画は生きている　第２巻――映画史を読み直す』岩波書店、2010年、285–301頁。

小倉東「プリシラ」、出雲まろう編『虹の彼方に――レズビアン・ゲイ・ク

引用・参考文献

日本語文献

秋田雨雀「金曜會の『カルメン』を見る」『婦人文芸』、2巻5号、1935年、110–111頁。

秋山邦晴『日本の映画音楽史1』田畑書店、1974年。

荒川志津代「映画『二十四の瞳』に描かれた子ども像――戦後における子どもイメージの原点についての検討」『名古屋女子大学紀要』、55巻（人文・社会編）、2009年、9–19頁。

荒瀬豊「戦争と戦後をつなぐもの――風花・惜春鳥・今日もまたかくてありなん」『映画芸術』、8巻2号、1960年、28–30頁。

飯島正「木下惠介論」『キネマ旬報』、17号（通号832号）、1951年、14–17頁。

――――「野菊の如き君なりき」『映画評論』、13巻1号、1956年、74–76頁。

池部良『そして夢にはじまった〈3〉――紫陽花の巻』毎日新聞社、1996年。

石坂昌三『巨匠たちの伝説――映画記者現場日記』三一書房、1988年。

石田仁『はじめて学ぶLGBT――基礎からトレンドまで』ナツメ社、2019年。

石田美紀「芸術に打ち込む娘たち――占領期の高峰秀子」『ユリイカ』、47巻6号、2015年、169–177頁。

――――「「横顔の君」佐田啓二」、黒沢清・四方田犬彦・吉見俊哉・李鳳宇編『日本映画は生きている　第五巻――監督と俳優の美学』岩波書店、2010年、245–270頁。

石原郁子『異才の人　木下惠介――弱い男たちの美しさを中心に』パンドラ、1999年。

――――『菫色の映画祭――ザ・トランス・セクシュアル・ムーヴィーズ』フィルムアート社、1996年。

出雲まろう『チャンバラ・クィーン』パンドラ、2002年。

――――「デスパレートな存在形態／男優・三島由紀夫試論」、黒澤清・四方田犬彦・吉見俊哉・李鳳宇編『日本映画は生きている　第五巻――監督と俳優の美学』岩波書店、2010年、103–131頁。

板倉史明「大映「母もの」のジャンル生成とスタジオ・システム」、岩本憲

Flashback." 21st Annual Asian Studies Conference Japan, July 8th, 2017.

第六章

"Queering Film Location and the Byakkotai: Kinoshita Keisuke's Queer Sensibility and *Sekishunchō* (1959)." *Reconstruction: Studies in Contemporary Culture*, vol.16, no.2, 2016, web.

初出一覧

第一章

「息子／監督としての記憶——木下惠介のホームムービーを分析する」日本映像学会第 45 回大会、2019 年 6 月 2 日。

「映画監督木下惠介とホームムービー」木下惠介記念館、2019 年 12 月 22 日。

第二章

「天女のくちづけ——『お嬢さん乾杯！』における原節子」『ユリイカ』、48 巻 3 号、2016 年、155–163 頁。

第三章

「『カルメン故郷に帰る』と『カルメン純情す』におけるカルメン像の変化——音楽面からの再評価を目指して」日本映画学会第 11 回全国大会、2015 年 12 月 5 日。

「「カルメン」二部作におけるリリィ・カルメンのサヴァイヴァル」、塚田幸光編『映画とジェンダー／エスニシティ』ミネルヴァ書房、2019 年、235–262 頁。

第四章

「切り返し編集による男性間の親密性表象——木下惠介『海の花火』をクィア映画として読む」『人間・環境学』、24 巻、2015 年、69–80 頁。

“Lingering Warmth of Touch: Male Intimacy in the Films of Kinoshita Keisuke.” *NANG*, Issue 7 (The Scent of Boys), 2019, 41–47.

第五章

「木下惠介『夕やけ雲』におけるクィアな眼差し——ホーム・ムーヴィー概念の脱構築の可能性」表象文化論学会第 10 回大会、2015 年 7 月 5 日。

「『夕やけ雲』(1956) における木下惠介のクィアな感性——少年同士の情動表象をめぐって」『映画研究』、10 号、2015 年、44–62 頁。

“Keisuke Kinoshita Reconsidered: the Confinement of Queerness in the

事項索引

ま行

た行

な行

は行

人名索引

著者紹介

久保　豊（くぼ　ゆたか）

1985 年、徳島県生まれ。専門は映画学、クィア批評。京都大学大学院人間・環境学研究科にて修士号と博士号を取得。早稲田大学坪内博士記念演劇博物館助教を経て、現在、金沢大学人間社会学域国際学類准教授。編著に『Inside/Out——映像文化とLGBTQ+』（早稲田大学演劇博物館、2020 年)、論考に「SOMEDAY を夢見て——薔薇族映画「ぼくらの」三部作が描く男性同性愛者の世代」(『クィア・シネマ・スタディーズ』晃洋書房、2021 年)、“Fading away from the Screen: Cinematic Responses to Queer Ageing in Contemporary Japanese Cinema”（*Japanese Visual Media: Politicizing the Screen*, Routledge, 2021)、「エヴァの呪縛に中指を突き立てる——『シン・エヴァンゲリオン劇場版𝄇』にみる成長の主題」(『『シン・エヴァンゲリオン』を読み解く』河出書房新社、2021 年）など。

夕焼雲の彼方に

木下惠介とクィアな感性

2022 年 3 月 25 日　　初版第 1 刷発行　　定価はカヴァーに表示してあります

著　者　久保　豊
発行者　中西　良
発行所　株式会社ナカニシヤ出版
〒 606-8161　京都市左京区一乗寺木ノ本町 15 番地
Telephone　075-723-0111
Facsimile　075-723-0095
Website　http://www.nakanishiya.co.jp/
Email　iihon-ippai@nakanishiya.co.jp
郵便振替　01030-0-13128

印刷・製本＝亜細亜印刷／装幀＝畑ユリエ

Printed in Japan.
ISBN978-4-7795-1660-3